レンタルなんもしない人の“もっと”なんもしなかった話

レンタルなんもしない人 著

晶文社

挿　画：仲村直
デザイン：佐藤亜沙美

目次

7 8月：返事が来ない手紙って何書いていいか難しい

12 1月（2020年）：日記を読み返し、過去との別れを見届けてほしい 228

レンタルなんもしない人の〝もっと〟なんもしなかった話

1 2月：なにもレンタルしないってことだけど、聖書はお貸ししますね

【2月9日】 #ボタンは押してくれるんすね

原宿のクラブに呼ばれてなんもしてない。

——今日のイベント同行依頼の帰り、エレベーターで一階に着いたとき、「開く」ボタンを押してみんな降りるのを待ってたら、依頼者じゃない知らない人から「ボタンは押してくれるんすね」と言われた。

㋹

ネットに公開できない私の宝物を見てほしいという依頼。ある著名人にファンレターを送ったら返事が来たとのこと。公にするとその人にファンレターが殺到するので言わないマナーになってるが、誰かに自慢したい気持ちは抑えられないらしい。詳細を書けないのがもどかしいが「宝物」は大げさではなかった。

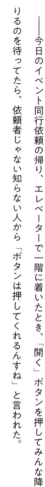

【2月11日】＃推しに申し訳ない

「初めて美容院に行くが緊張するのでついてきてほしい」という依頼。友達に茶化されるのは嫌、自分が優位な立場にいる関係性を保ちたいとのこと。当日は〝推し〟の出るライブもあり「オタクの客は清潔感がない。推しに申し訳ない」「せめて自分くらいはちゃんとしていこうと思った」と立派な動機もあった。

【2月13日】＃惚気話をきいてほしい

同棲中の恋人との♥惚気《のろけ》話♥をきいてほしいという依頼。「おもしろい彼女」とあるが、依頼者も女性だった。同性愛者であることを知ってる人は周りに少なく、あえて伝えてから話しても悪気なく地雷を踏まれることがあって話せないらしい。「なんもしない人は地雷も踏んでこなさそう」と依頼に至ったそうです。

写真は先に出勤していった彼女の朝食の痕跡。「焼いてない食パンをティッシュの上で食べてたのがかわいい」とのこと。こういう客観的には地味だが本人としてはどうしようもなくかわいく思える事象の数々をひたすら聞かされた。翌日ＤＭで「引き続きここに書かせてほしい。返信不要」との追加依頼もあった。画像はその一部。

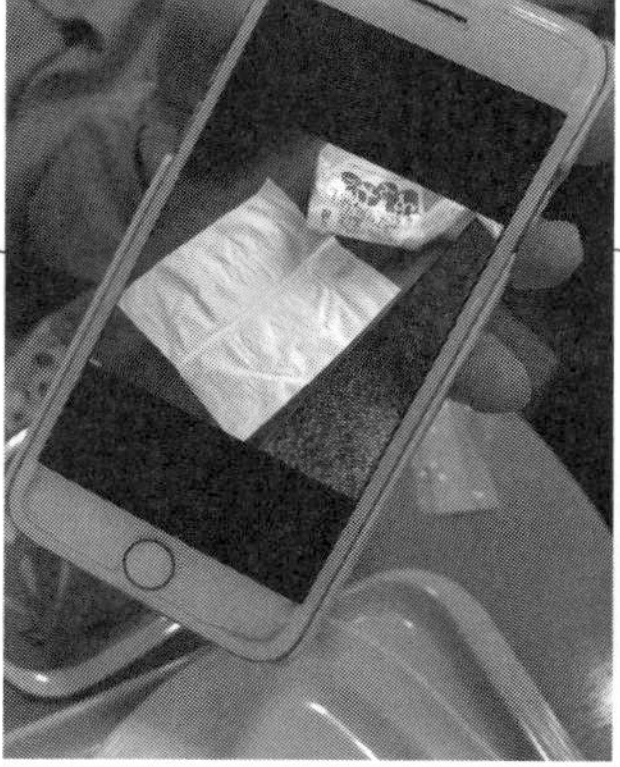

おもしろい彼女なのですが友達には話しづらく、レンタルさんに聞いていただくことを思いつきました。
たまに「かわいい人ですね」と適当に相槌を打っていただけると、より嬉しいです。

昨夜「試したいことがあるから枝豆を買ってきてほしい」と言われ、何するのか聞いたところ、「おへそにジャストフィットする豆をハッキリさせたい」とのこと。
わざと変なこと言おうとしてるのかなと思ったのですが「そら豆だと大きいし、小豆だと小さそうなのよね...」と続ける彼女の顔は真剣でした。
「食べ物を粗末にしてはいけない」と言ったら諦めましたが、普段何を考えて生きているのか謎が深まりました。

遺影みたいな利用のされ方もあります。

【2月14日】 #さびしくないっていいですね

「リトミックの試験に向けての練習を見守ってほしい」という依頼。リトミックとは音楽を使った教育手法の一つらしい。本来は音を流しながら行うものだが、屋外ではイヤホンで練習するため、傍目には無音のなか手拍子しながら小走りしたり、突然腕をバッとしたりと、依頼者の懸念どおり怪しいものだった。

屋内での練習も見守った。本番を想定して人前でやる経験もしておきたいが、「旦那や子供の前では緊張できない」とのことで、なんもしない人の出番となった。「一人でこういうことしてると自分が地球上で一人なんじゃないかって思えてくる」「さびしくないっていいですね」という言葉が印象的だった。

——最近はテレビカメラ同伴で依頼に出向くこともあり、依頼者からすると「なんもしない人」を二人も抱えることになるので気の毒になる。

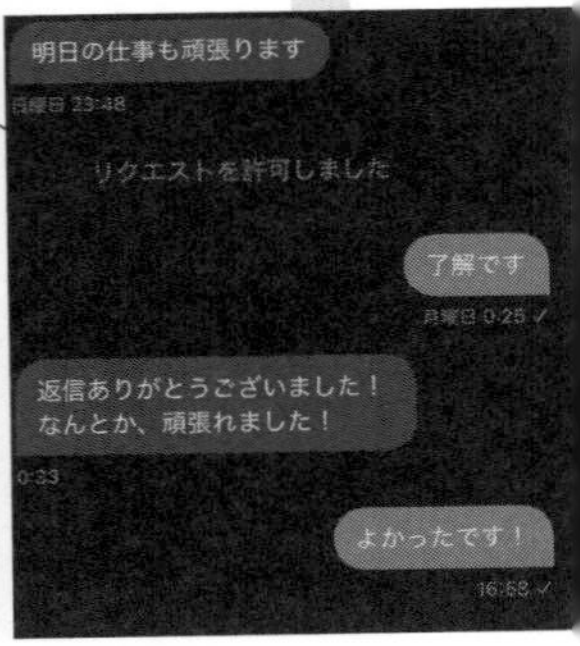
明日の仕事も頑張ります
日曜日 23:48
リクエストを許可しました
了解です
月曜日 0:25
返信ありがとうございました！
なんとか、頑張れました！
0:33
よかったです！
16:58

【2月15日】#ワンワン

「いつでもいいんで個展みにきてください」等の依頼は、「いつになるか分からないけど行けたら行きます」という曖昧な返事でもOKであれば引き受けてますが、DMが埋もれがちなので「行けません」の連絡はできかねます。DMを埋もれさせたくないときは適宜「age」とだけ書いて送ってもらえればと思います。

「個展にきてほしい」ならわりと受けていますが、「ライブにきてほしい」だと最近は断ってます。その線引きは自分でもよくわかりませんが、時間の自由度とか、会話の有無とかだと思います。

一概には言えませんが依頼が立て込んでる最近は、別になんもしない人じゃなくて友達とかおっさんレンタルに頼んでも良さそうなのは優先度落としてしまっています。レンタルなんもしない人というサービスを利用する必然性が感じられれば大丈夫な場合もあると思います。

——息子は僕が描いたへたくそな犬でも指をさして「ワンワン」と言ってくれて優しい。

【2月16日】#待ち合わせ

遠方からくる依頼者。「東京の雑踏の中で待ち合わせできる自信がない」とのこ

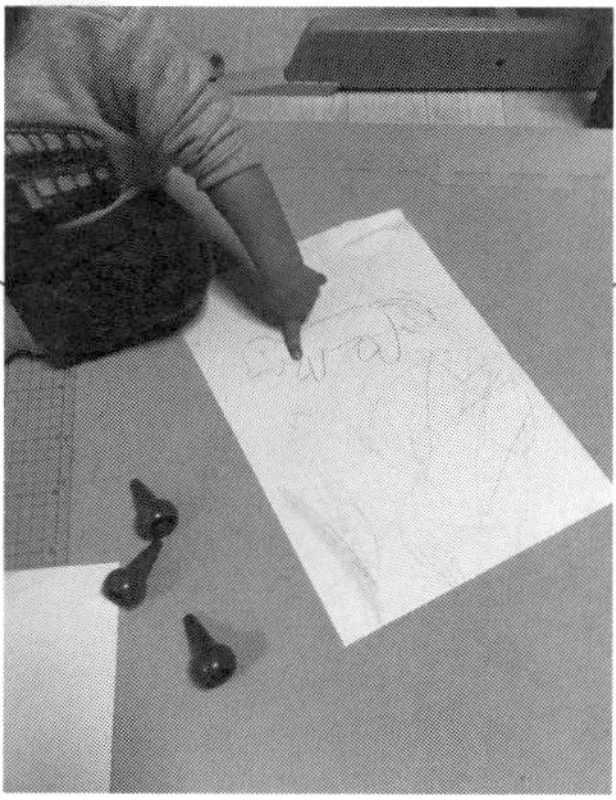

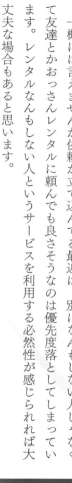

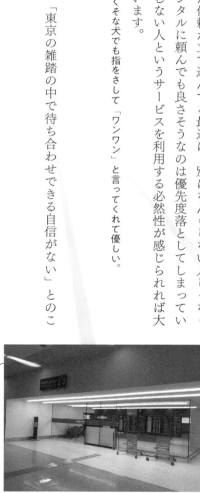

とで、羽田まで出迎えにきた。

――交通費の起点（国分寺）は、よく国立と間違えられる。高円寺や吉祥寺とも間違えられやすい。昨日、駒込と間違えられたのは不思議だった。

【2月18日】 #不安があるので

明日どうしても学校をサボりたいが、不安があるので一緒にいてほしいという依頼。学校で嫌なことが続いててつらいうえに、その影響で病気にもかかり深刻につらい様子だった。〝不安なので〟ではなく〝不安があるので〟という表現だったのは、「死にたさ」を「不安」とぼかした形跡だったのかと合点がいった。

【2月19日】 #米一合は何粒か

今日は「米一合は何粒か」を数えるところを見守っています。あめひま君からの依頼。気になることがあっても話しかけられる空気ではない。とりあえず、米一粒一粒丁寧に数えてる人の横で米の加工品をガツガツ食べてる。

米を数えるのに飽きたのか全然違うことをやり始めた。市販のシュークリームのクリームの量を比較してるらしい。

あめひま君はなんもしないわけではなくなんかしてくれるので（暇なので）、人になんかさせたい依頼はあめひま君のほうにお願いします（残念ながら現在は受け付けていません）。「米一合が何粒かを数える」「市販のクリームパンのクリームの量を比較する」などしてくれるのを今日確認しました。ちなみにあめひま君、依頼を受けたときには「ユーチューバーか何かかな」と思ったけど、米粒を数えてる現場には動画を撮影してる様子はなく、目の前には猫用の毛布があるのみだった。今日のところは疲れて切り上げたあと、猫が続きをやろうとしてたのがかわいかった。

㋹

依頼の感想ツイートはめちゃくちゃ気まぐれにやってますし、時系列もめちゃくちゃです。あと、ツイートしてない依頼は、わりと情報量が多くて「ツイートするのに気合いが要る」という場合が多いです。基本的に全部面白いので全部報告できるに越したことは無いのですが、最近はツイートする時間がとれない。

【2月20日】＃一〇個目のバイトを辞める

「一〇個目のバイトを辞めたので記念に最初のバイト先でハンバーガーを一緒に食べて

ほしい」という依頼。もう自分は社会に出ていけないのでは……という悲観的な思考を払拭したいとのこと。二人でハンバーガーを食べながら、これまでのバイト遍歴の話をひたすら聞かされた。店員を見る目が終始切なげだった。

Q「もしかして、新宿にいますか？」

A　いま起きたところなので人違いです。

【2月21日】 #変異ある……

パクチーだけどうしても苦手なんですが、先日フォーの店に同行した依頼者（医師）いわく「パクチーが苦手な人は11番染色体に変異がある」とのことで、先天的なものだとあきらめがついた。依頼者も苦手だったが、推し考案のメニューだからと無理して食べてた（変異ある……と思いながら食べてたらしい）。

【2月22日】 #愛犬と遭遇して

私の愛犬は、人間が大好きな（人懐っこいという範疇を超えています）犬です。散歩中、犬連れではない通りがかりの人にも愛情を示し尻尾振ってる始末です。しかし、犬連れではない人にはたいてい無視されるのでしょげています。（中略）家でもめちゃくちゃ可愛がり、甘えさせていますが（きちんと躾もしています）どうやら家族だけでなくたくさんの人に愛されたいようです。
人間全方位に愛情を振りまき、その大抵が不発におわり少し落ち込んでいる犬（ポジティブなのですぐに忘れている模様）を見るたび少し心が痛む為、たまには赤の他人に構ってもらい満足してほしいなと思います。……

「散歩中の愛犬と遭遇してほしい」という依頼。依頼理由に愛が溢れてる。駅で別れたあと尻尾を下ろして寂しそうにしてたとのこと。めちゃくちゃかわいかった……。
ひとしきり犬をさわったあと、お手拭きを渡された。犬連れじゃない通行人に愛犬をさわってもらったときのために、散歩する際はいつも数枚持ち歩いてるらしい。すべてが完璧にやさしい依頼だったな……。

【2月23日】＃聖書はお貸ししますね？

自分が地縛霊役で出てる映画を一緒に観てほしいとの依頼。演技未経験だがたまたま声がかかり、やってみたけど死ぬほど恥ずかしくて一人では観れないとのこと。かなり緊張してて、観た後も「ひー！　怖かった」と即ベローチェに飛び込み、はたから見た

ら普通にお化け映画を楽しんでる人みたいで面白かった。

㋹

「教会の礼拝に来てほしい」という依頼。教会に勤めてるため職場も礼拝も同じ場所で、人間関係の狭さに少々参ってるとのこと。受付で「この人はレンタルなにもしない人さん」と紹介してもらったものの「なにもレンタルしないってことだけど、聖書はお貸ししますね？」と言われ理解されてない様子だった。

【2月25日】 #路上ライブを見守って

「路上ライブを見守ってほしい」という依頼。事前告知すると路上ライブ荒らしが心配、かといって告知なしだと誰も聴いてない状況になりがちで心が折れるので、告知なしでも一人は聴いてる状況を作るべく依頼に至った模様。普通に立ち止まる人もいて、立ち止まりやすくする副次効果もあったかもしれない。

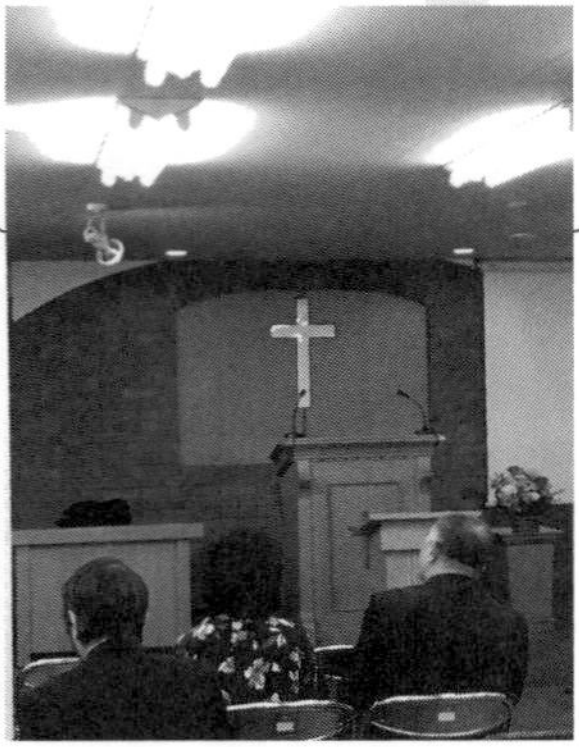

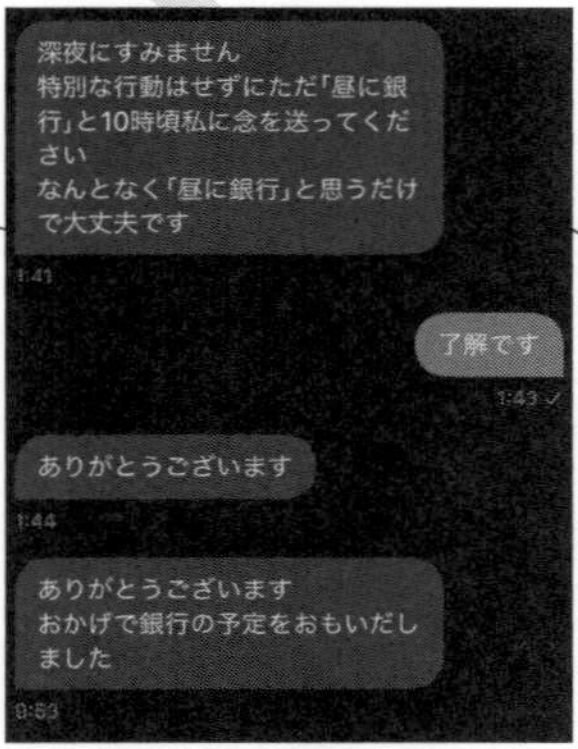
深夜にすみません
特別な行動はせずにただ「昼に銀行」と10時頃私に念を送ってください
なんとなく「昼に銀行」と思うだけで大丈夫です
了解です
ありがとうございます
ありがとうございます
おかげで銀行の予定をおもいだしました

【2月26日】 #ついに痔の手術をします

「一〇時頃、私に『昼に銀行』と念を送ってください」という依頼。完全に忘れてて別のこと考えてたけど無事思い出してもらえてよかった。

借金を滞納してる依頼者から、今月分の返済をすべて完了したとの報告。またアマギフをくれた。生粋の浪費癖を感じる。

最近は荷物を一部持つなどのことも含めて何もしないようにあえて徹底しています（なんかしたことで喜ばれても仕方がないため）。福岡から来てた依頼者がやたらデカい荷物を持ってルノアールの長めの階段をのぼるときも、まったく手を貸しませんでした。なんか達成感ありました。

「ついに痔の手術をします。付き添ってもらえますか？」との依頼。術後は

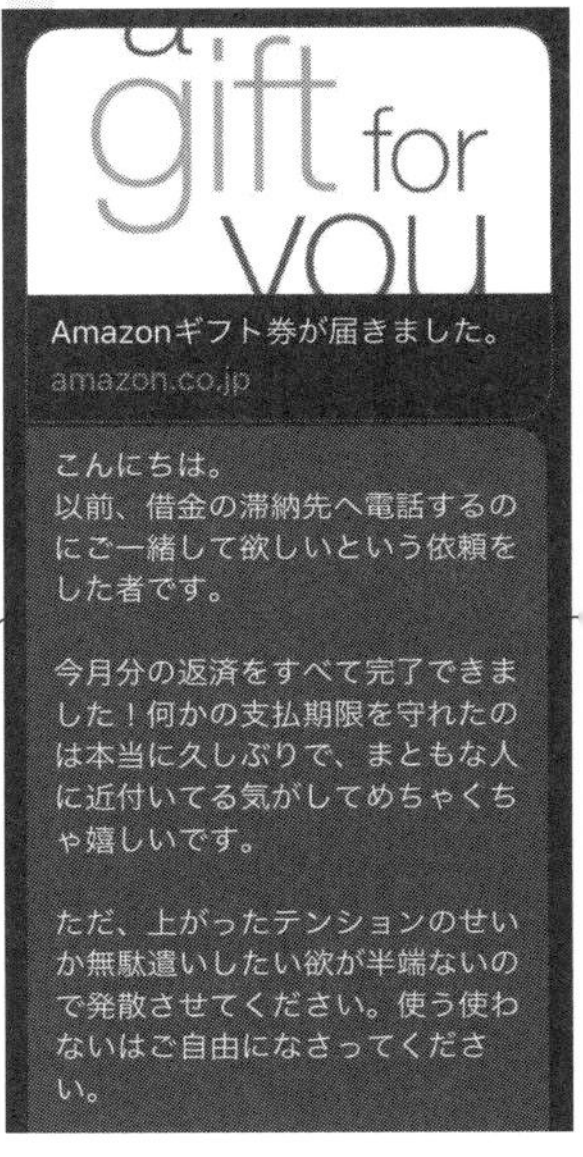

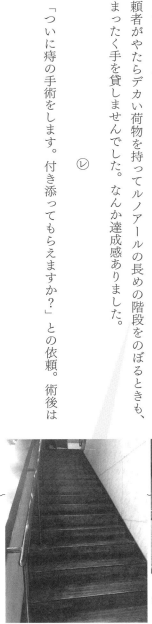

麻酔の影響で足がフラつく恐れがあり、付き添いが必要とのこと。〝ついに〟の文言や「痔の手術ツアー」と題した予定表の添付から並々ならぬ決意を感じた。手術は無事成功。ふだん人に話しづらいことも話せたようで満足の様子だった。

手術室には付き添えなかったものの、術後の診察には同行でき、切除した痔や、肛門のビフォーアフター画像を当人と一緒に見た。不思議すぎる体験だった。看護師さんから「お尻を見せられるなんてよほど仲がいいんですね」と言われたが依頼者（女性）は「初対面です」と正直に言い看護師さんをギョッとさせていた。

手術直後は麻酔が効いてて大丈夫だったが、麻酔が切れてからは地獄の痛みが襲ってきたらしい。翌日、地獄の痛みを抱えながら通院する様子を動画におさめて送ってきた。伝わってくる。（https://twitter.com/morimotoshoji/status/1100429359955898369/video/1）

痔の手術後、依然として激しい痛みとたたかってる依頼者から「キックボードで移動すればお尻が痛くないことを発見しました」と続報があった。走行中どこかから「懐かしい！」などの声が聞こえてきたらしい。痛みと恥ずかしさのトレードオフになってる。

痔の手術付き添いの依頼をくれた人から、切除した痔の画像（モザイク加工済み）が送られてきて、ありがたいことに「ネット使用可」と言ってもらえているがさすがに二の足を踏んでる……。

【2月27日】 #目撃情報

今日と明日はレンタルとは関係ない用事のためずっと在宅しています。ずっと自宅にいるのに知らない駅で目撃されてて怖い。

【2月28日】 #採血の練習台

私は医療関係者なのですが採血や脈を測ることをもっと早くできるようになりたいのです。その為に採血をさせていただきたい……が本音なのですが、むりなので肘の内側の血管とか手首の血管と頸動脈を触らせてもらったりまじまじと見せてもらいたいです。
ただ血管を触りたいです。……

「採血の練習台になってほしい」との依頼。同僚に頼むと助言されてしまいあまり練習にならないし、友達にも頼みづらいとのこと。注射器とか持ち込むため人目を避けカラオケへ。血管を触られたり、針のない注射器をあてられたりした（針は使ってませんし、当然、血も抜いていません）。駆血帯（縛るやつ）は病院から持ち出せず、私物の聴診器で代用してた。腕の下に敷いてあるのはカラオケの入り口にあったクッションです。ちゃんと「ご自由にご利用ください」

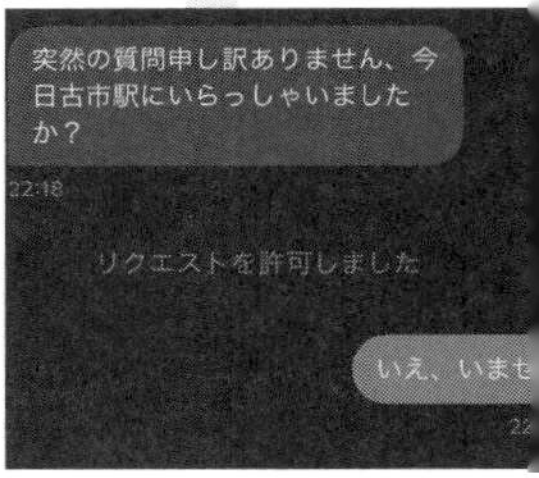
突然の質問申し訳ありません、今日古市駅にいらっしゃいましたか？
22:18
リクエストを許可しました
いえ、いませ

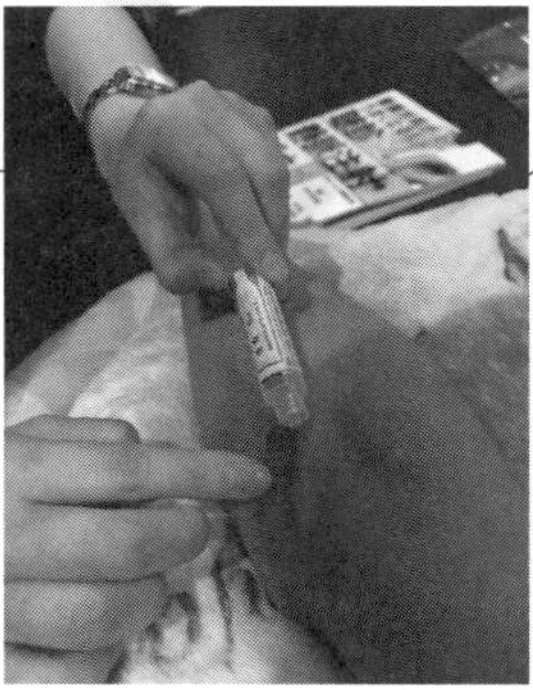

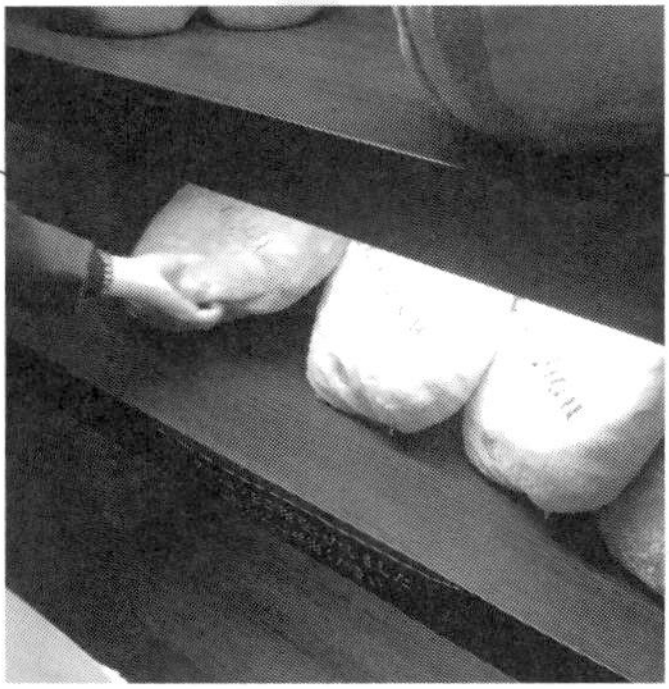

と書いてあるので採血の練習に使っても問題ないはず。

㋹

レンタル活動を始めて初日に「ラーメンを一緒に食べませんか？」という依頼をくれたtomatoさん主催の「1人でいるのしんどいの会」に来てます。「あのときはどうも」の話で盛り上がってる。

2 3月：私の引き算のやり方、変ですか

【3月1日】 #朝の出勤についてきて

「朝の出勤についてきてほしい」という依頼。上司と気まずい雰囲気になり、会社に行くのが少し怖いとのこと。その上〝恐ろしい会議〟もあって腹痛まで生じてたらしい。会社勤めを三年でドロップアウトした自分には共感が大きすぎ、思わず頑張って早起きしてしまった。会社は本当に恐ろしいところだと思う。

――三月に入った瞬間「友の会」の会費が送られてきた。これで生活していきたい。

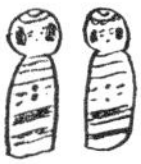

Q　「友の会」には何人くらい参加されているのですか？」

A　現在三名くらいだったと思います。それで生活していくには一人一〇万くらいの負担になるのでまだ現実的ではないです。

「ピアスの穴を開けたいが一人だと勇気が出ないので見守ってほしい」との依頼。病院で開けてもらったことはあるが、最近身の回りが不調続きで、願掛けとして今回は自分でと決心したとのこと。自分でやるのは相当怖いようで「死ぬわけじゃないし」と言ってバチンといった後「死ぬかと思った」と呟いてた。

【3月2日】 #伏線が一気に回収されて

こないだ紹介した♥**惚気報告**♥、続いています（一部抜粋）。

・花粉症の彼女が、今朝テレビの花粉予報に向かってヴヴ……と威嚇していました。

あと、依頼者のことを〝彼氏〟持ちだと思ってた友達に「実は付き合ってるの女なんだよね」と言ったら「伏線が一気に回収されて鳥肌が立った」と言われ、テンションが上がったそうです。

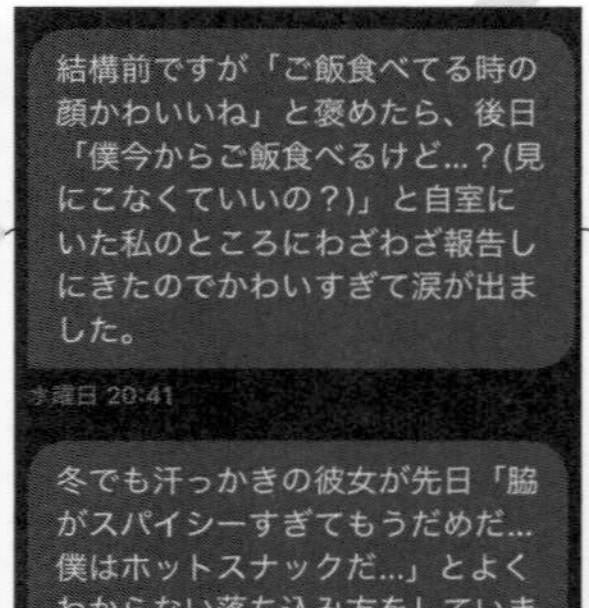
結構前ですが「ご飯食べてる時の顔かわいいね」と褒めたら、後日「僕今からご飯食べるけど...?(見にこなくていいの?)」と自室にいた私のところにわざわざ報告しにきたのでかわいすぎて涙が出ました。
水曜日 20:41
冬でも汗っかきの彼女が先日「脇がスパイシーすぎてもうだめだ...僕はホットスナックだ...」とよくわからない落ち込み方をしていました。頑なに汗臭いとは認めずに、あくまでスパイシーなだけ...

祝 HAPPY BIRTHDAY
0才 1993 11/21(日)
25才 2018 11/21(水)
去年の話ですが...
私の誕生日当日、彼女はいつもより少し早く起きてせっせとこれを描いていました。
この絵の1番のかわいいポイントは、全然似てない25歳の私でも無駄にかわいい0歳の私でもな

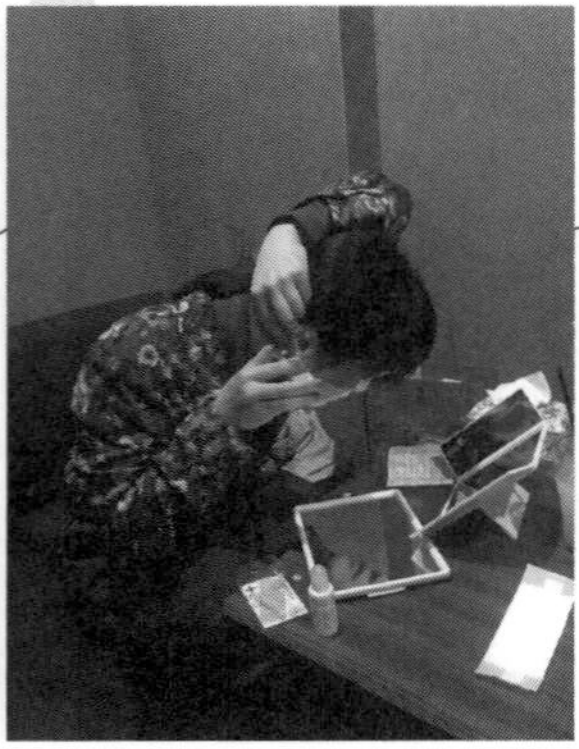

【3月5日】#バイキング下手すぎる

今日はタカノフルーツパーラーのバイキングに同行したんですが、自分バイキング下手すぎるな。依頼者は茶化したりせず「黄色と緑すきなんですか？」と聞いてきただけで、やさしかった。

㋹

「辞書を読むところに一緒にいてほしい」という謎の依頼で同席中。本当に辞書を読んでいる。「辞書好きなんですか？」とたずねたら「部首が好きなんです」と返ってきた。読んでいたのは『部首ときあかし辞典』。

【3月6日】#いい骨格してますよ

今日は「レンタルさん、いい骨格してますよね」「骨格のいい人間をレンタルできることってなかなか無いんで嬉しい」と言われた。人間をレンタルしようと思う心理にもいろいろあるなと思った。

――念入りにエゴサーチしてるとアインシュタインやブッダに叱られる。

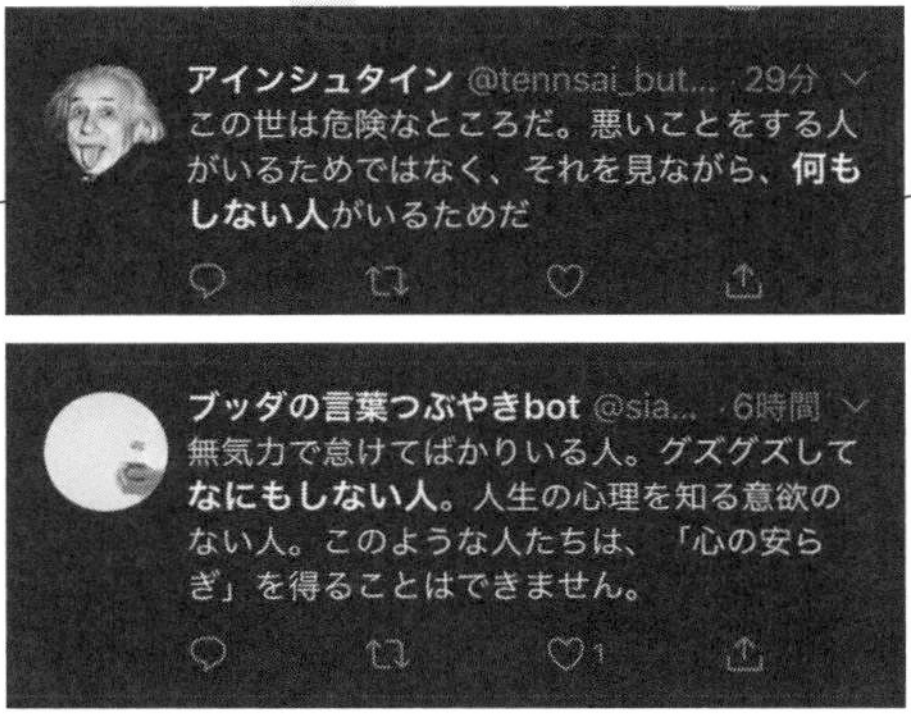
アインシュタイン @tennsai_but... · 29分
この世は危険なところだ。悪いことをする人がいるためではなく、それを見ながら、何もしない人がいるためだ
ブッダの言葉つぶやきbot @sia... · 6時間
無気力で怠けてばかりいる人。グズグズしてなにもしない人。人生の心理を知る意欲のない人。このような人たちは、「心の安らぎ」を得ることはできません。
1

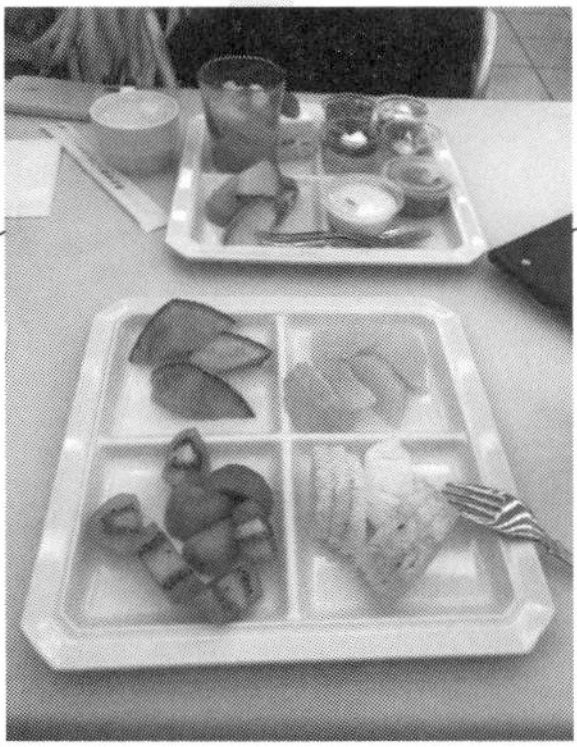

【3月7日】　#友達がいない理由

取材系の依頼のときたまに貰う名刺、持ち帰ったあとは二度と見返さないことになるけど、名刺を渡される流れの中で「おお、プロの人だ」ってテンション上がるし、名刺を渡すという行為自体にはそれなりに意味はあると思う。名刺を「名刺を渡すためのツール」と捉えると哲学的で深遠な存在にも思える。

Ⓛ

友達ではない人をレンタルする理由としてよく聞くのが「自分の趣味に付き合わせるから全額奢りたいのに友達だと払おうとされ、それを断ったりするやりとりを想像するだけで面倒」「奢った場合も別の機会にお返しされたりしてしんどい」というもので、僕自身もこういう理由で友達がいないような気がする。

【3月8日】　#ロシアの神はなんもしない

大阪大学で〝何もしないロボット〟の研究をしてる方から「この道のスペシャリストの話を伺いたい」との依頼。研究室のスクリーンにDMの画面を映し、皆に見せながら依頼したらしく、僕の返信くるまでF5を何度も押したりやきもきさせてたらしい。依頼を終え「結局何も分からなかったけど楽しかった」との感想を貰えた。

〝何もしないロボット〟の研究のために話を聞きにきた高橋英之先生から「レンタルなんもしない人さんはロシアの神です」と言われ、この本を渡された。ロシアの神は何もしないんだそうです。いよいよ怪しいサービスになってきた。

Q　「なんもさんはテレプシコーラ的立ち位置だったのか……」

A　言われてみるとテレプシコーラに近いです。「レンタルなんもしない人」が念人形で、僕がそれに操られてなんもしてないというイメージです。

【3月9日】　#愛犬の散歩に付き添って

「大きな手術をしてから神経症っぽくなり散歩で歩けなくなった愛犬の散歩に付き添ってほしい」という依頼。家族ではない知らない人が前にいると歩くこともあるということで呼ばれたけど、当日はなぜか僕と会う前からめちゃくちゃ元気でよく歩いてた。僕がいる意味は感じられなかったけど何よりだった。

――新聞部の高校生から取材された。二〇〇号という記念を飾らせてもらえるらしい。「職

業」を紹介するコーナーに掲載されるらしいけど大丈夫か。

㋹

人にご飯を食べてもらえると承認欲求が大きく満たされるものの、友人などに振る舞い続けるといつかそれが当たり前のようになるのが嫌なので、レンタルさんに食べてもらいたい。

なにもしないという部分で「料理を食べる」というのは無理かもしれませんが、お考え頂けると嬉しいです。……

「手作りの料理を一緒に食べてもらいたい」という依頼。人にご飯を食べてもらうと承認欲求が満たされるが、友人等にふるまい続けてそれが当たり前になるのが嫌なので交友関係の外にいる人に食べてもらおうと思い至った模様。お品書きが用意されてて本気を感じた。全部めちゃくちゃおいしくて、犬もいた。なんとデザートのクレープまで手作りだった。犬も見てた。

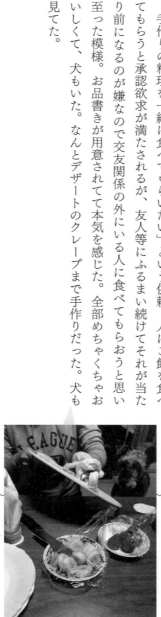

【3月11日】＃失敗しても大丈夫そうな客

「私の働いてるＢＡＲにきてほしい」という依頼。二か月のブランクがあり自信がなく、誰もお客さんがいないのもつらいので、失敗しても大丈夫そうな客として呼ばれた。久々のビールサーバーに手こずってたが、後に来たお客さんにはスムーズに提供できてたのでリハビリ相手としての機能を果たせたように思う。

【3月12日】＃今日でこの顔面も最後だ

満員電車で知らない人と握手した。お互い一言も発さずＤＭでやりとりしてたので、周りの人からしたら不気味だったろうと思う。

㋹

「明日、韓国へ整形しにいくので、その荷造りを見守ってほしい」という依頼。「今日でこの顔面も最後だ」と張り切っていた。ビフォー写真を撮ってほしいと言われたが、なんもしない人なので断ったら、たまたま同行してたＮＨＫのディレクターさんに撮らせてた。通常ではありえないサービスを提供できた。

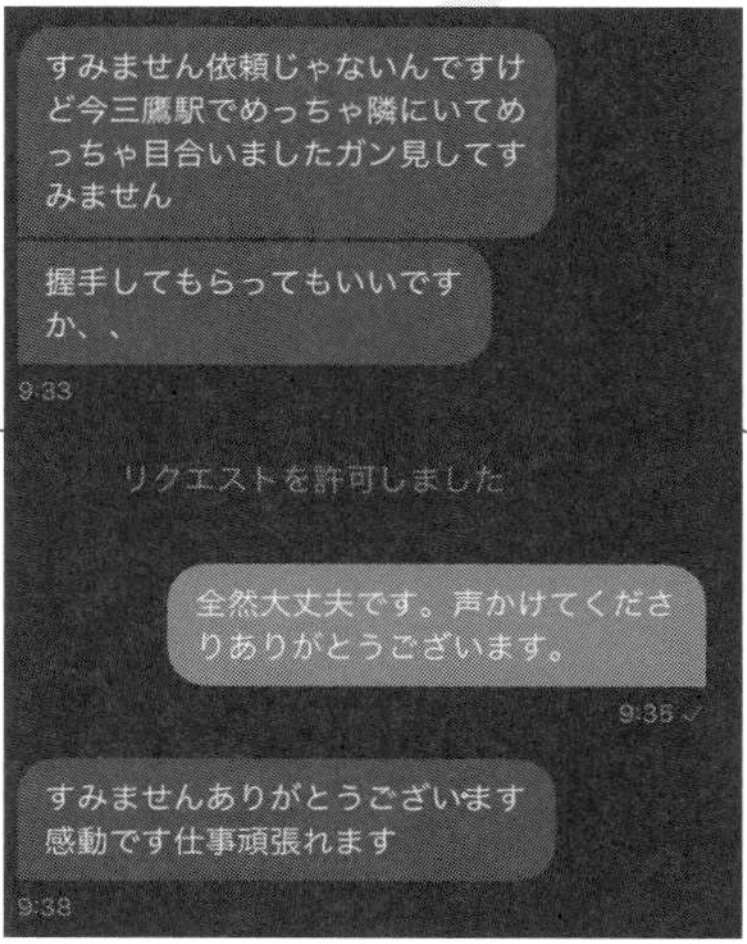
すみません依頼じゃないんですけど今三鷹駅でめっちゃ隣にいてめっちゃ目合いましたガン見してすみません
握手してもらってもいいですか、、
9:33
リクエストを許可しました
全然大丈夫です。声かけてくださりありがとうございます。
9:35
すみませんありがとうございます感動です仕事頑張れます
9:38

【3月15日】 #裏声のトトロ

「おっさんが裏声で歌う『となりのトトロ』を聴いてほしい」という依頼。本当におっさんがとなりのトトロを裏声で歌ってた。依頼理由は意外と切実で、聴いた感想を伝えると「そこまで気持ち悪いわけではないってことですね……よかった……」と心底安心した様子だった。

——帰宅したら顔と体が別次元にあるアンパンマンが出迎えてくれた。

おかえり

【3月17日】 #ほぼ「ロドニー」

よくわからないけど、知らない人たちの3Pを阻止したことがある（「無事に帰宅したら連絡するので『帰ってきてえらいね、がんばったね』と返信してほしい」という依頼）。

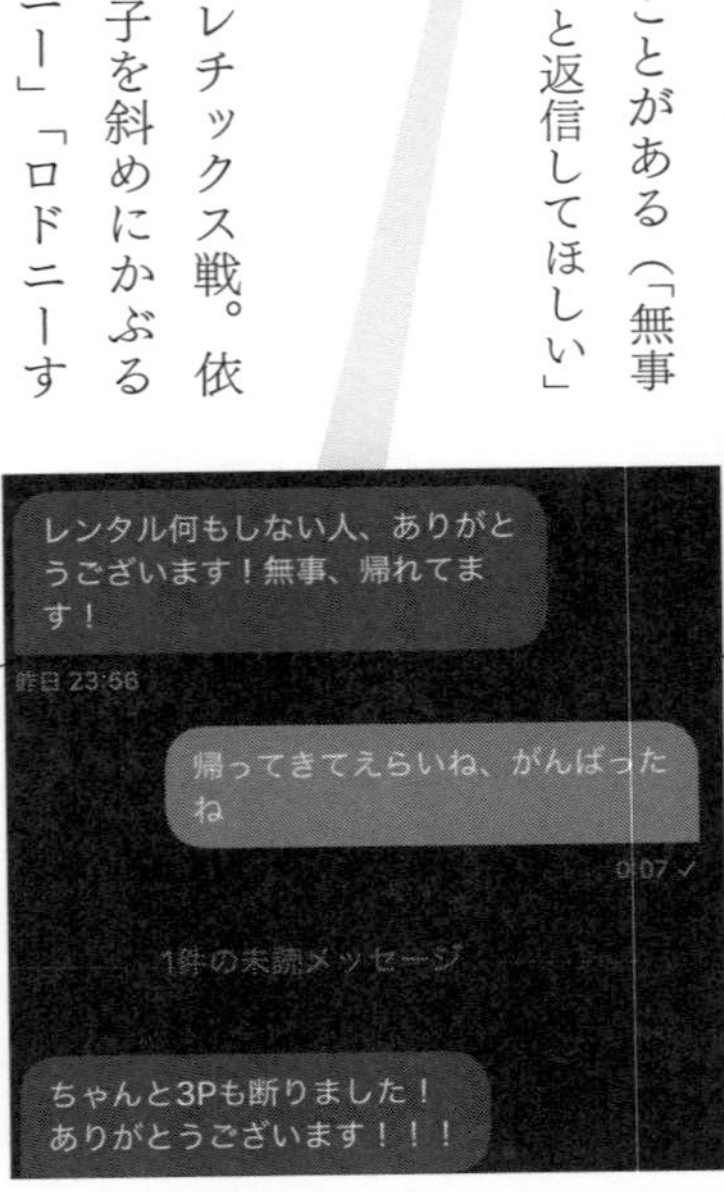
レンタル何もしない人、ありがとうございます！無事、帰れてます！
昨日 23:56
帰ってきてえらいね、がんばったね
0:07 ✓
1件の未読メッセージ
ちゃんと3Pも断りました！ありがとうございます！！！

今日は東京ドームに連れてかれてます。日本ハム-アスレチックス戦。依頼者の推しはロドニー。明日四二歳になる。四二なのに帽子を斜めにかぶるという。依頼者、着席してからずっと「ロドニー」「ロドニー」「ロドニーすぎる」と呟いてる。メジャーリーガーを眺めながら叙々苑の弁当を食べるという最高の体験をした。

依頼者、メジャーリーグにめちゃくちゃ詳しくて、「この選手は難病の母親の近くに住むために移籍してきた」「この選手は四年連続打率が.247で、なんと今年のオープン戦も.247だった」などいろいろ解説してくれたけど、ロドニーが出てきたときはほぼ「ロドニー」しか言ってなかった。

依頼者いわく、野球に詳しい人と一緒にみると意見が衝突して楽しめないことがあるらしい。いわゆる〝解釈違い〟はどんな文化にもあるんだなと思った。依頼者は続けて「人と野球観戦してると戦争がなんで無くならないかわかります」「野球はいろんなことを教えてくれる」と語っていた。

【3月18日】　＃懸念は続く

借金滞納中の依頼者が今月もアマゾンギフト券を送ってきた。債務者がなんもしない人に送金してるの、完全に無駄遣いだと思ってしまうけど、「少額で無駄遣い欲を発散してる」ということらしい。実際、返済状況は順調のようで何よりだが、死ぬ気でバイト掛け持ちした上でのことらしいので懸念は続く。

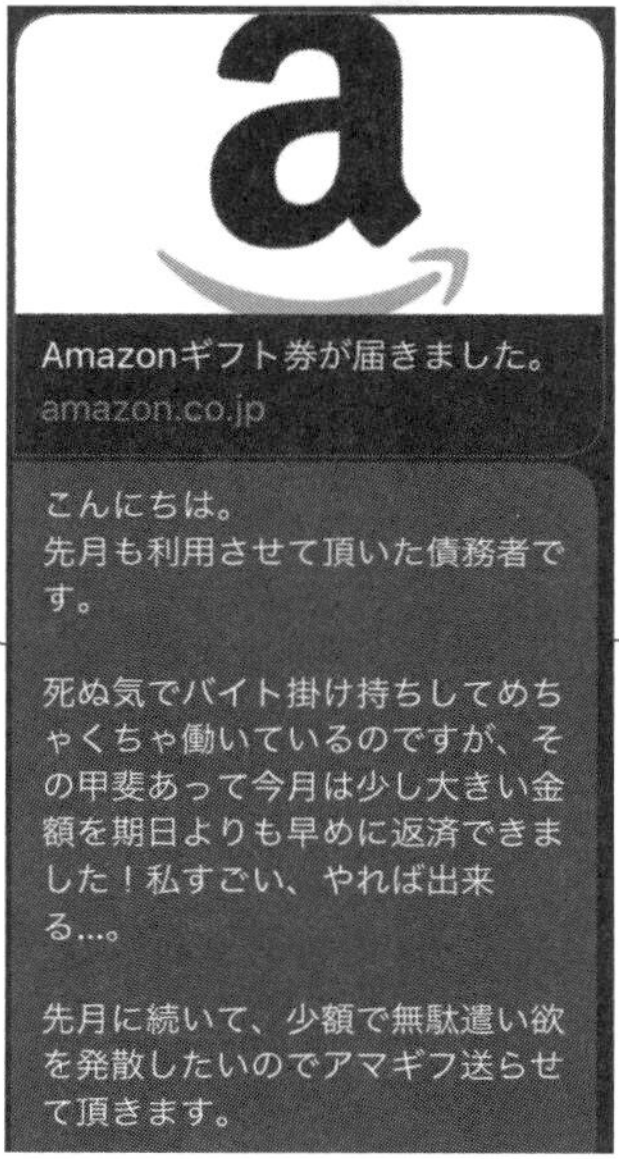
Amazonギフト券が届きました。

amazon.co.jp
こんにちは。

先月も利用させて頂いた債務者です。

死ぬ気でバイト掛け持ちしてめちゃくちゃ働いているのですが、その甲斐あって今月は少し大きい金額を期日よりも早めに返済できました！私すごい、やれば出来る…。

先月に続いて、少額で無駄遣い欲を発散したいのでアマギフ送らせて頂きます。

【3月20日】 #目の前で医者かニートか

医師国家試験の合格発表の確認を見守ってほしいという依頼。自己採点では五分五分で、一人で確認するのは怖いとのこと。「今日は目の前で医者かニートが生まれます」との宣告にゾクっとしたが、待つ間は絵しりとりをして楽しく過ごせた。〝腕〟のところで時間となり「ニートが爆誕しました」と告げられた。

合格発表を待ってるあいだのプレッシャーというのはやはりものすごいもので、僕までめちゃくちゃ緊張してしまった（絵しりとりの一回戦で初手で負けてしまうほど）。結果は残念だったが、「プレッシャーの共有」という新たなレンタル事例として刻まれた。そして来年もまた同じ依頼でと予約された。

【3月22日】 #USAから問い合わせ

USAから問い合わせがあった。

【3月23日】 #引き算のやり方、変ですか

話をきいてほしいという依頼はよくあるけど、話の多様性には限界がなく面白い。こないだは「私の引き算のやり方、変ですかね？」という話をきいた。四ステッ

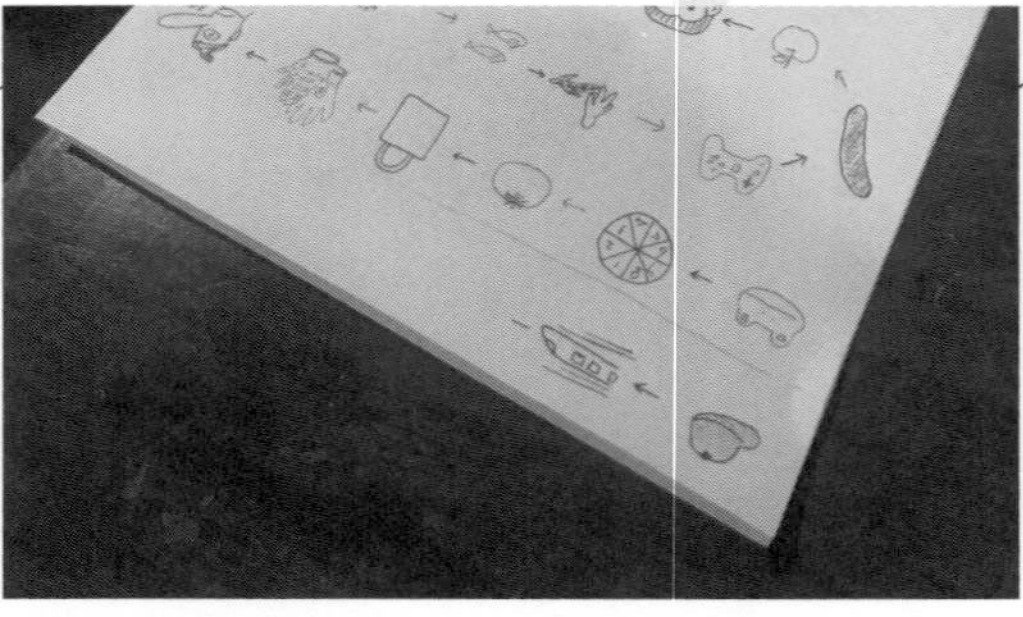

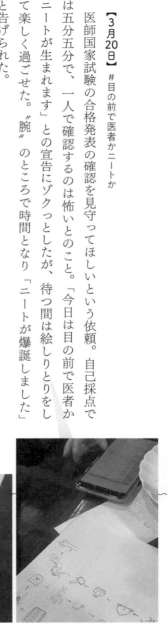

プもあり複雑だが、計算が極度に苦手なためこうしないとできないとのこと。友達に話すと逆に「頭いいね」とか言われてしまいさらに困惑するらしい。

ちなみに、右のほうの走り書きは「一七〇〇円の会計で二二〇〇円出すとかできない」、下のほうのは「勤務時間九時〜一八時とか言われても何時間あるのかとっさに分からずこうやって数えてしまう」という話のときに発生したものです。

僕は引き算を「直感であたりをつけて後で検算する」というやり方でやってて（たとえば62－8だと、だいたい50台前半の53、54あたりで、それに8を足して62になればOK、過不足あれば前後にズラす）、それを言うと依頼者は驚いてたけど、こうやってる人どのくらいいるんだろうか。

——安産すっぽんと言ってほしいという依頼で安産すっぽんに成功。

㋹

落し物をとりにいくのに同行してほしいとの依頼。落としたのはクレカなどを入れるカードケース。一年以上も経って見つかったことに不安を覚え、一人では行きづらいとのこと。依頼文にあった〝あまり良くない思い出〟もその不安に大きく関係してるが、絶対明るみに出せない内容だった（匂わせるだけになりすみません）。

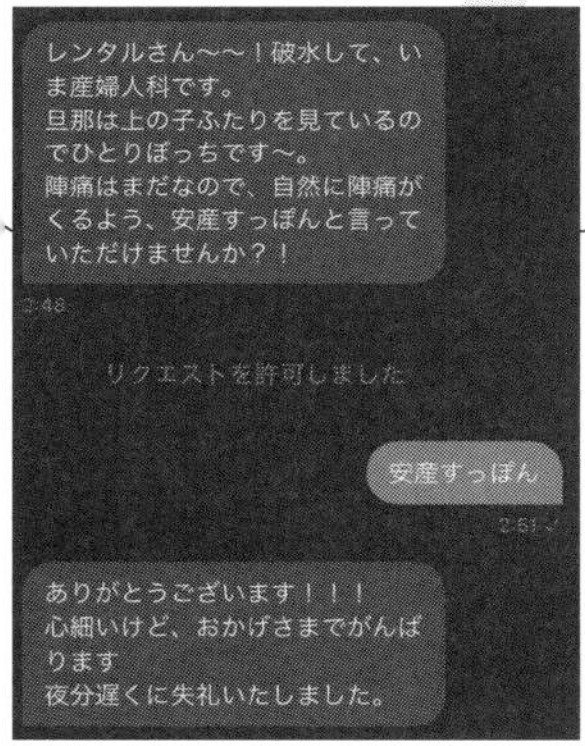

「人に言いづらい話」をされることが多いが、言いづらさにもツイッターに書けるタイプと書けないタイプがあるのを最近知った。「人を殺したことがある」などは当人さえ許せば書けるが、たとえば「知人がどうやら◯◯に殺された（が事件化してない）」だと、それを知ってることが命に関わるため書けない。

Q 「なんもしないのであれば、何も価値を生み出してないのと同じですよね」

A 価値がないものを提供してるという認識はありません。人間の存在そのものにはおそらく価値があると信じたうえで、それだけを提供するサービスは（金銭的なことも含めて）やっていけるかどうかという実験に近いです。

【3月27日】 #ゲットはされてない

お台場海浜公園で一緒にポケモンGOをしていただけないでしょうか。というのも、女一人で夜の公園に行くのは怖いため、誰かについていてほしいのです。……

ポケモンGOに同行。ルナトーンというポケモンの色違いをゲットするラストチャンスだったが、女一人で夜の公園に行くなという親の忠告を受け、依頼に至った模様。結局ゲットできなかったが「レンタルなんもしない人というレアポケモンをゲットできたんでよかった」と言ってもらえた。ゲットはされてない。

依頼者、女一人で夜の公園には行かないよう忠告してきてたお父さんに「レンタルなんもしない人さんという成人男性を連れていくから大丈夫」と説明したら「いや……むしろ……」と余計心配されたらしい。

——若めの女性に同行する依頼の報告ツイートをしたあとは「自分もレンタルなんもしない人をやってもいいですか？」というＤＭが増えるの、やっぱ不気味だな。

㋹

同時にこの依頼も遂行できた。一度に二つの依頼をこなした稀有な例。

一度に二件の依頼をこなしたのは初めてではなく、以前の「散髪同行」の依頼でも、依頼者の散髪を待ってるあいだ依頼者の親友からレンタルされるという二重レンタルだった。交通費はそれぞれからもらえてラッキーだった。親友らしくポチ袋もそろえてあったが、厚みが全然違った。

【3月28日】＃安室奈美恵の45倍

「自分の趣味（サッカー）の話を一方的にさせてほしい」という依頼。自分の話をする

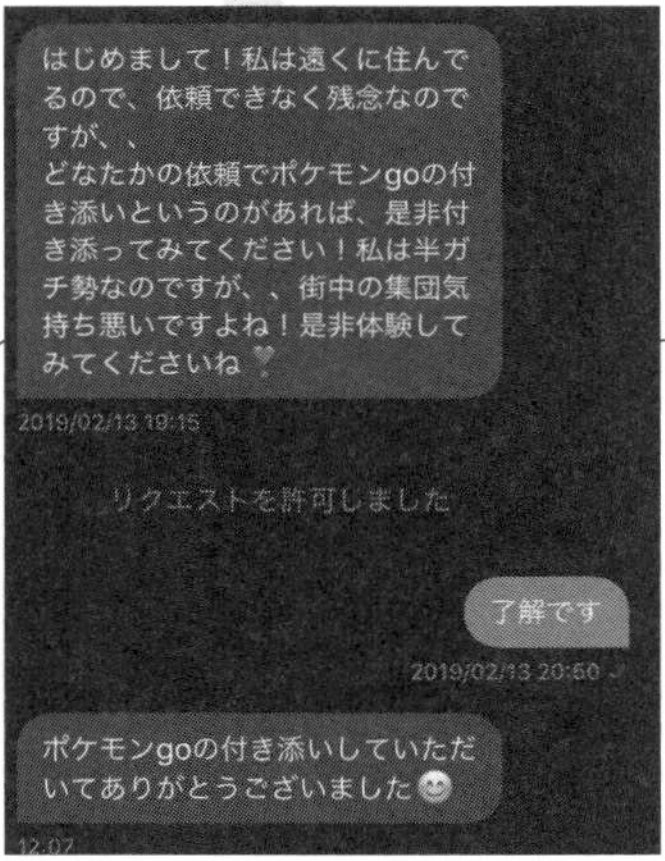
はじめまして！私は遠くに住んでるので、依頼できなく残念なのですが、、
どなたかの依頼でポケモンgoの付き添いというのがあれば、是非付き添ってみてください！私は半ガチ勢なのですが、、街中の集団気持ち悪いですよね！是非体験してみてくださいね
2019/02/13 19:15
リクエストを許可しました
了解です
2019/02/13 20:50
ポケモンgoの付き添いしていただいてありがとうございました
12:07

のが苦手で聞き役に回ってばかりでいたら、友達から「居心地は悪くないが壁を感じる」と言われたらしく、でも自分の話をしてて相手が一瞬でも興味ないそぶりを見せると心が折れて話せなくなるので、克服したいとのこと。

依頼者いわく「安室奈美恵のライブは安室奈美恵一人だけどサッカーは控え選手、監督、審判いれて四五人いるから安室奈美恵の四五倍面白い」らしい。現地観戦なら〝オフザボール〟というボール周辺以外の動き（テレビでは映されない）も一〇〇個くらい見所あるので「一四五倍、つまり二〇〇倍面白い」などと熱く語ってた。

――最近寝不足で、今日待ち合わせ場所の柱にもたれかかったまま寝てしまってて依頼者に起こされた。めっちゃ心配された。

【3月29日】 #たまに誰かにお金をあげたくなる

こないだ依頼者から口座番号をきかれた。「たまに誰かにお金をあげたくなる」んだそうです。そして今日見たら本当に振り込まれてた。「今後は報告しないので、入ってたら、ああ入ってるな、と思ってもらえたら」とのこと。レンタルなんもしない人は新たな局面を迎えた。

続いて、別の方から「最近の流れを見て課金してみたい気持ちが高まりすぎてたまらなくなってしまった」とのことでアマゾンギフト券が送られてきた。画面を隔てたキャラクターに直接お金を払える感じが面白いらしい。「迷惑にならなければ今後も」とあるが、迷惑なはずがない。

――中野駅はどの電車に乗ればいいのかいつもわからなくて難易度高い。

Q　「エゴサはいつしているのですか？」

A　エゴサは息をするようにしています。なので呼吸をしている限りエゴサします。

「応援してますが最近のリツイートや言い争いを見ているとしんどくなるのでフォロー外します」って言われるの、野球中継を見てて阪神が負けそうになるとチャンネル変える父を彷彿とさせられるけど、そう考えると相当感情移入してもらえてるということなので喜ばしいことなのかもしれない。

【3月30日】　#ムーミン舐めてた

今日はムーミンバレーパークに同行してます。スナフキンは不在。

スナフキンいました。

ムーミンバレーパーク同行依頼、入園前に依頼者から「絶叫系、大丈夫ですか？」と聞かれて、そんなもんムーミンのテーマパークのアトラクション

なんか大丈夫に決まってるでしょと適当に引き受けたら、宮沢湖の上をロープで滑空するという、同意書とか書かされるガチのやつだった。ムーミン舐めてた。

㋹

居酒屋で退職願を書くのを見届けています。社長の名前なんだっけと検索してる。退職届も書いてます。

「退職願・退職届を書くのに同席してほしい」という依頼でした。端的に言えばパワハラが理由で、そのしんどさを説明するためのスライドも用意されてた。基本的にシリアスな雰囲気だったけど、退職願の下書きの紙に「レンタルなんもしない人」を利用するメリットの図解を書いたりしててなんか面白かった。

【3月31日】 #今回も凶

一夜明けてまたパワハラに端を発する依頼を受けています（パワハラの社内通報見守り）。そういうシーズンなのかもしれない。

㋹

おみくじを引くのに立ち会ってほしいとの依頼。一月二月と続けて凶を引き実際色々とトラブルが続いたため三月こそ凶以外を引きたいが、一人で臨んでまた凶だったらと思うと気が重いので……とのこと。で、今回も凶。「慶事」欄に一月二月の凶にはなかった「後に吉報」の文言がありそれをかろうじて喜んでいた。

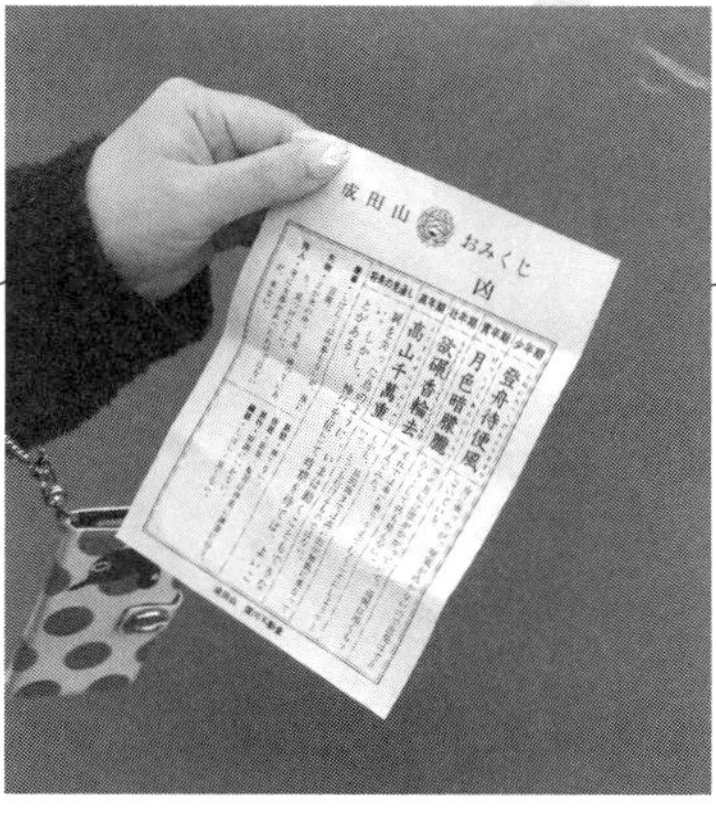

3

4月：地上って雨降るところですよね

【4月1日】 #転職イケるっしょ

先日、ストーカー（未遂）のいる会社を退職しました。この先定年まで勤めるつもりでいた好きな会社でしたが、ストーカー（未遂）と同じ部で働く数ヶ月後の未来すら受け入れられなくなってしまったことと、私の方が何倍も若いんだから転職イケるっしょ！とあっさり転職しました。

あたしが退職の意思を伝えるまで上司は事の重大さに気づいていなかったようで、女の上司がいなかった現場の生き辛さを改めて思い知らされました。……

職場にいるストーカー（未遂）の話［2018年12月29日］の依頼者から続報がきた。自分が退職することにしたとのこと。ツイッターでの反響はありがたかったそうです。

【4月2日】＃依頼人を一人置いて逃げる

❤惚気報告❤、続いてます。

・彼女の一日のサビの部分は、午前九時らしいです。朝早すぎて愛おしいです。

・すごく眠いけどどうしてもお腹すいた彼女が、うとうとしながらプチトマト食べててかわいいです。

――目の前にめちゃくちゃ怖い人が現れて依頼者を一人置いて逃げる夢みた。

【4月3日】＃友人に叱責されるのに同席して

「友人に叱責されるのに同席してほしい」との依頼。友人側から「二人だけでは冷静に話せない。第三者の同席が必要」と要望があったもよう。友人はさらに「怒らない　どならない」と書いた付箋を貼って自制してた。第三者の同席＋付箋の効果により平常心は保たれ、友人関係はひとまず壊れずに済んだらしい。

とにかく付箋がどんどん増えていくのが印象的だった。一枚目の写真は

「友人はティファール、依頼者は象印」という性格の違いに気付いたシーン。二枚目は依頼者がこぼした「最初は心地よかった」の言葉に友人が強く反応したシーン。二人の年表作りも行った。共同作業感があり雰囲気が少し和やかになるのでおすすめ。

Q　「レンタルなんもしない人をやってみてもいいですか？」

A　「自分もレンタルなんもしない人をやっていいですか？」と聞かれれば「ご自由にどうぞ」と返し、やめたほうがいいかをあえて聞かれれば「はい」と答えてます。

【4月6日】 #狂気的なホスピタリティ

「手作りの弁当を食べてほしい」という依頼。リピーターの方で、前回［3月9日］は自宅での手料理だったが、今回は野外での弁当という、いろいろ制約がある中での調理をおこなってみたいとのこと。デザートは前回のクレープに続き今回の団子も手作りだった。全部めちゃくちゃおいしかった。今回は犬はいなかった。

——今日行った公園にあった遊具。どうやって遊ぶのかまったくわからなかった（四枚と

も手で回転させられる)。

㋹

先日会ったディズニーランドが好きな依頼者、誰かとディズニーに行く際は「必ず楽しんでもらいたい」と、しおりを作って渡してるらしい。時期や相手に合わせた中身になってるとのこと。ディズニーは園内のいかなる写真も掲載NG(描いたご本人ではなく、「仕事として請け負う」印刷所さんが「私的利用」から外れるので、印刷所さんでNGがかかる)のためメニューもすべて手描き。狂気的なホスピタリティ。

これ、依頼自体は「仕事がやばいので横に座っててほしい(捗らせるため)」というディズニー関係ないものでした(終わりがけに「ディズニーの話いいですか」と唐突に始まった)。少しでも会話が発生する依頼ではこういうふうに期せずして凄い話が聞けたりするのでありがたい。

また別のディズニーランドが好きな依頼者、ビッグバンドビートというショーがとくに好きとのことで、みるたびにこのような詳細なメモをとってるらしい。記号を駆使して隊形までメモってるのとかすごい。「ディズニーが好き」は奥が深い。

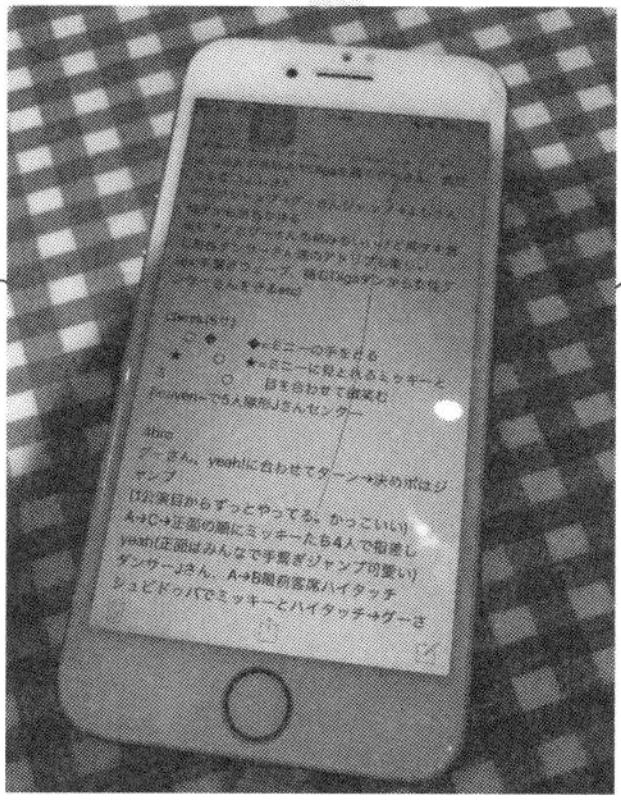

「ガチャガチャで何度やっても目当ての推しキャラが出ない。推しへの物欲が引きを悪くしてる可能性がある（依頼者は「物欲センサー」という造語で説明していた）。作品や景品に何の興味もない人に回してほしい」との依頼で、指示通りガチャガチャを回した。一発で推しを出せた。依頼者も驚いてた。㋹

Q　「どんな依頼でも引き受けてもらえるんですか？」

A　なんらかの法律に触れる可能性のあるものはお受けできないです。

【4月8日】 #これからどこへ行くんですか

さっき道で声かけてきた人に「これからどこへ行くんですか？」って聞かれて「充電できるところを探してる」とロボットみたいな返事になった。㋹

「キャバクラに同行してほしい」という依頼で池袋のエンジェルフェザーというキャバクラへ。お目当ての女の子（美咲キララさん）に会いに行きたいが、女子一人では照れくさいため同席してほしいとのこと。キャバクラ同行依頼は初めてだったが、いつも通り「ごく簡単なうけこたえ」で乗り切れた。

【4月9日】　#ゼノンのパラドックス

「使い切れない giftee があれば買い取らせてほしい」との依頼。個人的な活動で景品が必要とのこと。せっかくなので、もらってて まだ使ってないやつをたくさん送ってみたところ、ちゃんと同額のアマゾンギフト券が送られてきた。レンタルなんもしない人が生存していける可能性の兆しが見えた思いがする。

——DMを一件返してる間に別のDMが二件くる、みたいな時間がたまにあり、亀に全然追いつけないパラドックスを思い出す。

【4月10日】　#人間には息つぎが必要

プロ奢ラレヤーの動画にもあったけど、よく忘れられることとして、人間には「息つぎ」が必要、ということがある。息つぎは外から見ると「なんで一々そんなことを……」「絶対やめたほうがいいでしょ……」と思えるようなことのほうが良かったりもする（合理的なものだと息つぎとして機能しない）気がする。

㋹

「カラオケで推しに印税を入れるので同じ空間にいてほしい」という依頼。依頼理由に熱量が溢れてる。「途中で演奏停止したら印税入らないんで」と全曲最後まで流してたけど、あとで調べたら「別に最後まで流さなくても印税入ります」との情報も。いずれにしても映像を最後まで見届ける姿は凛々しかった。

【4月11日】 ＃地上って雨降るところですよね

今日は遠方から就活で東京に来ていた依頼者と表参道駅で待ち合わせるのに苦戦した。「表参道駅って何個ありますか？」という感覚はわかる気がする。そのあと渋谷に移動したときも「渋谷って何個ありますか？」と聞かれた。「地上って雨降るところですよね？」のインパクト。

東京メトロ銀座線で渋谷へ。地下鉄に乗ってきたので「地上に出たい、地上に出たい」と上を目指しさまよう依頼者、すでに地上よりはるか上にいるのを目の当たりにして愕然としていた。映画「猿の惑星」のラストみ

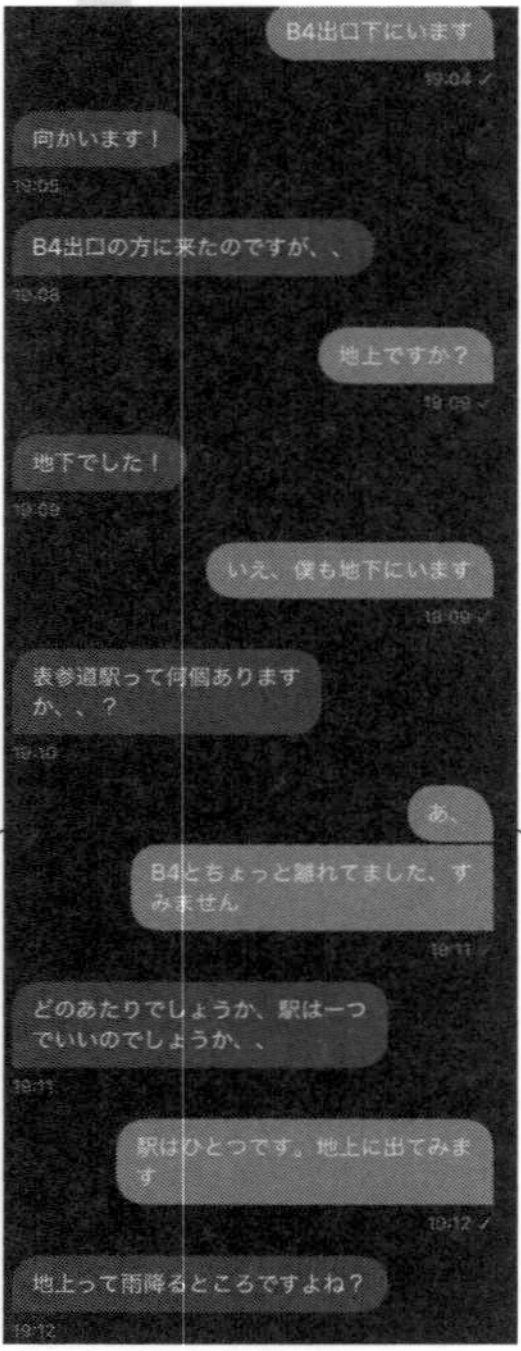

たいだった。

Suicaをちゃんと使えた喜びでSuicaを撮ってた。

Ⓡ

こないだ依頼者に「空いた時間はそのへんの本屋の検索機で『レンタルなんもしない人』で検索して自分の本の予約画面を無意味に眺めたりしてます」と話したら、「本屋でもエゴサしてるんですか！」と驚かれた。

——依頼したという既成事実だけ欲しいという依頼もある。

【4月12日】　#天井を一〇秒ほど

「ベッド選びに付き合ってほしい」との依頼。離婚を控え別居し家具を揃えているが、ベッドだけはなかなか買えないらしい。ダブルで横に人が寝てるときの感覚などは実際に誰かに横で寝てもらわないとわからないが、そのために友達を呼ぶのも気がひけるとのこと。横に寝て天井を一〇秒ほど見つめて終了した。

依頼者はシングルかダブルかで迷っていて、シングルだともう金輪際だれかと寝ることがないことになる気がしてしまうし、ダブルだと一人には広すぎるかなとかいろいろ検討していました。

【4月13日】　#クイズおじさん、別のおじさん

「昭和天皇記念館を訪れるのが好きだが、一人で来た人にやたらとクイズを出してくる〝クイズおじさん〟がいて展示に集中できないので一緒に訪れて隣にいてほしい」との依頼。しかしこの日はクイズおじさんおらず。いないに越したことはないはずだが、良かったのか残念なのかよくわからない気持ちになった。

クイズおじさんはいなかったけど、別のおじさん（職員）が、玉音放送の映像が流れた後「これ宮内庁のレコードで随分雑音が入ってますけど、テレビで聞くのは雑音なく綺麗に聞こえますでしょ、なぜだかわかります？」とクイズを出してきた。クイズおじさんはみんなの心の中にいるのかもしれない。

Q　「ぜひ「プロフェッショナル」へのご出演も！」

A　プロフェッショナルじゃないので声はかからないと思います。

「キム・ジェジュンという歌手のイベント参加券がアルバムにランダムで封入されているが全然当たらない。次で最後にしたいので立ち会ってほしい」という依頼。すでに一〇枚買って全敗、合流前にさらにもう一回外れて一一連敗中だったが、今回立ち会った

一二枚目の購入で見事引き当てていた。かなり感動してた。

——こないだのガチャガチャの依頼でも一発で引き当てた。「物欲センサー」をオカルトだと馬鹿にできなくなってきた。

「物欲センサーキャンセラー利用」というサービス開始当初には想定してなかった需要が発生してますが、効果に期待しての依頼は控えてもらえると助かります。「外れたときの無念さを共有できる存在」くらいの気持ちなら問題なく対応できます。

【4月15日】　#今とても身体が軽い

「私と喫茶店でコーヒーを飲んでほしい」という内容です。

諸事情により今は言えないのですが、普段、人の一〇倍気を使う仕事をしております。ですが元々会話も苦手で笑うのも得意ではなく、日々苦痛を感じながら仕事をしております。……

喫茶店で一緒にコーヒーを飲んでほしいという依頼。極度に気を使う仕事をしてる反動で休日は寝るだけになるが、勿体無い上に休めた気がしないらしく「誰かといたほうがちゃんと休日になるのでは」と考えたとのこと。二人で特に会話もせずぼーっと過ごした結果「今とても身体が軽い」との感想をもらえた。

——出版社から「書店巡りに同行してほしい」という依頼があり、明日、書店を巡ります。本に書かれてる通り「ごく簡単なうけこたえ以外なんもできかねる」姿を見せつけて回ります。

【4月16日】 #私たちも驕っておりました

人に言えない話を聞いてほしいという依頼。夫の不倫で離婚し、精神が不安定だった頃「別れさせ屋」を雇い、元夫と不倫相手を別れさせようとした話だった。世間的にも自分の中でも良くない行為だと思い人に話せないが、このまま墓場まで持ってくのもどこか残念で、無関係の人に聞かせたくなったとのこと。

書店の方から「サインをしてほしい」とこの状態を用意されていたけど「これはなんかしてる感じがするので」と断ってしまった。サインしてもらえなかったのは東京堂書店さん始まって以来のことらしい。

池袋ジュンク堂書店からの「サインしてほしい」も断ってしまった。店員さん「こんなの初めてで新鮮です。私たちも驕っておりました」とのこと。買ってくれた人に直接お願いされたらサインしています。

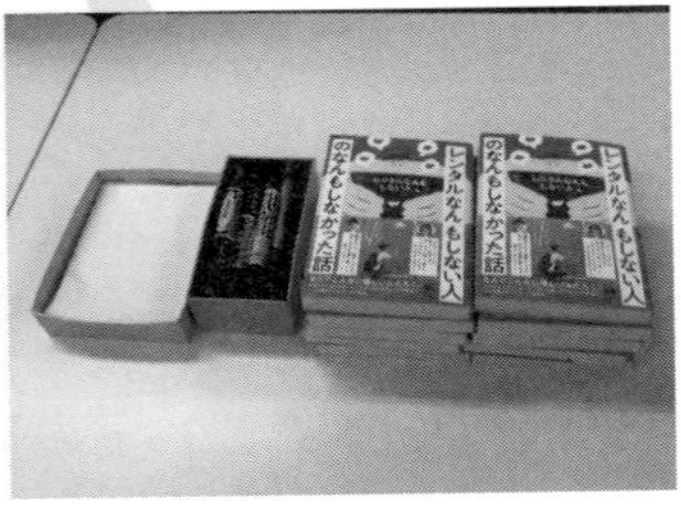

Q　「自殺の見届けの依頼は受けられますか？」
A　自殺見届け依頼はすでに何件か届いたことありますが、僕が何かしらの罪に問われる可能性ありそうなのですべて断っています。
Q　「他に断った依頼はどんなものがありますか？」
A　「恋人に別れ話をしにいくが気が重いので付き添ってほしい」という依頼も、先方に感情的になられたら危なそうだし、たとえ隠れて見守るにしても、あとをつけられて勘違いされ刺されるかもしれないのでお断りしてます（というか妻からそういうふうに言われたのでやめとくことにしてます）。

東京に来てすぐは三鷹に住んでてとくになんもしてなかったんですが、そのとき毎日のように何の目当てもなく立ち寄っていた吉祥寺のブックス・ルーエに三箇所も並べてもらってる。ネットの有名人の本がここに並んでるの見るたびに嫉妬してたのを思い出した。

【4月17日】　#子連れでの電車移動に

当方生後四か月の息子を持つ主婦です。明日主人の職場に息子のお披露目とご挨拶に行くことになりました。まだ電車での移動にも不慣れですし、中には小さい子供連れの母親には冷たい人もおりますので（幸い私はまだ遭遇したことはありませんが、公共の場ではかなり緊張します）、男性が一緒にいてくださるだけで心強く、依頼した次第です。

「主人の職場に息子のお披露目に行くが、子連れでの電車移動にまだ不安があるので同行してほしい」という依頼。無事職場にたどりつくのを見届けた（なぜか僕も入れてもらえた）。僕はエレベーターのボタンを押すくらいしかしなかったが「確実に敵ではない人がひとりいる」という心強さがあったそうです。

㋹

言葉遣いは開始当初から一貫して雑に、やや投げやりな感じでやってるんですが、初期のころはそれでもちょっとした冗談になってたのが、認知度が上がるにつれだんだん「調子乗ってる人」風に見えてきていて、本人は変わらなくても周りからの見え方が変わってくるというのを感じる。

——めちゃくちゃ忙しいけど収入は基本的にゼロで、それでもこんだけ忙しいんだったらなんかわかんないけど生かされていくんじゃないかという妙な安心感があって良い。

【4月18日】　#新しい積読の形態

「書籍『レンタルなんもしない人のなんもしなかった話』を買ったつもりになりたいので本の代金をアマゾンギフト券で送らせてほしい」という謎の依頼が続々ときてる。「新しい積読の形態かもしれません」とのこと。

㋹

朝礼のネタに悩んでレンタルなんもしない人さんのこと話したらみんな興味津々で盛り上がった！　レンタルなんもしない人さんありがとう。……

知らないところの朝礼でレンタルされた。なんもしてない。

Q「どうやって生活してるの？」

A　いまのところ書籍の印税、メディア出演のギャラ、多めの交通費、寄付などが発生しています。生活を支えるまでにはなっていないですが、徐々に収入は発生しつつあります。

Q「いつまで続けるの？」

A　金銭的な制約で継続困難になったらそのときはそのときで活動をたたんでこれま

での経験をなにかしら書き起こすなども可能だと思います。広義の文筆活動と思っていただければわかりやすいかもしれません。

4月26日(金)午後一〇時五〇分〜午後一一時一九分、NHKの『ドキュメント72時間』という番組で「レンタルなんもしない人」の実際のレンタル風景が流れます。ナレーションは仲里依紗さんです。めちゃくちゃ面白い三日間だったので、放送もめちゃくちゃ面白くなってると思われます。ぜひ。

【4月19日】 #完全にウィンウィン

今日は朝から教員採用試験の勉強に同席してます。暇つぶしアイテムとして渡された東野圭吾の中に交通費が入ってた。

——勉強や作業に同席する依頼、こちらの「たまってたDMへの返信作業」もはかどるので完全にウィンウィンだ（返信きてないという方はお知らせください）。

㋹

なんとツイッターの人から依頼が来て、ツイッターのグッズをもらい、ツイッター宛てのサインを書かされた。サインの上にある鳥の絵はもとか

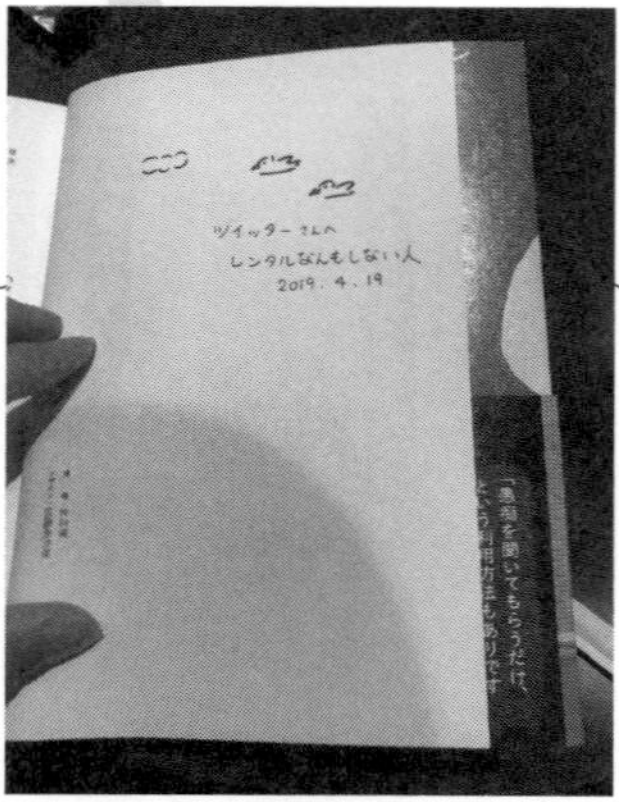

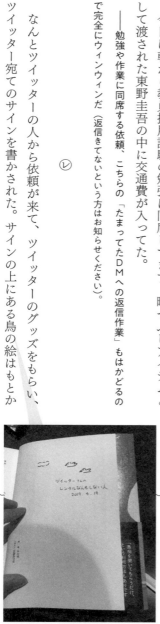

ら印刷されてあるものです。仲村直さんが描きました。

【4月20日】 #よかったら僕も同行しますよ

ポケモンGOに同行してほしいという依頼［3月27日］のリピートがあった。女一人だとほかのプレイヤー（男）から「協力しましょうか」「フレンドになりませんか」など話しかけられまくるらしい。同行中は一度も話しかけられず、レンタルの効果あったもよう。無事お目当てだったミミロルの色違いをゲットできていた。

三か月くらい前、女性の生きづらさに対して無頓着すぎたことが原因でものすごい数の非難を浴びたけど、生きづらさを抱える女性に結果として味方する形の依頼は多く、「理解してないと味方しちゃいけないのか？」とよく思う。

先の依頼者、レンタルなんもしない人をレンタルしたことをツイートしたら、「よかったら僕も同行しますよ」といったDMが大量に来たらしい。たしかに女性の生きづらさについての自分の認識は甘かった、想像以上だというのが最近思うところです。

――なんもしない人なのに炎上するんだってよく言われるけど、宇宙も真空が炎上して生まれたしな。

Q「レンタルさんは悟った人じゃなくて、呼んだら来てくれるなんもしない変な人なんだよな」

Ａ　むしろ「なんも理解してない無知無能の人が多種多様な依頼を通して徐々に知見を獲得し真っ当な人間に近付いていく育成シミュレーションゲーム」と思ってもらうといいかもしれません。

すべての発言は「今」発せられているように伝わること、文字で残るもの全般に通じるリテラシーな気がする。一五年ぐらいネット依存症だったけど分かってなかった。

㋹

ただ今たった一人の方を好きになり、この生活に終止符を打とうと思ったのですが、これがうまくいかなかったら誰もいなくなってしまうと思いなかなか遊び相手から離れられません。

そこでなんもしない人さんに隣で遊んできた方々のラインを消すところを見ていてほしいのです。……

「寂しさを埋めるために遊んできた男性たちのＬＩＮＥを消すところを見ていてほしい」という依頼。最近好きな人ができ、この生活に終止符を打ちたいが、一人では踏み切れないとのこと。「ＬＩＮＥからすごい数の人が減りました、二〇人くらい」「綺麗な関係の友達しか今ＬＩＮＥにいないです」と晴れやかな表情してた。

思います。

【4月21日】　#目から血が出てきた

目から血が出てきたのでＤＭ対応をいったんストップします。本日中には復旧すると思います。

㋹

めちゃくちゃな危険運転をしてる車を見かけると咄嗟にナンバープレートを撮って写真に残す習慣が身に付いてるんですが、ツイッター上でも同様の習慣が身に付いてきた。性格悪いことだとは思いつつ仕方ない。

㋹

今日はゲイストリップに連れてかれてます。『大島薫とゲイストリップを見ようの会』面白かった。依頼者の真似してチップを口に咥えたことと、チェキ撮られるとき棒立ちしてたらしゃがまされたこと以外なんもしてない。

【4月22日】#なんのハードルも設けない

フォロワー〇人の捨てアカウントからの依頼で行ってみたらTwitterの社員だった、というようなときの興奮が病みつきになってて、なんのハードルも設けたくない。

【4月23日】#丸いものにかぶりついている人は

「食べている姿をじっと眺め、写真を撮らせてほしい」という依頼。人が飲食してる姿が好きだが、じっと見てると嫌がられるとのこと。喫茶店での飲食のあとセブンイレブンのメロンパンを食べさせられた(「丸いものにかぶりついてる人はかわいい」らしい)。「友達はこんなに食べてくれない」と喜んでた。

撮影枚数が一〇〇二枚というのも驚きだったし、交通費が立体だったのも驚きだった。

【4月24日】#ツァラトゥストラになろう

「脇のにおいを無くす手術を受けたが経過が思わしくないため検診を受けにいく。どういう感情になるかわからず不安なので検診後に気持ちを吐き出させてほしい」という依頼。心配で当然の症状も書かれてた。結局大丈夫との診断を受けてたけど、吐き出す相手がいるのといないのと

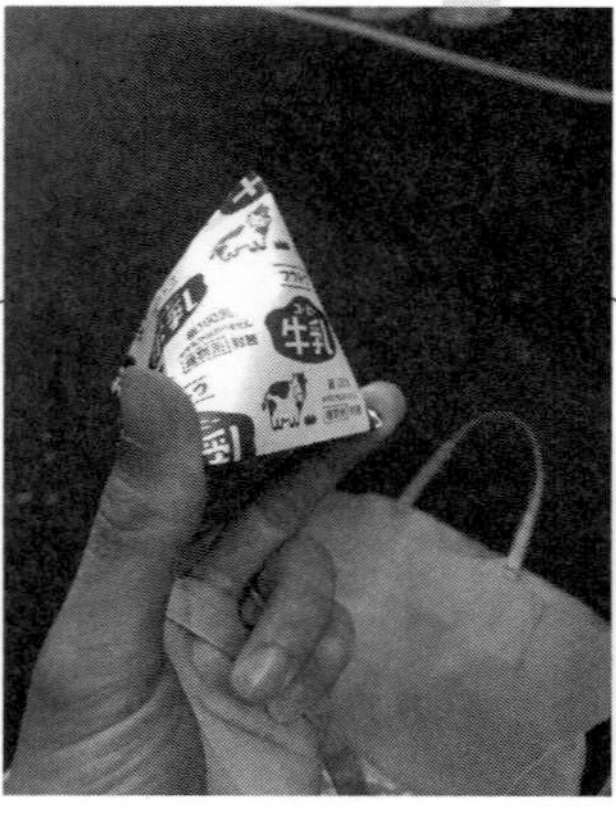

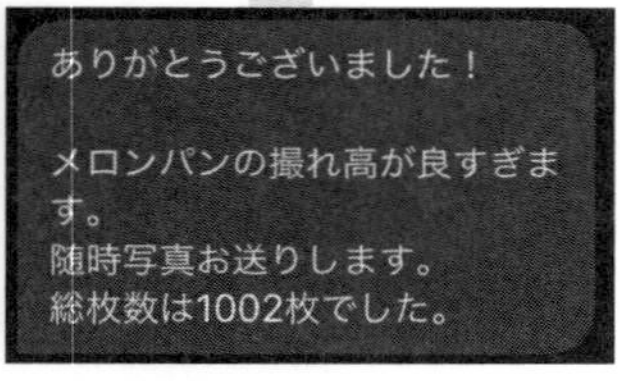
ありがとうございました！
メロンパンの撮れ高が良すぎます。
随時写真お送りします。
総枚数は1002枚でした。

では心持ちが違ったらしい。

㋹

「就職活動の面接で東京にいくが、朝から誰とも話さずに面接にいくと言葉が出ない気がするのでウォーミングアップがてら簡単な受け答えをしてほしい」との依頼があり、マクドナルドで受け答えてきた。僕もラジオ生放送という緊張する用事を控えてたのでちょうどよかった。お互いに緊張をほぐしあえた。

㋹

大竹まことゴールデンラジオめちゃくちゃ楽しかった……。大竹まことさんめちゃくちゃ優しかった……。壇蜜さん依頼くれたしペアルックだった……。
(https://twitter.com/morimotoshoji/status/1120935089779511297)

㋹

今日呼ばれた場所に行ったら以前「ぼくりり」という名前で活動していた人がいて「ツァラトゥストラになろうと思ってる」と仰ってたので思わず「僕もです！」とリュックからこの本（『ツァラトゥストラかく語りき』河出文庫）だしたらビックリしながら握手

してくれた。

【4月25日】 #女装させられる

女装させられてる。女装させられた場所から外を通ってプリクラのあるゲームセンターまで移動するのは恥ずかしかった（女装がというより、足だけ男なのが）。

【4月26日】 #階段でスネ打つのを7とすると4

ゲームアプリ開発者から「作業集中したいので隣にいてほしい」との依頼があった。何かをきっかけにして作業効率を上げることをエンジニア用語で〝駆動開発〟というらしい。依頼してから当日を迎えるまでの間も捗ったらしく「凄い駆動開発だ」と驚いてた。飲んでみたかったというクリームソーダも飲めてた。

ⓛ

「タトゥーを彫るのを見守ってほしい」という依頼。周囲からマジメに見られることが多く、その印象に少し抵抗したい気持ちがあり彫ることにしたが、誰かと約束でもしないと踏み切れなかったらしい。人に見られてることによる鎮痛効果もあったもよう。痛みは「階段でスネ打つのを7とすると4」とのこと。

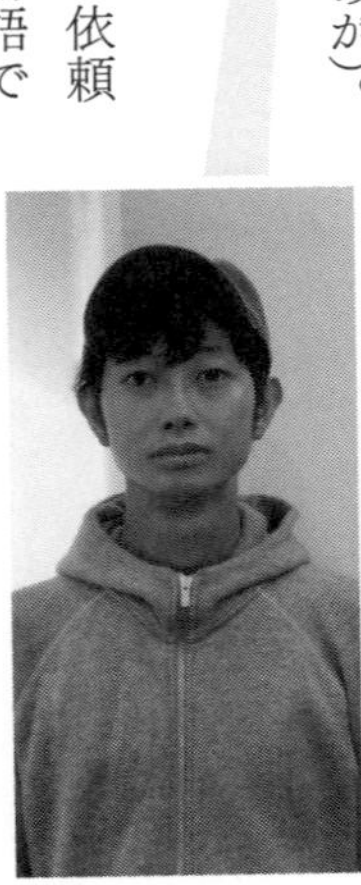

メイク・スタイリング・撮影：山田はるか

【4月27日】 #初対面です

知らない人たちの結婚式二次会に来た。自分だけパーカーで浮いてる。「夫婦共に当初の予想以上に友達がおらず結婚式二次会の人数が少なく困ってるので参加してほしい」との依頼。普段の格好でOKとのことだったので帽子とパーカーで参加したがやはり恥ずかしかった。ビンゴして前に出たとき新郎新婦との繋がりを聞かれ「初対面です」と答えたらひと笑い起きた。皆やさしかった。

【4月28日】 #カレー屋さんの開店

「自分で新しくお店を開くが、初めてのことで一人目のお客様が来るまでソワソワして不安感にかられそうなので席に座っていてほしい」という依頼で、朝霞台のカレーショップ「天神あまからカレー」の開店に居合わせた。最初のお客さんに水を出すシーンにも居合わせた。カレーは店名通りあまからくておいしかった。

【4月29日】 #催涙スプレーは必需品

「男性に飲食代を奢り交通費を出すというのをやってみたい」という依頼。普段はパパ活やギャラ飲みをしてて自分の財布を出す機会がないとのこと。依頼に加え、パパ活の体験談も話してた。写真一枚目は必需品の催涙スプレー。二枚目は

パパ活アプリにいる〝エロキモおじさん〟とのメッセージのやりとり。強い。

――借金滞納中の依頼者から、今月も無事返済できてひと段落ついたとの報告があった。よかった。

㋹

一緒に地下鉄に乗ってほしいという依頼。オフ会のため東京に行くが、集合場所への移動中に持病のパニック障害が起きないか不安とのこと（誰かといるときに発作が起きたことはないらしい）。車内で映画「怒り」の魅力をきかされてるうちに目的地に到着。「地下鉄に乗ってる気がしなかった」と効果を喜んでいた。

【4月30日】 #人生設計に付き合って

「両方のお尻が虫に刺されておっぱいのようになってしまった。痛痒くて腹が立っている。こんなことなかなかないと思うが見せられる相手がいないので見てほしい」という依頼があり、ポップな加工がほどこされたお尻の写真を見せられた。「知らない人に見てもらえたので痒みがひきそう」とのこと。

㋹

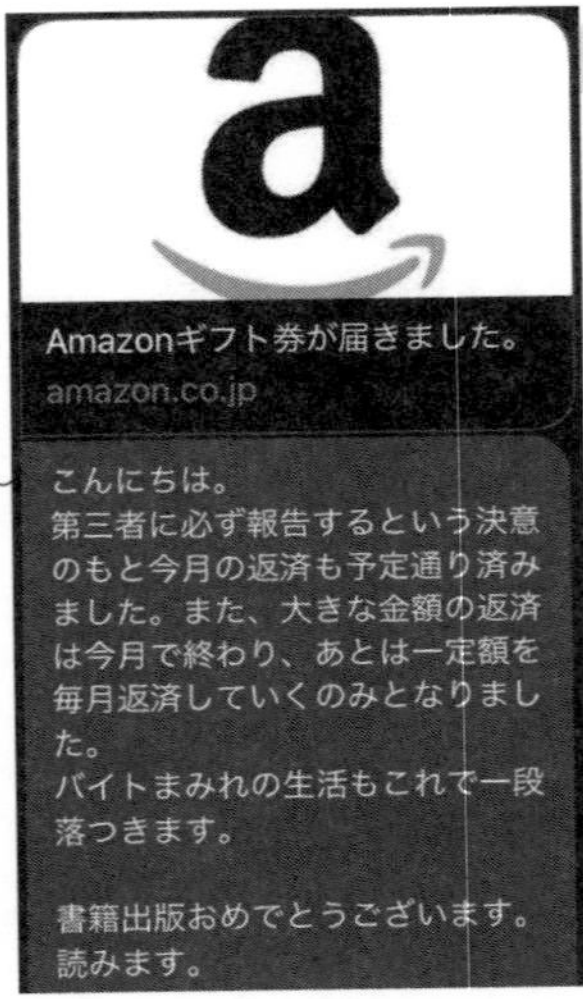
Amazonギフト券が届きました。

amazon.co.jp
こんにちは。

第三者に必ず報告するという決意のもと今月の返済も予定通り済みました。また、大きな金額の返済は今月で終わり、あとは一定額を毎月返済していくのみとなりました。

バイトまみれの生活もこれで一段落つきます。

書籍出版おめでとうございます。

読みます。

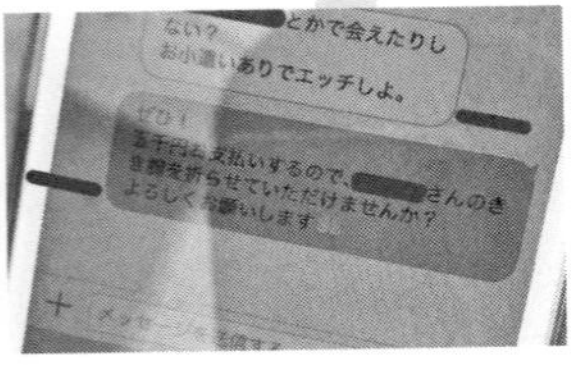
[redacted]とかで会えたりしない？
お小遣いありでエッチしよ。

友の会の会費五月分（三〇〇円）が送られてきた。改元で浮かれて忘れないように早めに送っておくという妙なマメさがある。会員募集中です。

友の会とは別で「所得税が無事に引き落とされて凄くホッとしてるので、パーっと何かにお金を使いたい気分」という理由でお金（三万円）をくれる人もいました。「少額」の幅の広さを感じる。

㋹

依頼内容は、「私の人生設計に付き合ってほしい」というものです。

依頼背景として、私は小さい頃から将来の事を考えて、行動する子でした。そのお陰か今までの人生、大体思うようにいきましたし、いつも楽しく生きています（後悔をした事もありません）。

ですが、最近夢を追いかける人と出会う度に、私は今本当にやりたい事をしているのか、私の本当にやりたい事は何なのかを考えるようになりました。……

人生設計に付き合ってほしいという依頼。「自分のやりたい事とそれを叶える為にすべき事」を誰かに話しながら整理したいが、親や友達相手だ

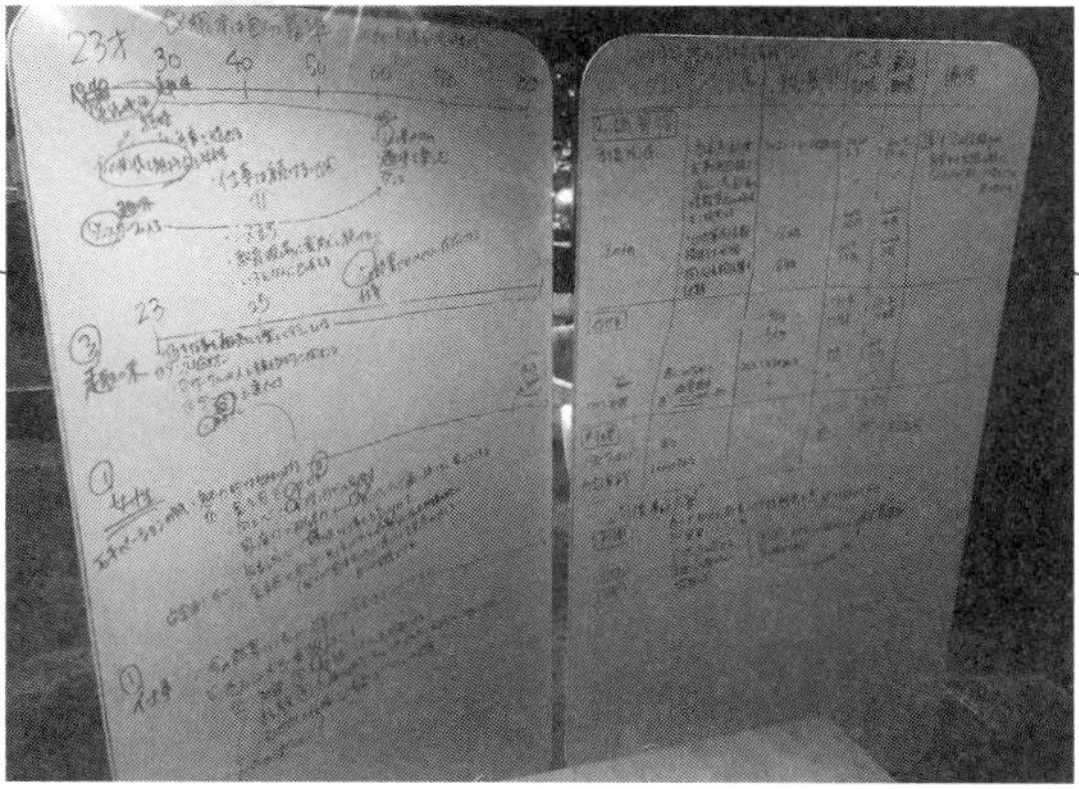

とアドバイスをされて流されてしまうため「なんもしない人」を相手に選んだとのこと。結果、すべき事は「知識習得」「やせる」「料理」の三つと結論づけられてた。「やせる」の項目が難航してた。

4　5月：弟が最後に飲食した店に同行してほしい

【5月1日】　#依頼者の声は

「お互いに一言も言葉を発しないでカフェや買い物に同行してほしい」という依頼。よくわからないまま引き受けたけど、わりと切実な動機があったもよう。カフェの注文や試食コーナーのやりとりを無言で通すのは新鮮な体験だった。依頼者の声は本当に聞かずじまいだった。

【5月2日】　#レンタル中以外はなんかしてる

心音、肌の写真、食事の音などをとらせてほしいという依頼。ざるそばや煎餅を食わされ、高性能集音器で咀嚼音を録音されたり、高性能聴診器で心臓の音を録音されたりした。僕の肌のアトピーが出てる部位を撮られたりもした。依頼者は「フェチのマッチングサービス」の運営者で、それに使用するらしい。

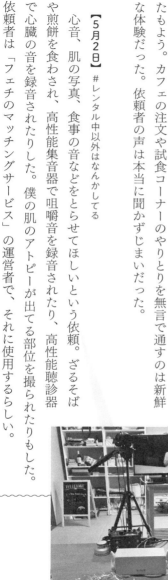

今日はジブリ美術館に同行し、館内のカフェで青色のクリームソーダを奢られた。ストローは本物の麦わらで、かなりおいしかった。店員さんに「話しかけてもいいですか……？　レンタルなんも……」と話しかけられ驚いた。依頼者も「綺麗な店員さんに話しかけられると人生得した気分になりますね」と喜んでた。

㋹

本当はツイートしたりするのも含めて自分基準での「なんもしない」の範疇なんですが、それを説明してもほぼ伝わらず、納得されるまで説明するのが面倒になってきたので、わかりやすく「レンタル中以外はなんかしてる」という説明に変えた次第です。

㋹

【5月4日】 #引き寄せる人

編集者の江坂さんがこの活動を書籍化しようと決めたのは、去年10月2日の「結婚式を眺めにきてほしい」という依頼の同日に「不倫の話をきいてほしい」という依頼が舞い込む流れを見て「この人は引き寄せる人だ」と思ったことがきっかけらしい。結婚した人と不倫した人に感謝。(https://twitter.com/morimotoshoji/status/1046940352324620288)

㋹　今日も列に並んでます。

㋹　グミ食べてるところをめちゃくちゃ撮られてる。近い。

【5月5日】 #安全な人生

去年［10月14日］「狂気皿洗い同席レンタルを申請して断られるも、最終的にモラルサポート効果により一人で皿を洗った」依頼者から続報が届いた。いろいろいい方向に転がって、今は安全な人生を送れているようで良かった。(https://twitter.com/morimotoshoji/status/1125031916837560320)

【5月6日】 #腕の見せ所

人に言いにくい話を聞いてほしいという依頼。数年前、自分に性的な暴行を加えてき

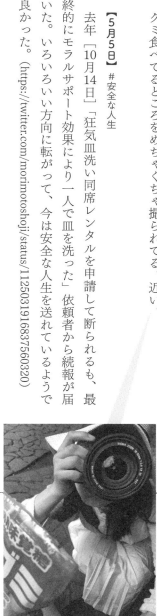

た男からツイッターで突然連絡が来たという話だった。ひとまず誰かに話を聞いてほしいが、過剰な同情や偏見のない中立的な第三者が望ましく、「なんもしない人」への依頼に至った模様。共感能力の乏しさが役に立った。

㋹

寄稿した同人誌の販売に、文学フリマに。到着したらすでに設営されていて何もしないで済みました。会場で突然声かけられて「だんだん売れなくなってきて心が折れそうなのでお金渡すから買いに来てほしい」という依頼が発生しました。せっかくなので読みます。

ブースの横で暇そうに立ってたら、近くにいたまんきつさんから「なんか読みます？」と、『じいさんの戦争手記』を差し入れてもらえた。「夜中に水が飲みたくて困った。夕食の味付お握りを食べてお茶を飲まなかった故であろう」などの名文が盛りだくさん。読んでたら著者の方が来て「ツイートありがとうございます」って一冊くれた。自分恵まれすぎですね……。

撤収始まった。なんもしない人の腕の見せ所とばかりになんもしてない。

【5月8日】＃一切触れられない

❤惚気報告❤続いてます。

・青椒肉絲の材料買ってきた！　と嬉しそうな彼女でしたが、ピーマンとしめじを買い間違えてたことに気付くと、落ち込んでいました。なぜピーマンがしめじに変換されたのかまったくわからないけど、不憫でかわいかったです。

・床に靴下を脱ぎっぱなしの彼女に「洗濯カゴに入れなね」と注意したら、「靴下、そこで力尽きちゃったみたい……」と靴下の体力不足のせいにしていたので笑ってしまいました。

わざわざ私の眼鏡に重なるように自分の眼鏡を置いていたのがかわいいです。

Ⓛ

活動が親に知られてから初めて実家に帰ったけど今のところ一切触れられない。

【5月9日】＃明日からも散歩します

私は現在うつ病で自宅療養中の無職の男です。病気はかなり回復してきているので一見フツー（だと思う）なのですが、自宅から出るのが億劫で、通院以外、自宅にこもりっきりなので、散歩を習慣化したいと思っているものの、キッカケがないので、散歩のお付き合いをしていただけたらありがたいです。

散歩に付き合ってほしいという依頼。うつ病の自宅療養中、散歩を習慣化したいが外出が億劫で、重い腰をあげるきっかけとして依頼に至った模様。「主治医以外の人と喋るのも久々」とのことで、DM送るのもだいぶ緊張したらしい。広めの公園を基本無言で一周して解散。「明日からも散歩します」と言ってた。

【5月10日】#夢の中までの交通費は往復二〇〇〇円

知らない人の夢の中でレンタルされた。この人の夢の中までの交通費は往復二〇〇〇円だった。

スナックとかのやりとりで「きのうママが夢に出てきたよ」「あら、それは出演料をいただかないと」みたい茶番があると聞くけど、それを地で行った感があり嬉しい。「レンタルなんもしない人」としては理想的な利用シーンとも言える。

【5月11日】#あの子は、なんもしないから

妻から教えてもらった、昨日の実家での会話(僕は不在)。ニューヨーク在住の叔母

の話をしていた流れで、
父「近いうちニューヨークいきたいけど、僕英語できないからしょうじをレンタルしていこうか」
母「だめよ、あの子は、何もしないから」

【5月13日】#どうにかイかせて
NHKから『72時間』のDVDが届いた。やっとちゃんと見れます。ワンワンとうーたんも同梱されてました。

㋹

風俗嬢という職業はレンタルさんがどう思っているかわからないのですが、とても孤独な職業で誰にも何も相談できず、こうやってツイッターで愚痴を言うくらいしかできません。
でもその一方で、お店の指名ランキングに入ったり、お客様に褒めてもらえるととても嬉しくなります。「ああ、自分の存在は決して不必要なものではない」と感じられるのです。
しかし、それを言う相手がいないのです。ツイッターで吐き出しても、実際にお客様以外に褒めてくれる人はいません……

高級ソープ嬢からの依頼。自慢話をきいてほしいとのこと。仕事で嬉しいことがあっても自慢できる相手が周りにいないらしい。店のランキング上位に入った話や、七〇歳くらいの客の勃たないちんぽをどうにかイかせてその後メールで一言「ありがとう」と言われた話などを聞かされた。存分に自慢できた様子。

【5月15日】#一人では行きづらい武器屋

一人では行きづらい武器屋に同行。一般的な刀剣や銃器から、トンファー、ドラゴン殺しまで充実の品揃えだった。依頼者はペーパーナイフを買ってた。

【5月16日】#諸事情で変な感じに

見本届きました。『〈レンタルなんもしない人〉というサービスをはじめます。』というタイトルの本です。面白そう。今回も「飲み食いとごく簡単なうけこたえ」以上のことはとくにしてません。僕以外の人がかなり頑

張って作っていました。「はじめに」だけ、なんとか自力で書いた覚えがあります。あとがきも自分で書いたといえば書いたのですが、諸事情で変な感じになってます。もしご興味ありましたらご確認ください。

――ロックマン風にした缶バッジもらった。生きててよかった（売り物ではありません）。

【5月17日】 #パンツ見えちゃう

「スピリチュアルカウンセリングに同行してほしい」という依頼のとき、依頼者のカウンセリングが終わって時間が余ったので僕の守護霊もみてもらったら「いっぱいいるけどとりあえず足元にわんちゃんが寄ってきました。過去世で飼ってたわんちゃんかな」と言われた。やたら犬に縁があるので腑に落ちた。

㋹

「レンタルなんもしない人を長期的に複数回レンタルすることで痩せたい」という依頼。お気に入りの服を着るために痩せたいが意志の力不足を感じ依頼に至った模様。神社の広場で身体測定するところを見届けた。脚回りを測るとき「パンツ見えちゃう、夫からパンツは見せるなと言われて

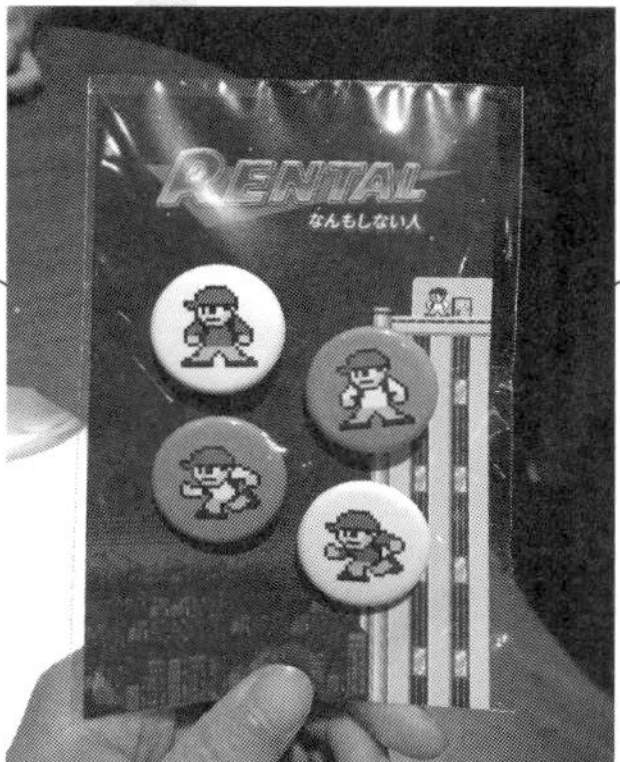

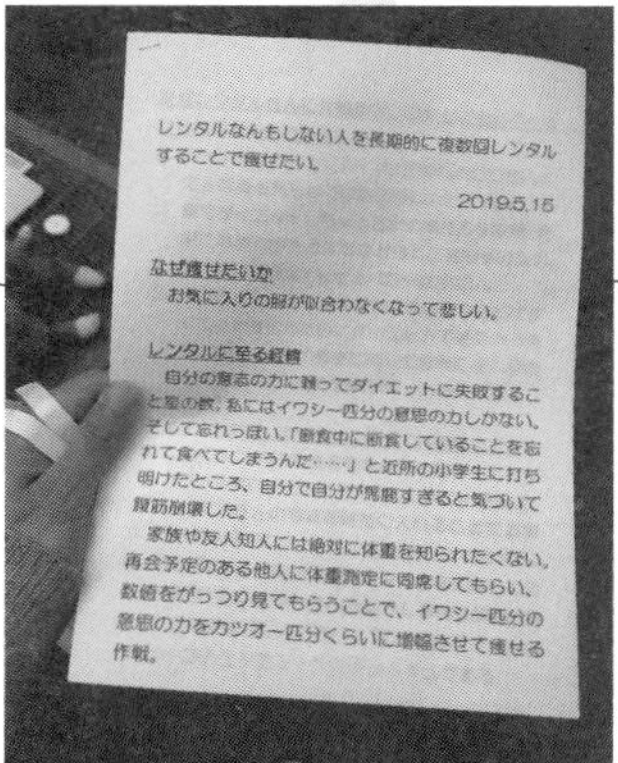

るのに」と焦ってた。

【5月18日】 #声が出ません

昨日、有志の方が勝手に開催してくれたサイン会のようなものがあり三〇人くらい集まって楽しかったんですが、喉風邪で声が出ず「ごく簡単なうけこたえ」すら披露することができなくて申し訳なかった。あと軽く場面緘黙も再発した。

【5月19日】 #女装、おつかれさまでした

日比谷線、同じ車両の人二人から声をかけられた。以前も書いたけど、声をかけられるのはロックマンの「E缶」を彷彿とするくらい嬉しい。こないだは女装させられた帰りの電車で女子高校生らしき人から突然「あの……女装、おつかれさまでした」と言われてアツかった。

【5月21日】 #弟が最後に飲食した店に同行してほしい

レンタルさんにお願いしたいのですが、「弟が亡くなる前に最後に飲食した店に同行していただきたい」のです。

母にも声をかけてみましたが、弟があまりにも凄惨な亡くなり方をしたためか、関わっ

た場所に近づくのがいまだに怖いようです。友人などは気を使って居心地が悪くなってしまいそうなので誘えません。しかし一人で行くのもなんとも行きづらく、とうとう五年も経ってしまいました。

弟が最後の晩餐をした店で一緒に飲食していただけないでしょうか？

「弟が最後に飲食した店に同行してほしい」との依頼。最期の凄惨さにより行けずにいたが、通行人が弟に見えたりと心のひっかかりを感じ、一度行っとこうと思ったとのこと。写真は死亡診断書と司法解剖の結果。店が近づくと冷や汗が止まらない様子だったが、結果「恐ろしくなく飲食できた」と安堵してた。

【5月22日】 #渋谷でフリーハグ

今日は渋谷でフリーハグを見守ってます。

【5月23日】 #優しい人苦手なんです

話をきいてほしいという依頼のとき、プレゼン風の資

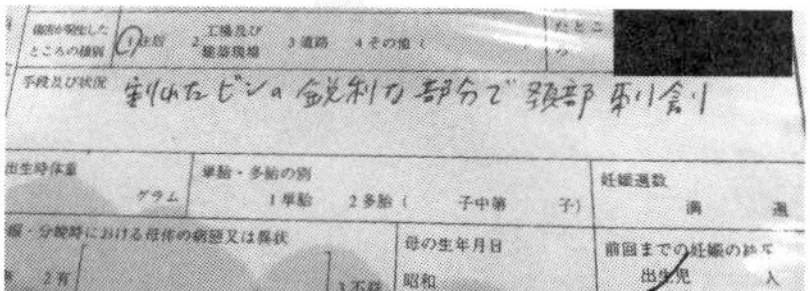

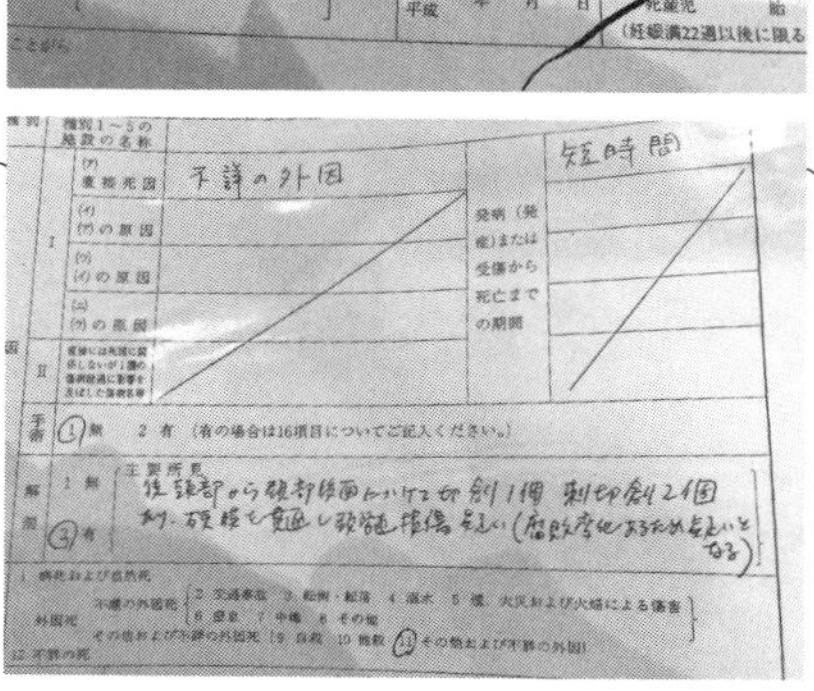

料が用意されてることがある。資料を作るのは、作ってる間に考えが整理され、当日を迎える前にあらかた効果が得られる利点があるらしい。当日も、双方資料に目を向けて話をするため「目を合わして喋るのが苦手」という人にとっては都合がいいようです。

㋹

依頼理由を聞く中で「優しい人苦手なんですよね」と言われることがある。返信が冷たかったりエゴサーチして知らない人に噛みついたりしてるのを見て、むしろ接しやすく感じるらしい。発言には気をつけろと言われること多いけど、こういう人もいるし当初のスタンス通りやはり何も考えなくていい気もする。

【5月24日】 #正しい作法

「お寿司を手で食べてみたいので同席してほしい」という依頼。最初意味わからなかったけど、ちゃんとした店で寿司を食べるときは正しい作法があり、作法を守って食べるとかっこいいのだが、意外と難しくて一人で挑戦するにはハードル高いということらしい。YouTube見て素振りしたあと、見事手で食せてた。

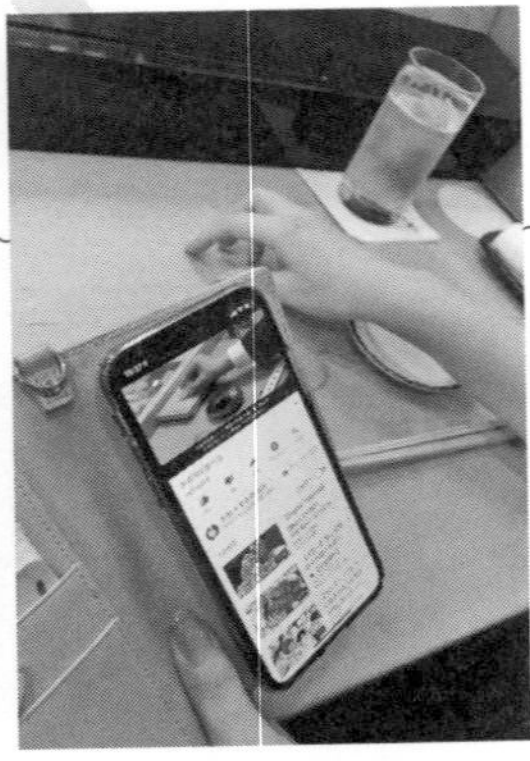

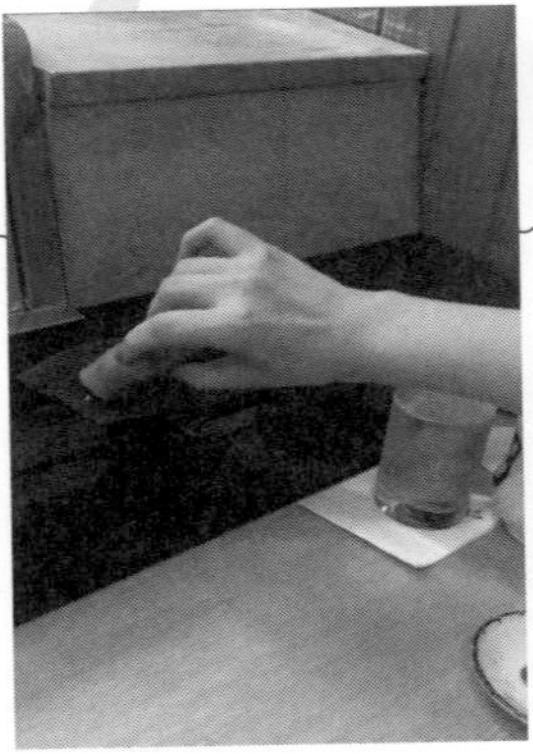

【5月26日】＃蟻の気配

「新宿御苑の芝生で昼寝をしたいので見守ってほしい」という依頼。芝生で昼寝することでエネルギーをチャージしようと思い立ったが、一人で寝るのは不安だし家族は付き合ってくれなそう、友達とだと楽しもうとして逆にエネルギー使いそうとのこと。自分も横で寝てみたが蟻の気配でたびたび目が覚めた。

——最近「一人で作業するとサボってしまうから近くに居てほしい」という依頼で同席してる間はこの本を読み進めてるんですが、タイトルと同じことを思ってると思われてないか心配になる。

㋹

新宿で流れてる「客引きキャッチにゃ絶対についていっちゃだめよ」の曲に間奏があるのいつも面白い。

【5月27日】＃私のニオイを嗅いで

私は嗅覚が人より悪く、自分の匂いがあまりわかりません。自己臭恐怖症というやつで、自分がめちゃくちゃ臭いんじゃないかと日々怯えて暮らしています。人の反応が怖くて悲しくて職場のトイレから出られないこともあります。

もし可能でしたら、私のニオイを嗅いで、どれぐらいくさいのかとかどういった感じのにおいなのか、教えていただけませんでしょうか?

「私のニオイを嗅いで、どれぐらいくさいのか教えてほしい」という依頼。職場で周囲の人がマスクし始めたり、会話中の人がくさそうな仕草したりしてるように感じるそうで、人と会うのが怖くなってるとのこと（自己臭恐怖症というらしい）。が、僕にはニオイを感じられず。日をおいてからまた嗅ぎにいく。

㋹

「ZARDの坂井泉水さんの墓参に同行してほしい」という依頼。場所は非公開なので花だけ撮らせてもらった。墓標には「負けないで」の歌詞が、墓石には大きく「永遠」と彫られてた。「いっぱい持ってるので」と、アルバム『ZARD BLEND ～SUN & STONE～』を貰った。「あの微笑みを忘れないで」が良いらしい。

【5月28日】 #記憶喪失になった話をきいてほしい

記憶喪失になった話をきいてほしいという依頼。昨年過労で倒れ直近二年分の記憶が消えたとのこと。友人相手だと「過労」「倒れた」の部分に反応され「無理しないで」と心配される流れになり存分には話せないらしい。「そこで私はこんなことしてたそうです」と自分のことを伝聞口調で話すのが面白かった。

——知らない人の淫夢に出てなんもしなかった。

【5月30日】　#同行者との縁も切れてしまうので

「縁切り神社に同行してほしい」という依頼。一人だとビビって行けないし、願った相手だけでなく同行者との縁も切れてしまうという話もあるため子供や友人には頼れず、もとから無縁な人をレンタルするに至ったとのこと。大量の絵馬がたしかに物々しかったが無事に祈りを終え結構すっきりした様子だった。絵馬が売ってある店（？）意外と和やかで、依頼者が絵馬かいてるところ、店主からかき氷がふるまわれたりしてた。人間関係の悩みで来る人ばかりではないそうで、「病気との縁を切って元気になってっちゃう人もいる」と話してた。

【5月31日】　#依頼者が来ない

久しぶりに依頼者が来ない。

空いた時間に別の依頼が入った。うわ言のように「酒が飲みたい」「酒が飲みたい」と呟く依頼者が現れてゴールデン街に連れてかれた。今日のこの展開、テレビの密着取材入ってたら面白かったな。

㋹

部屋の片付けサボり防止のための存在依頼、部屋の外の廊下でおにぎり食べてる。

5 6月：僕の中にいる複数の人格の相手をしてほしい

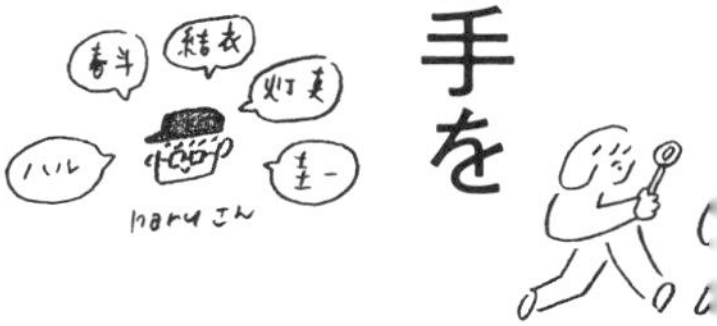

【6月1日】 #オムツを替えてもらえない

以前［1月12日］に「お見舞いに来てほしい」という依頼をくれた人から、退院の報告と、外に出るリハビリの付き添い依頼があった。あれから別の病院の閉鎖病棟に移ったが、そこは某大学病院と違ってかなりエグかったという話を聞いたりした。

「ポチ袋用意してたのに忘れちゃって」と、薬の袋に交通費を入れて渡された。

転院先の病棟では、体を拭く、風呂に入れる、オムツを替えるといった介助ひとつひとつに料金が発生し、家族がお金を払わない場合は何もしてもらえないというのが驚愕だった。依頼者の隣りのベッドにいた人はオムツを替えてもらえてなくて、依頼者はひたすら悪臭に耐える日々だったらしい。恐ろしい。

自殺未遂のきっかけになった事件（当時通ってた診療所の担当医からのセク

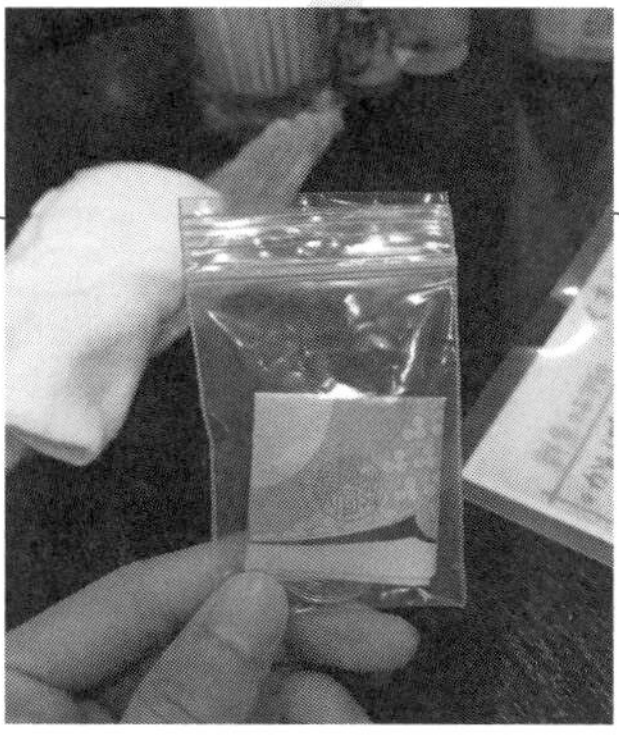

ハラ被害）を含む二案件で裁判を起こしてるとのことで「二つも三つも変わんないんで」と別の気に病んでた出来事の訴訟も起こしたい旨、弁護士事務所に電話をかけていた依頼者。今回の依頼はこの電話をかけるための景気付けでもあったらしい。

【6月2日】 ＃野遊びを見守って

野遊びを見守ってほしいという依頼。原っぱを通るたびに野遊びしたいなーとか虫とりたいなーとか思うけど一人だと周りからの目が怖くてできないとのこと。草や野いちごや虫を無心に採集してた。「なんなのかよくわからなくて登ったことないところ」に登ったり、そこで寝てみたりもしてて楽しそうだった。

途中でパンを買いに行ったとき、虫取り網を当たり前のように傘立てに立ててたの面白かった。

【6月3日】 ＃あの風船は

（胡桃堂書店にてレンタル一周年記念イベント）選書のスリップに推薦文を書かされています。

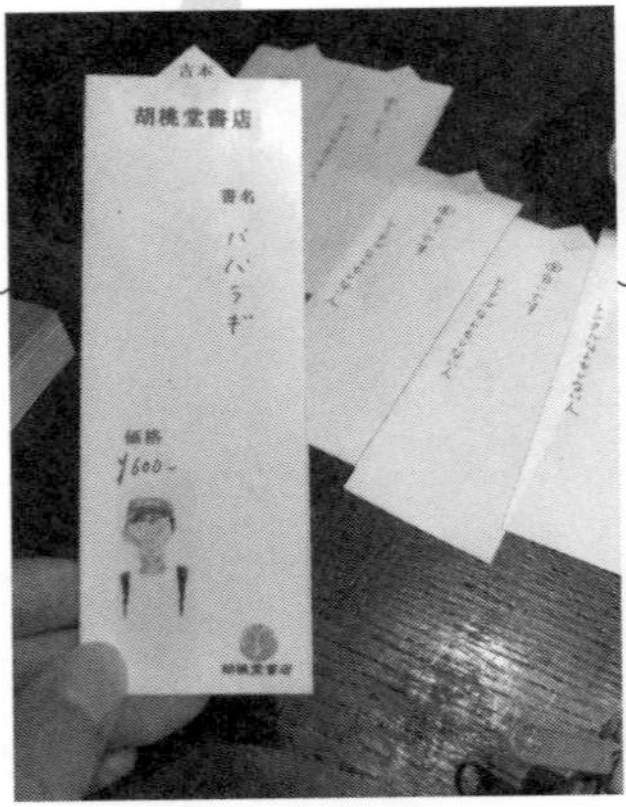

一周年イベント的なやつ、楽しかったです。いっぱいいろいろもらいました。最初の依頼でもらった風船はこんな感じです。

㋹

【6月4日】 #奴隷をやらせていただいている

「ある有名な方の奴隷をやらせていただいている」という人から〝人に言いづらい話〟を聞かされた。「ちんちんをしゃぶらせていただいてる」とのことで性奴隷的なものかと思いきやコロコロで床掃除するなどクラシックな奴隷もやってる模様。主従関係は恋愛関係と違い契約期間が設けられてて安心するらしい。

【6月6日】 #迷子になりたい

迷子の道案内をしないというツイートをみて逆に国分寺を散策もとい行ったことがないところを自由に歩いて迷子になってみようと思っています。一人で迷子になるのは心細いので二時間~三時間程度ご一緒いただけないでしょうか。……

「迷子になってみたいので同行してほしい」という依頼。行ったことない場所を自由に歩き回りたいが、一人だと心細いとのこと。住宅街から始まり、いつのまにか「ここ国分寺か？」というところを歩いてたりと面白かった。通常の散歩と比べて「高確率でもう二度と行けないという付加価値」がついたらしい。

【6月8日】 #おちんこギャルに呼ばれて

おちんこギャルに呼ばれて物理の話をした。おちんこギャルなのにアカデミックな会話が弾んで楽しかったです。おちんこギャルからの依頼、ちゃんと妻に「おちんこギャルからの依頼、行っていい？」って確認したし、帰ったらすぐ「おちんこギャルどうやった？」って聞かれた。

【6月10日】 #僕の中にいる複数の人格

僕の中にいる複数の人格の相手をしてほしいです。お話し相手になってくれませんか。というのも、僕は解離性同一性障害という精神疾患で通院中です。……

「僕の中にいる複数の人格の相手をしてほしい」との依頼。解離性同一性障害（以前は多重人格性障害と呼ばれてた疾患）で通院中とのこと。集合時は主人格、道中は灯真君（本好き）、カフェでは春斗君（四～六歳）だった。その後「（ここは）ジュンク堂……ですね」

と主人格に戻った。帰りは結衣ちゃん（女子）の愚痴を聞いた。

交代人格らからリクエストがあったとのことで、まずは書店へ。拙著二冊のうち一冊を買うつもりだったようだが「二冊買うと怒られちゃうけど……まあ、怒られてもいっか～」と両方買ってくれた。その後主人格に戻ったとき「灯真は本好きで浪費癖があるんですが、何か無駄遣いしてませんでした？」と聞かれた。

書店併設のカフェに入ると一人称が〝ハル〟になった。「レンタルさん算数すき～？」と言ってマス目をかき（使わなかった）、「ハル3分の4πrすき～」と言って球をかいたり、僕が学生の頃やってたことを聞いてメモったりしてた。主人格に戻りノートを見返しながら「春斗、こういうの好きなんです」と言ってた。

あと、テストで良い点とってくれる最年長の圭一さんや、唯一の女子で意見が採用されないことに不満をもつ結衣さんとも話した。結衣さんからは「今度原宿でポップコーン食べるのに付き合ってほしい」と新たな依頼をされた。翌日、春斗君から手紙をもらった。今度は夜、彼が公園で遊ぶところを見守る予定。

――自分の中でなんもしない自分をレンタルすることが完全に日常化してしまってて、い

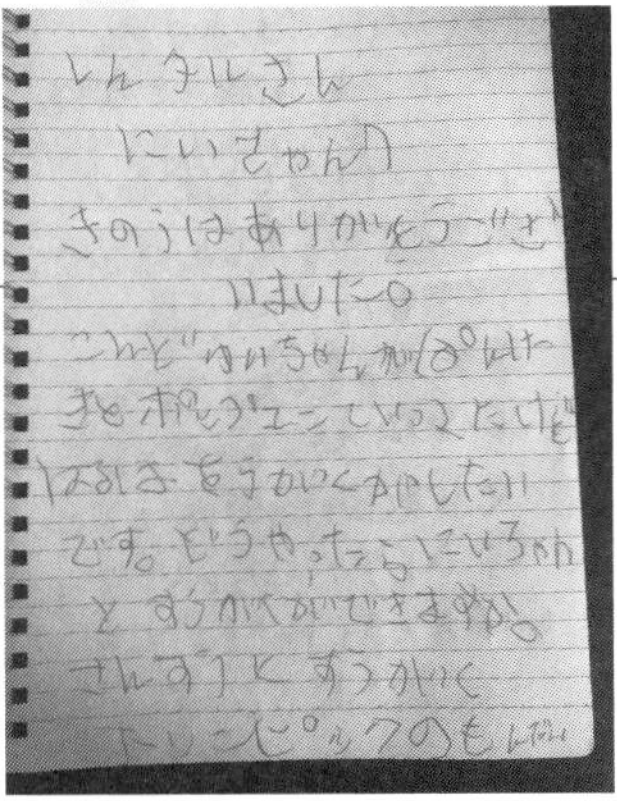

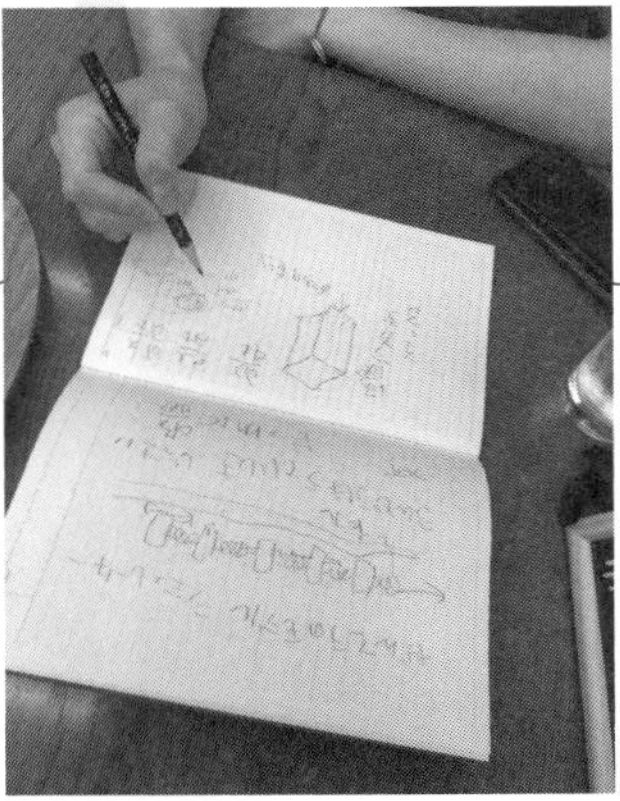

まテレビとかで見て知った人が「なんもしないのにレンタル？ どういうこと？」みたいな反応してると「そうだった！」ってなる。

【6月11日】 #日本国民に申し訳ない

団体の観光客から写真撮ってくださいと頼まれてカメラを構えてるときに団体の観光客から向けられる眼差しが怖すぎて、撮ったらすぐ団体が視界に入らない位置まで逃げて息を潜めてしまう。外国人観光客の団体から頼まれると、あっさり拒んじゃったら日本国民に申し訳ない気持ちになるので嫌々引き受ける感じになります。

【6月13日】 #退去の立ち合いに同席して

「引っ越しに伴う退去の立会いに同席してほしい」という依頼。立会いに来る管理会社の人が高圧的で怖いため、誰か成人男性に付き添ってもらいたいとのこと。日頃の対応も何かとおかしかったそうで、転居理由の一つでもあるという。「なるほどたしかに」な人が来て緊張感あったが無事退去完了を見届けた。

普段の♥惚気報告♥とは別に直接聞いてほしい話があるとのことで聞いてきた。最初のツイートでも言及したように、同性愛であることを人に伝えると悪意なく地雷を踏まれることがあるそうで、具体的にどういう言葉にもやもやするかという話だった。あくまで依頼者個人の感覚であるという点は強調してました。

【6月14日】 #酒気帯びレンタル

今日はビール工場見学に同行したので日中から酒気を帯びています。依頼者が一筆かいてくれました。

【6月16日】 #あの私がヒップドロップです

痔の手術を受けてから四か月が経とうとしている依頼者［2月26日］。「ヒップドロップができるほどにまで回復した」「あの私がヒップドロップです」との報告があった。

㋹

BSフジ『BSいきものがかり』の収録でフジテレビへ。ボーカルの吉岡聖恵

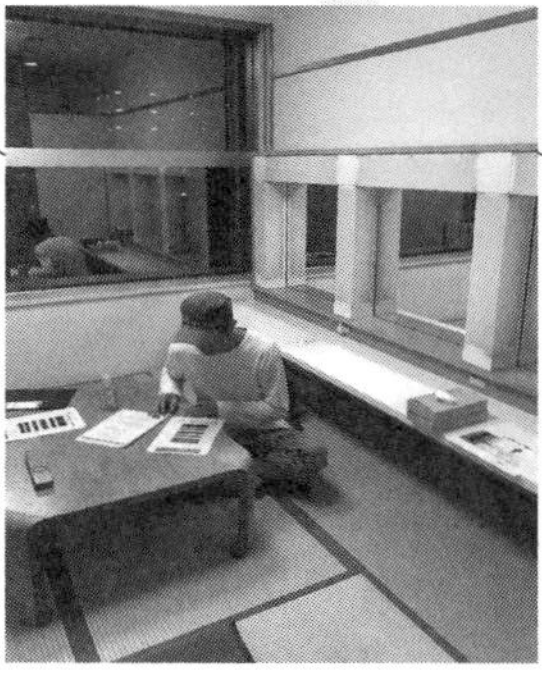

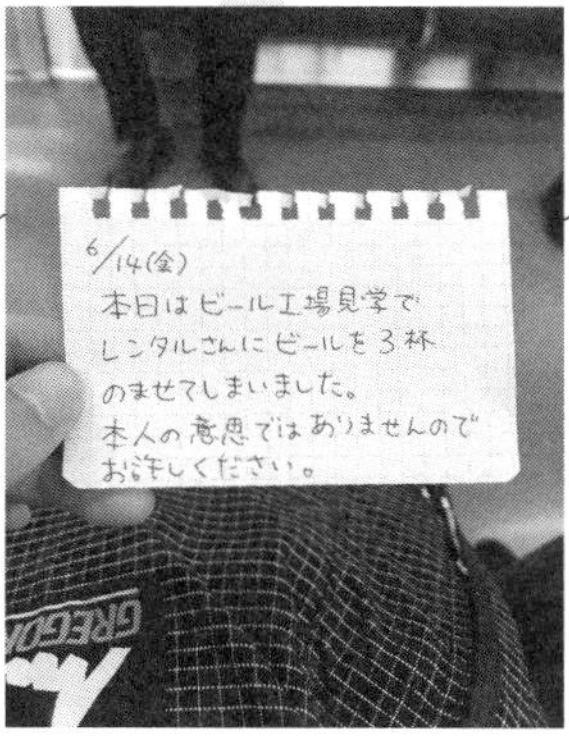

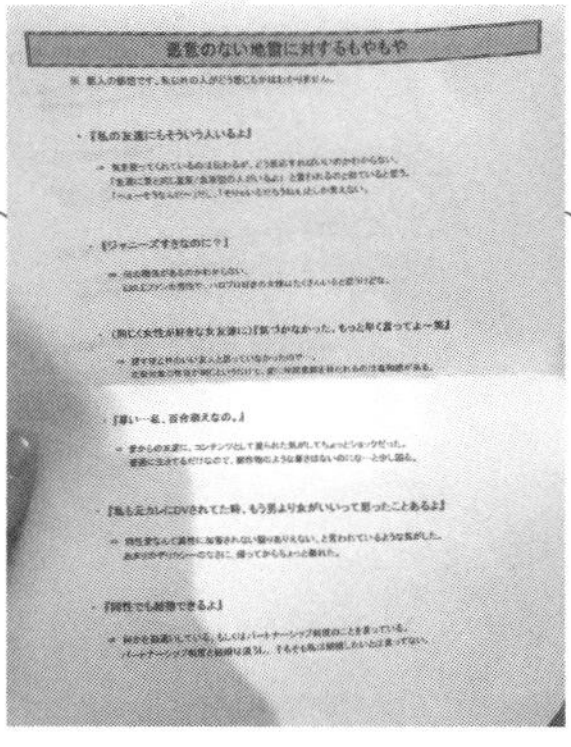

さんの「いま会いたい人」として呼んでいただきました。めちゃくちゃ楽しかったし、楽屋がガチの楽屋で最高でした。「生計立たないのになんでやってるの？」ってよく聞かれるけど、いきものがかりと会えるんだったら生計なんて立ってなくてよくないか。

【6月17日】#「つけびの村」の著者から

今日は最高裁判所で傍聴券の抽選の列に並ばされました。

【6月19日】#恥ずかしすぎて

「自分が映ってる動画を見るのを見守ってほしい」という依頼。追いかけてたミュージシャンのドキュメンタリーに自分の語りが使われたが恥ずかしすぎて一人では見れないとのこと。自分の恋愛語り（テロップ付き）を見るのはたしかに難行のようだった。ライブ見て泣いてる顔はさすがに直視できず手が出てた。

【6月20日】#みんなどっか行っちゃって寂しい

この前［5月27日］の依頼に続き「自分今くさそう」というタイミングでまた呼び出されて嗅いできた。くさくなかった。帽子のつばが当たるくらい近づいて嗅いでもみたが、むしろ爽やかな感じだった。依頼者もさすがに安心していたが「じゃ

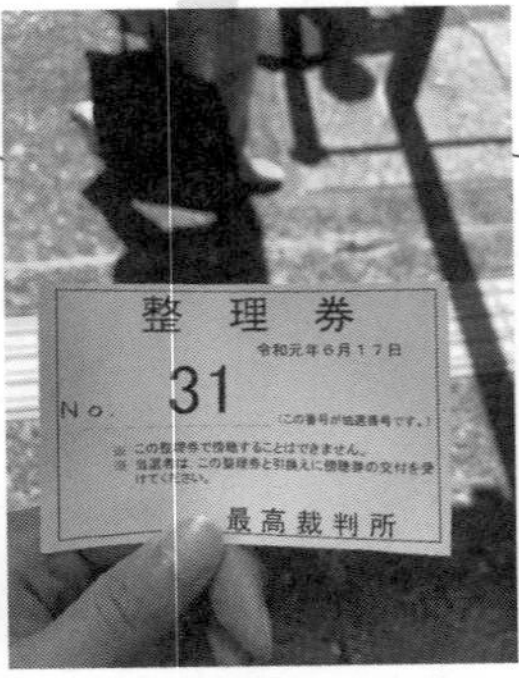

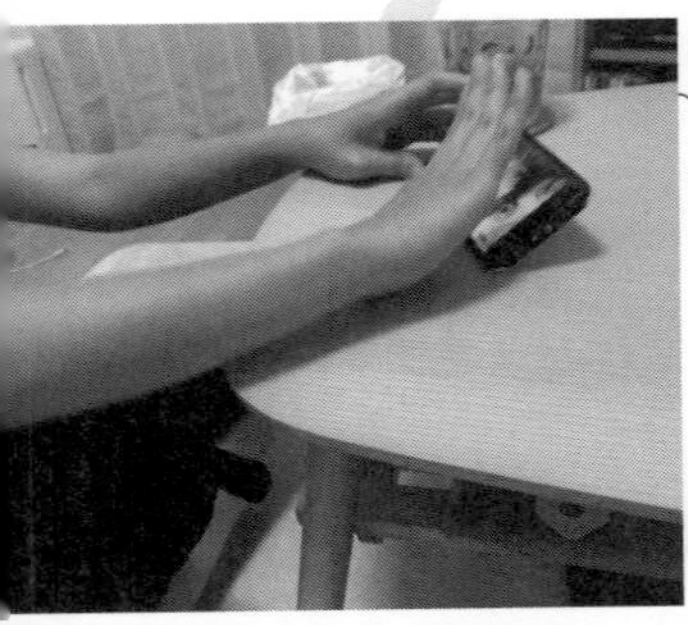

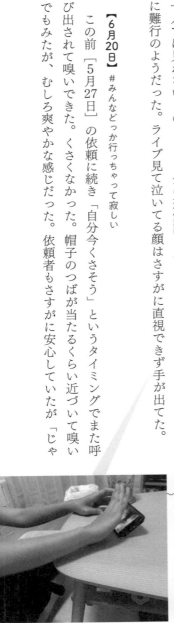

あ、会社の人たちと話しててやたら咳きこまれるのはなんなんだろう」という謎は残った。

Ⓛ

「私が焼いたお好み焼きやもんじゃを食べてほしい」という依頼。手際が悪く、普段は一緒に行った人が作ってしまう、一度自分の手で焼き上げてみたいとのこと。お好み焼きは難なく作れてた。もんじゃは「みんなどうやってたんだろう」と探り探りで「なんか見たことあるやつになってきた」という感じだった。

Ⓛ

レンタル中は基本的に何もしてないんですが、たまに印象的な話や言葉をメモることもある。最近は「新宿のシンジくん」という新宿で若い女性に五〇〇〇円配ってる男の話や、「レントゲンって撮るときみんなどっか行っちゃって寂しい」というあるあるネタなどをメモった。

【6月21日】 #海外いきたいな
まじでこの人とこれをやるためだけに海外いきたいな。

2019年6月20日 23:22
新宿のシンジくん
ソープありがとうメール
みんなどうやってたんだろう
なんか見たことあるやつになってきた
レントゲンって撮るときみんなどっか行っちゃって寂しい
利休はなぜ抹茶ミルクを作らなかったのか

14：海外の反応＠２ろぐちゃんねる
その人と、何にも話さずに、ただ一緒に窓の外に落ちる雨粒を見られたら…すごく美しいと思う。

【6月23日】 #尾行させてほしい

「尾行させてほしい」という依頼。開始三〇秒で見失われ、場所を再指定してリスタートするも、またすぐまいてしまった。一度でも会ったことあると難しそう。

尾行されてるときに撮られた写真とメモ。楽しそう。尾行されてる中、モーニングの打ち合わせで講談社へ。「尾行の方も入れるかもですがどうしますか？」と聞かれたけど、尾行じゃなくなってしまうのでお断りした。

【6月25日】 #無駄遣い欲の発散

たまに「お金を受け取ってほしい」との依頼でお金をもらう。支援的な意味のものも多いけど、「無駄遣い欲を発散したい」「ギフト券を送る練習がしたい」「預金残高の端数（下四桁）が鬱陶しい」という理由や「ふと」というのもある。こういうバリエーションは料金とってたら発生しなかったろうなと思う。

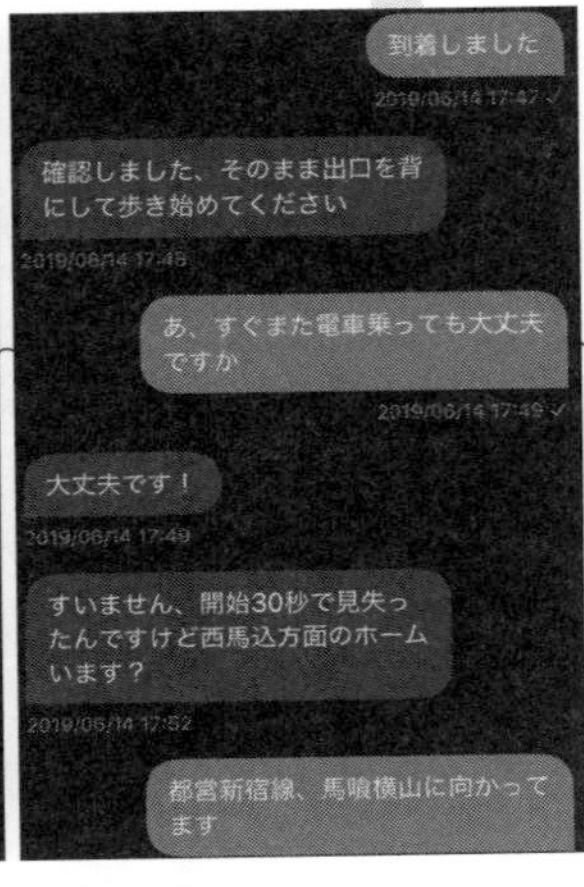

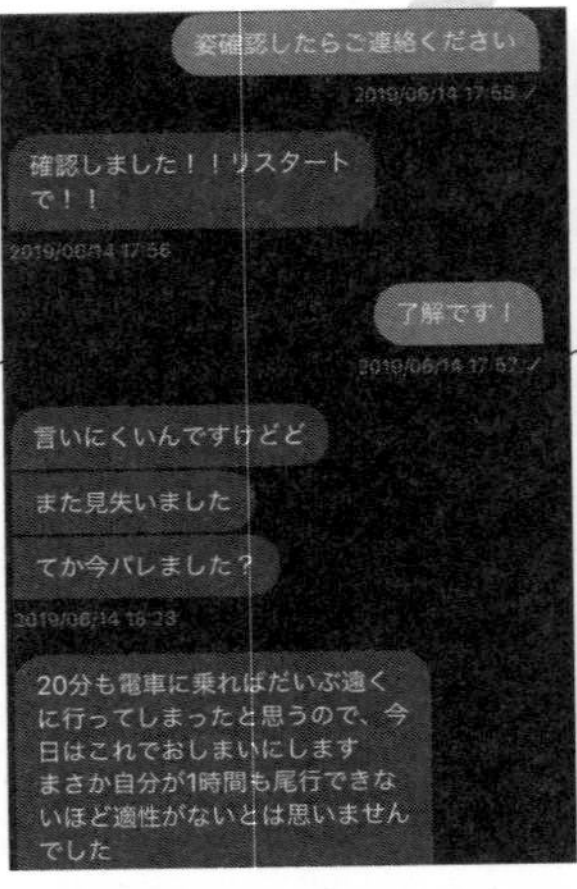

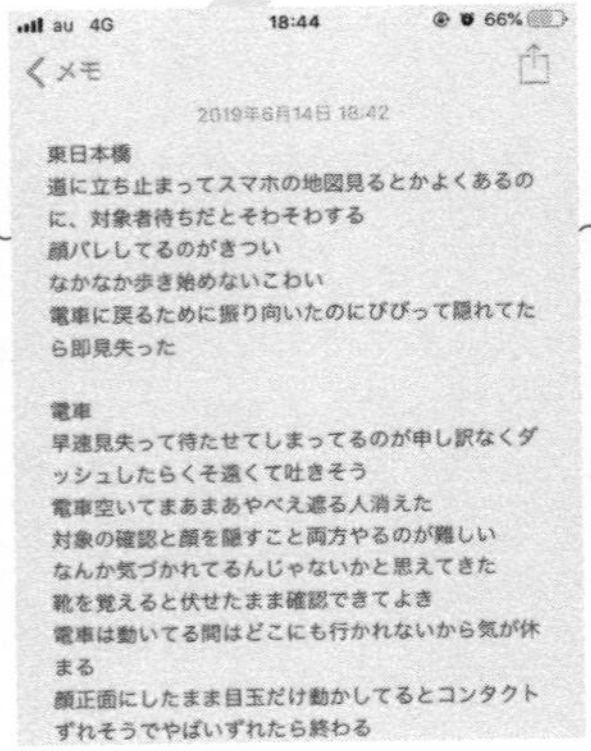

【6月26日】＃一人では一人になれないので

お見舞いというか、疲れて飛び降りて破裂開放骨折し入院しているのですが、何も知らない何もしない人に会いたいです。

疲れて飛び降りて入院中の人から「何も知らない何もしない人に会いたい」との依頼があり病院へ。付き添いがいれば外出でき、飛び降りた現場の確認等に同行した。途中「姿は見えるけど話はできない所にいてほしい」と言われ離れた後、この画像のDMが来た。「一人にさせてくれる他人」が必要だった模様。

一人で静かに考えたり現実から解放される時間が今の自分には重要だということがわかりました。一人だけど一人じゃない、一人にさせてくれる自分のための他人がいることはとても贅沢だと思いました。

【6月27日】＃元彼が足を運ぶメイドカフェ

依頼内容についてたまに創作を疑われるけど、こんなこと創作できる才能欲しかったわと思う。

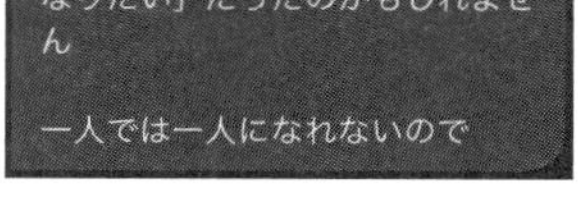
自分の本当の依頼内容は「一人になりたい」だったのかもしれません
一人では一人になれないので

演技の勉強をしているのですが、「典型的な可愛い女の子」というのが上手く演じられず…（略）…（というのは建前で、元彼がメイドカフェに足を運んでいるという情報を聞き付け、私はメイドカフェで働く女の子とは真逆の見た目、性格だったので元彼がどの子を推しているのか一目見てみたい気持ちです。）

㋹

今日はメイドカフェに同行しました。「元彼が足を運んでいるという情報を聞き付け」とのこと。無事なんらかの心残りは霧散したようです。

【6月28日】 #場違い感の最大値

依頼の内容ですが、滞在先のホテル（都心近郊）から空港までのクルーバスにご一緒していただきたいのです。（中略）

制服を着ているときヒトは、どの場所に／どのような事情で／何をしているか、の組み合わせにより、いくつかの異なる「記号」と化します。

機内で制服を着てあれこれしてる人間は誰がどう見ても「勤務中の乗務員」という記号そのものだし、自宅⇅空港の地下鉄内での私には「Commuting Flight Attendant」という記号が付与されます。

各国各地での滞在（たいてい24hr前後です）を終えて空港へ向かうタイミングでのクルーバス車中にはやや独特の湿度というか、人間らしさみたいなものが漂いがちで、そこでの乗務員も操縦士も、私に言わせると「厳然とした『記号』」のなかに誰一人として収まっていないのです。（中略）

レンタルさんも今のところ「記号」としての立ち位置は比較的vagueとお見受けしたので、あいまいな記号未満同士が空港までの数十分をご一緒できるとすれば、このタイミングかなと思った次第です。……

飛行機の添乗員をしてる人から「ホテルから空港までのクルーバスにご一緒してほしい」という依頼があり、大勢のキャビンアテンダントやパイロットの乗るバスに乗った。学術的な依頼理由に緊張したが、車内ではパイナップルを食べるなど和やかに過ごした。場違い感は今までの最大値を更新した気がする。

6 7月：デートして最後に告白するので振ってほしい

【7月2日】 #タイヤ公園で遊ぶところを見守って

現在たくさん依頼が来ているため「何もしなくていい」ものより「何もしないほうがいい」ものを優先気味に引き受けています（「本当は何かしてほしいけど〝なんもしない人〟ということなので何もしなくていいです」みたいなニュアンスの依頼なら普通に何かしてくれる人に頼んだほうがいいだろうから）。

㋹

「長期的に複数回レンタルすることで痩せたい」という依頼の二回目を実施。一回目［5月17日］以降、糖質を一切摂取しないことに成功し「絶大な威力です」と喜んでた。周囲の人からも「三分の二くらいになった？」と言われるらしい。「今回の死守すべきルールはパンツを見せないこと」とのことで今回は

ズボンだった。

ダイエットの依頼の方、自分の部屋にレンタルなんもしない人の写真を貼ることで「見られてる」感を出して頑張れるようにしようと考えたそうなんですが、写真を出力したところ、こういう呪われてそうな写真が何度も出てきたそうで、心配してくれた。身の安全を確保したい。

――公園のベンチで依頼者の話を聞いていたら、通りすがりの知らない人から「レンタル中失礼します」と差し入れを渡された。

Ⓡ

「タイヤ公園で遊ぶところを見守っていてほしい」という依頼。まずタイヤ公園が凄かった。遊ぶ前の壮絶人生トーク（二夜連続で強姦された話など）と、たまたま通りがかった人から差し入れが入ったのも凄かった。ぶら下がったタイヤに入った時は、子連れの人に笑いながら話しかけられてすぐ出てきた。

恋人の惚気話も聞かされた。お互いに「寝取られたい」という性癖があり、依頼者は彼氏への誕生日プレゼントとして依頼者の友達とSEXさせてあげたらしい（寝取られたいわけだし自分へのプレゼントな気もするが）。写真は彼氏との交換ノート。互いへの純粋な愛情に満ちてて聞く話とのギャップが凄かった。

——集合場所に早めに着いてエゴサしてたら通りすがりの人から差し入れもらった。エゴサしてただけなのにと忍びなく思うが嬉しい。

【7月4日】　#セルフサプライズ

haruさんにリピートされてきた［前回は6月10日］。場所は公園の予定だったが雨予報のため自宅へ。集合場所には灯真くんで現れ、家では主に春斗くんが喋り、結衣さんとポップコーンを食べた後、初対面の悟くんから虫の話などを聞いた。最後、主人格がその日初めて目を覚まし、僕が家に居ることに驚いて「セルフサプライズ……」と呟いた。

【7月6日】　#現在の顔を見て覚えてて

（依頼人が現れないことをツイート後、待ち合わせ場所にて）通りがかった優しい人に「無断キャンセルされたんですか」と声をかけられ、よかったらと昼食に誘ってもらったけど「DMの返信とかいろいろやることあるんで」と、なんもしない人らしからぬ断り方をしてしまった。

——しばらく立ってたら「苦いチョコ大丈夫ですか？」と差し入れが入った（たまたま通りがかった以前の依頼者から）。無断キャンセルだけは勘弁と思ってたけど、アリかもしれない。

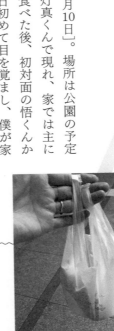

「今までの整形の記録を見てほしい。また次の手術の前に現在の顔を見て覚えててほしい」という依頼。普段は整形に対する偏見を感じ、なかなか人に話せないとのこと。「ルフォー」というのが整形界のラスボス的手術らしく、それも済ませてた。人中短縮の効果がとくに高かったようで「喜」と書かれてた。

㋹

僕は「なんもしない人」と称してるのでとくに緊張せずに済んでるけど、依頼者側としては会ったことない他人と待ち合わせして誰にも話してない自分のことを話しに行くのはかなり緊張するらしい。写真は依頼者が僕との待ち合わせ場所に向かう前に気合いを入れるため友達に腕を噛んでもらったという噛み跡。

㋹

【7月7日】　#人力車ラストラン

人力車に乗せられてます。今日がラストランなので自分の思い出語りがし

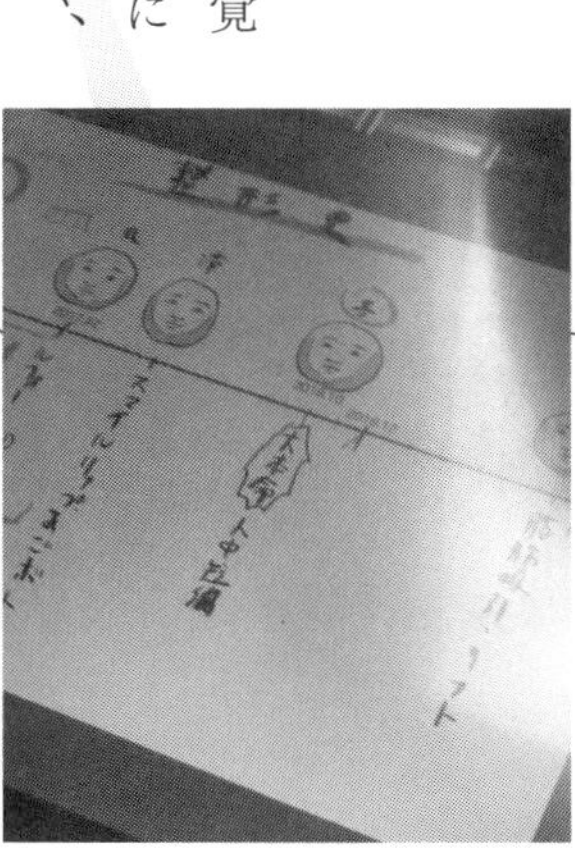

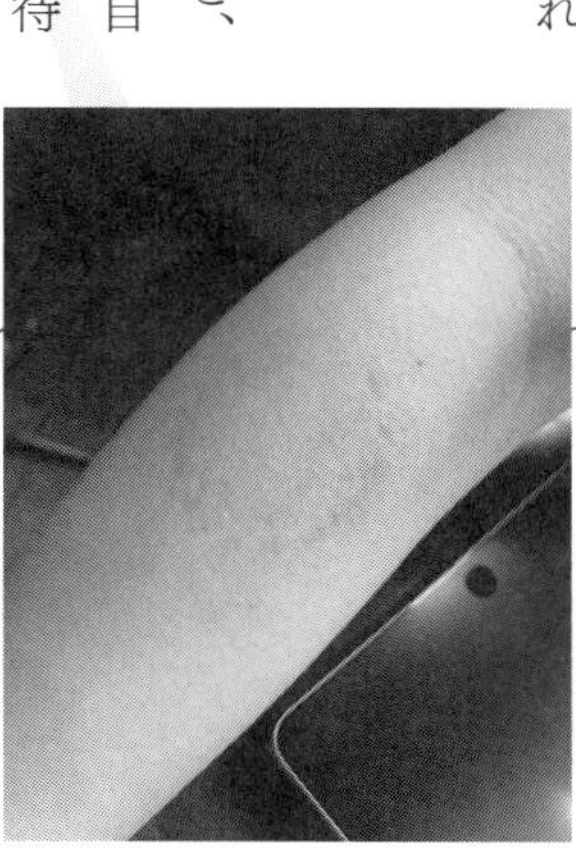

たいとのこと。

【7月8日】 #この人も東大生なのか~

今日は人が物を壊すのを見守ってます。

東大生の自習に居合わせるために東大に来ました。用意してくれた暇つぶしアイテムもぽい。

東大生は初ではありません。東大生が授業をサボってレンタルしてきて興奮したこともあります。東大の構内に入ったとき歩いてる人たちを見て「この人もこの人も東大生なのか~」っていちいち思っちゃうの、ラブホテルから出てきたカップルを「この人たちもセックスしたのか~」って見ちゃうのと似てるな。

Q 「取材された番組とかはチェックするんですか?」

A 我が家にはテレビがないのでMr.サンデーもバイキングも観れません。

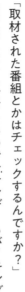

【7月9日】 #無表情で過ごすのは不可能

「自分が他人に対して無表情で許される時間を共有してほしい」という依頼。自分の八方美人な性格、楽しんでもいないのに笑顔を作ってるんじゃないかという心配から依頼に至ったとのこと。集合場所に普通に笑顔で現れたし、会話中もめちゃくちゃ笑うしで全然成立してなかったが、何らか得るものあった模様。

他人と無表情で過ごすのは先日の「お互い一言も発さずに過ごしてほしい」の依頼よりも格段に難しく、不可能に近いとも思った。「笑うの禁止」というルールを設けると二人とも無言になるし、じゃあしりとりしようってなったけど余計に笑けた（「い」で長考したあと「犬」って言うだけで笑ってしまう）。

【7月10日】 #様々な事情によりお受けできません

私は今大学生で、彼氏がいます。彼氏とは別れる気配もないくらいラブラブで、大学生活の間はずっと一緒にいるんだろうなぁと感じております。（略）私自身、大学生活の間に、彼氏ではなく、付き合ってもいない男性とデートをし、デートの最後に私が告白して振られるという流れをやってみたいとずっと望んでおります。……

「デートして最後に告白するので振ってほしい」という依頼。「レンタルさん、好きです。

お付き合いをしてください」と告白され「様々な事情によりお受けできません」と振ったら笑われた。告白の段取りになってから告白が始まるまで、依頼者が湯呑みを指でパタパタ叩いてるだけの時間が三〇分くらいあった。

♥惚気報告♥、今日はレンタルなんもしない人のツイートが絡んでました。

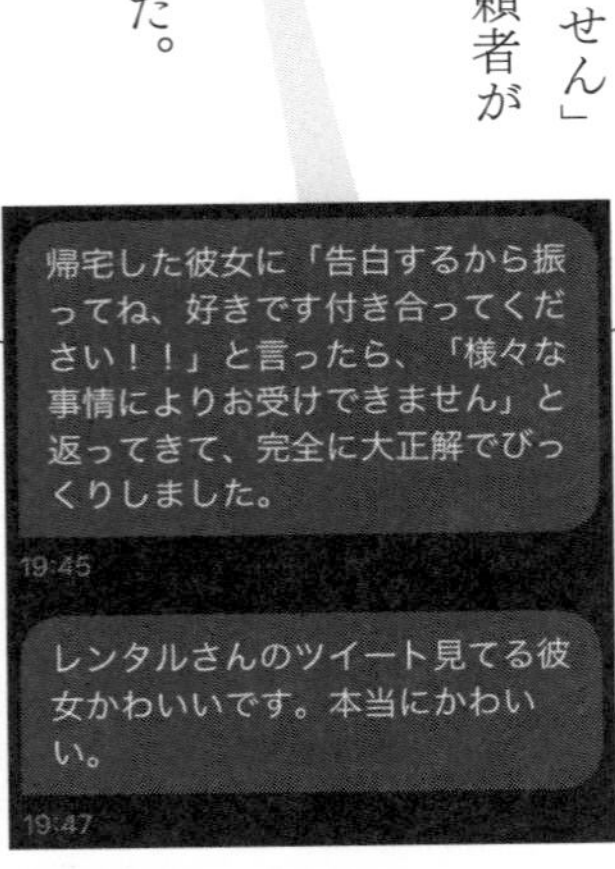
帰宅した彼女に「告白するから振ってね、好きです付き合ってください！！」と言ったら、「様々な事情によりお受けできません」と返ってきて、完全に大正解でびっくりしました。
19:45
レンタルさんのツイート見てる彼女かわいいです。本当にかわいい。
19:47

【7月12日】 #獄中の恋人への手紙

今日は獄中の恋人に手紙を書く人の横にいました。（無印良品のレターセットを使いながら）「無印ってのもどうなんだろう」と自問してました。

【7月13日】 #いかに期待されてないか

依頼のDMに「お断りの場合でもその旨ご返事ください」といった文言が入ってると、この人は人間に求めるものが大きそうだと感じて断る確率上がります。依頼を引き受けるか断るかの基準として「いかに期待されてないか」はわりと強いかもしれない。極端な話、無断キャンセルOKであればなんでも引き受けるし。

広島に来た。
依頼が終わったので交通費を受け取って帰ります。㋹

【7月17日】 #カラーコーンのボス

「街中のカラーコーンを撮影するのでその場で見ていてほしい」という依頼。カラーコーンを撮るのが好きだが、最近は周囲の目が気になり、自分がどういう気持ちでカラーコーンを撮ってるのかよくわからないとのこと。無関係な傍観者を一人添えることでカラーコーンとじっくり向き合ってみようと思ったらしい。

この日は渋谷、代官山、恵比寿あたりのカラーコーンを撮り歩いた。途中、白いカラーコーンに反応し、撮ったあと見上げて「おしゃれ建物……」と呟いた。代官山はおしゃれな建物が多いのでカラーコーンも白いのが多いらしい。白いカラーコーンのボスみたいなのもあったが何に役立ってるのかは不明。

「人は存在自体に価値がある」という主張に賛同されること多いけど、本当に賛同してるのかと疑わしく思う。無差別殺人を犯した人、動物を虐待する人、性犯罪者、詐欺団の構成員にも〝存在に価値がある〟と本当に思うのか。「悪いのはその人ではない」とかではなく「価値がある」と本当に思ってるのかね。

レンタルなんもしない人は今のところ、「なんもしない人でも〝役に立った〟ので価値がある」「役に立つことがあるから意義がある」というふうに理解されていて、「人は役に立たなくても価値があるのか？」という問いには答えられていない。結局、生産性重視の価値観から一歩も動けていないと最近よく思う。

【7月21日】 #まじかよ~じじくせ~

「歌をきいてほめてほしい」との依頼。依頼者は解離性同一性障害、いわゆる多重人格をもつ方。依頼したのは〝クロ〟という男の人格で、主人格の恋人（男）との同居に悩んでたりと日頃から自分の存在が認められてない感があるらしい。クロが男声でバンプを歌うのをきき「かっこいいっすね」と言うと泣いてた。

「面白いもの見せてあげます」と言って、ボカロの曲をクロ（男性人格）→主人格（女性人格）と途中で交代させてオク下と原曲キーを混ぜて歌うという技を見せてくれた。すごかった。

カラオケいく前、ファミレスで依頼者の解離性同一性障害について話を聞いた。付き添いの恋人に「ドリンクバー何か持ってくるよ」と言われた依頼者（タマという人格が出てた）、ほうじ茶を頼み、待ってる間にクロという人格に交代。ほうじ茶が届くと「まじかよ〜じじくせ〜」と嫌がってたのが面白かった。

念のためですが、こないだ依頼してくれたharuさんとは別の人です。ただ、haruさんと会ったこともあるそうでそのときに「めっちゃレンタルさんのこと話してたから会ってみたくなった」とのこと。

「猫人格」と呼ばれる、猫と人間が混じり合った人格もたくさん持ってるそうです（「猫人格」は学術的にも事例として報告されてるらしい）。タマもクロも猫人格のひとつです。鳴き声もあります。

依頼者は交代するとき、ぶるっとした軽い痙攣発作を起こしてました。でも、前に会った別の方はただ静かになるだけで何もなく（さっき出てきてた人格がゆっくり眠りにおちるような感じで）交代してましたし、いろいろなんだなと思います。

㋹

待ち合わせ場所に到着して目が合った人に「こっちです」って連れてかれて依頼者だと思ってついていってたら途中で「確認ですがマクロスに参加される方ですよね？」って言われて多分ちがいますって逃げてきた。危なかった。

――まれに大事そうな革製品にサインを書かされることがある。ひとかどの人物気分が味わえて良い。

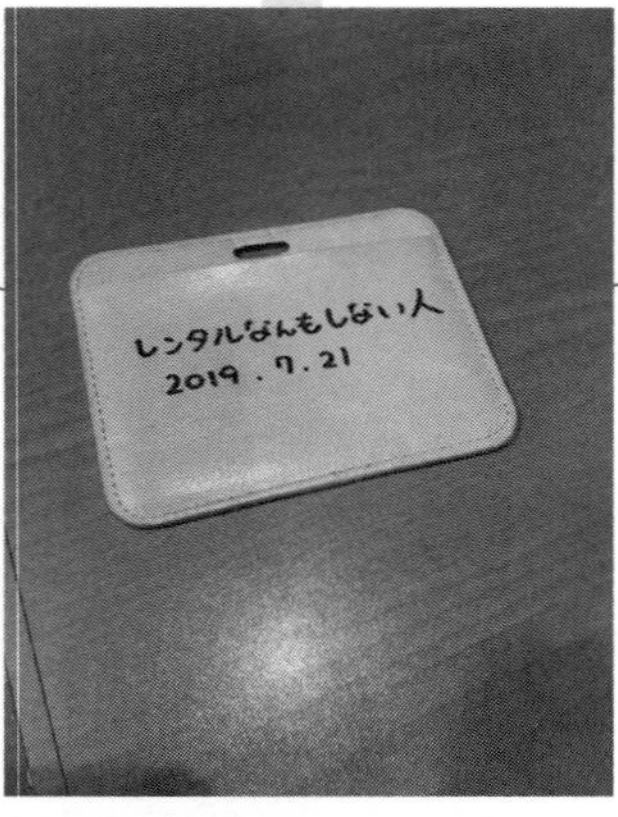

テレビ局の人から「取材を検討してるから話させてほしい」と連絡があり電話したら、始めた理由とか活動内容とか依頼とかもろもろたくさん聞かれて「ではこれを受けて取材するか会議にかけます」後日「取材しないことになりました」と言われ「もう電話口でかなり取材されたんですが……」って悶々とした。

【7月22日】 #私ごときの

こないだSMクラブで働いてるM女の方から依頼があり話をきいたんですが、主従してる相手にフェラチオしてるとき相手が気持ちよさそうに声出したり体よじったりすると「私ごときのフェラチオで気持ちよくなるなよ……」と萎えてしまうらしい。

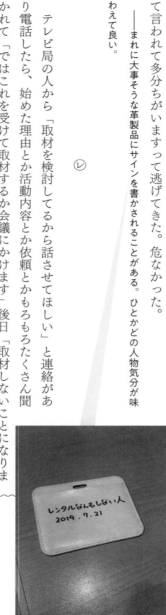

がんが再発してないかの定期検査に行きます。治療中ではないので、見た目も実際もかなりピンピンしています。たぶん病院内をうろつくかスマホをいじってるので、それに付き添ってくれるだけでいいです。気を遣われたり心配されるのがいやで、両親・友達にもがんになったことは言っていません。……

がんが再発してないかの検査に付き添ってほしいとの依頼。周囲には伝えておらずいつも一人で通院してるが（病気が辛いとか一人が寂しいとかではなく）待ち時間が長かったりするのでちょっとした同行者がほしかった模様。子宮頸がんは「たくさんやってた人がかかる」等の偏見もあり余計言いづらいらしい。

――だいたいの駅、往路と復路で全然違う駅に見える。

【7月24日】 #DM三万通

来たDMが三万通超えた。

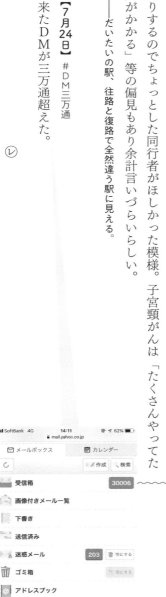

自分の盗撮画像が送られてきた。

【7月25日】 #餃子一〇〇個六〇分完食

おおやけにできない依頼の特徴として「ハプニングバーに関連している」などがある。 ㋹

「大食いチャレンジに同席してほしい」という依頼で依頼者が餃子一〇〇個六〇分完食に挑戦するのを見届けた。八〇個くらいで限界がきて達成ならなかったが自分の限界を知れて満足した模様。隣席のなんもしない人は残った餃子を食べる要員として普通に役立った。 ㋹

喫茶店の隣りの席で就活のエージェントらしき女性が大学生らしき男性に良い会社の紹介や面接に向けてのアドバイスを親身に施し、学生が帰ったあとすぐ電話で「いま終わりました、(企業名)にぶちこみまーす」と言ってエージェント伊達じゃないって思った。

今日は池袋のスナックＡＲＩＳにて女性がお股から火を噴くのを見届けます。まもなくここで噴くと聞いてます。
股から火を噴いてたファイヤーヨーコさん、喋りも面白くて、女性器にえんぴつを入れて折るパフォーマンスのとき「Ｂだし折りやすいよな〜」という野次に対し「芯の問題じゃねえよ！　木材の問題だよ!!」と返してて笑った。

㋹

電車の中で電話してる人が電話の相手に向かって「電車うるさくてごめんね」って謝ってて電車にかわって怒ろうかと思った。
これ電車の中で電話してるだけなら別に怒りは感じないんですが、電話相手のことを思いやる言葉が聞こえた瞬間怒りがわいてきた。コムギを治療するネフェルピトーを目の当たりにしたときのゴンの気持ちに近い。

㋹

【7月26日】 #やっぱりバイキング下手
バイキング形式の飲食店に同席するたびに自分バイキング下手すぎるなっ

てなる。

【7月27日】 #脈絡のないカバの動画

今日は折り紙に同席しています。自分も折ってる。「逆です」と指摘を受ける。

ようやく折り上げたがより小さい鶴二つを差し出され格の違いを思い知らされる。同時に、なんの脈絡もなくカバの動画を見せられる。こういう脈絡のないことをされると本当にやりたいことをやってるんだろうなと安心する。

㋹

リマインドしないリマインダーとしての利用シーンです。

㋹

映画「天気の子」に同行。役得。よかったです。依頼者は映画そのものに加えポップコーンが食べ尽くされたことに感動していました。

「誰かと観たい」という依頼者の需要と『天気の子』観たい」という僕の

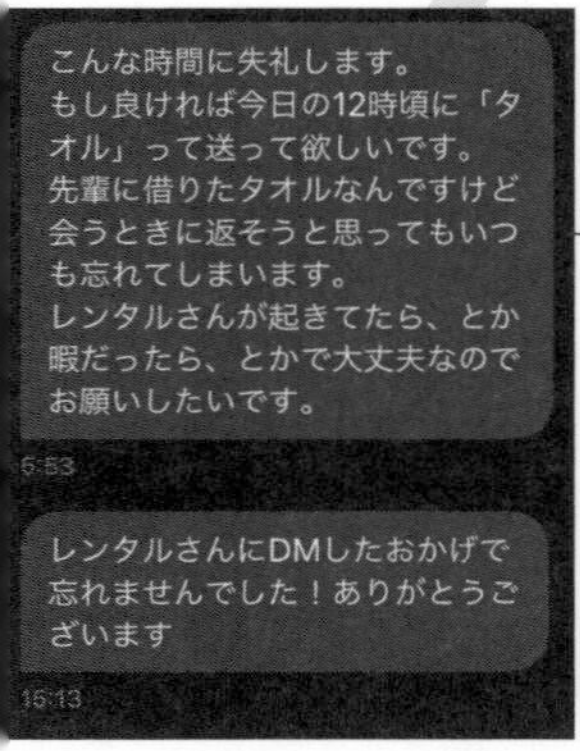
こんな時間に失礼します。
もし良ければ今日の12時頃に「タオル」って送って欲しいです。
先輩に借りたタオルなんですけど会うときに返そうと思ってもいつも忘れてしまいます。
レンタルさんが起きてたら、とか暇だったら、とかで大丈夫なのでお願いしたいです。
5:53
レンタルさんにDMしたおかげで忘れませんでした！ありがとうございます
15:13

需要がマッチしました。特殊な理由がなくても僕の欲求と噛み合えば引き受けてます。

【7月28日】 #町田よりいい!!

大宮で「町田よりいい!!」って叫んでる人がいた。

㋹

「本家のプロ奢のフォロワー数抜いてすごいですね！」と持ち上げられた直後に「でもフォロワー数がすべてではないですけどね」と戒められた。

㋹

彼氏と別れ虚無感に襲われてるので話をきいてほしいと依頼され、元彼と行ったという神社に同行し話をきいた。同時に「一人でカメラ構えて写真撮るの恥ずかしいのでカメラを首からさげてほしい」という依頼もこなした。恥ずかしくなく文句言う人もいない状況下で撮影に専念できた模様。

【7月29日】 #惚気報告、続いてます

♥惚気報告♥、続いてます。

・昨夜少し遠めのコンビニに二人で初めて行ったのですが、その時は何も言っていなかったのに寝る直前になって「さっき行ったファミリーマート…広かったな…」とぼそっと呟いていました。寝る前に思い出すほど気に入ったんだな……と愛おしくなりました。

・先に寝る彼女に「寝かしつけにこない?」と言われ可愛すぎたので、全力で子守唄を歌ってとんとんしておきました。寝かしつけられてる彼女は満足そうでした。

【7月30日】 #白いハンチング帽

〝無限〟の存在を仮定して自然数を定義した数学者が、そもそも無限の存在をどう証明するんだとの指摘に対し「リンゴを想像する。次に〝リンゴを想像する自分〟を想像する。さらに〝リンゴを想像する自分を想像する自分〟を想像する。これは際限がない。無限は人間の心の中に存在する」と答えた話がかなり好き。

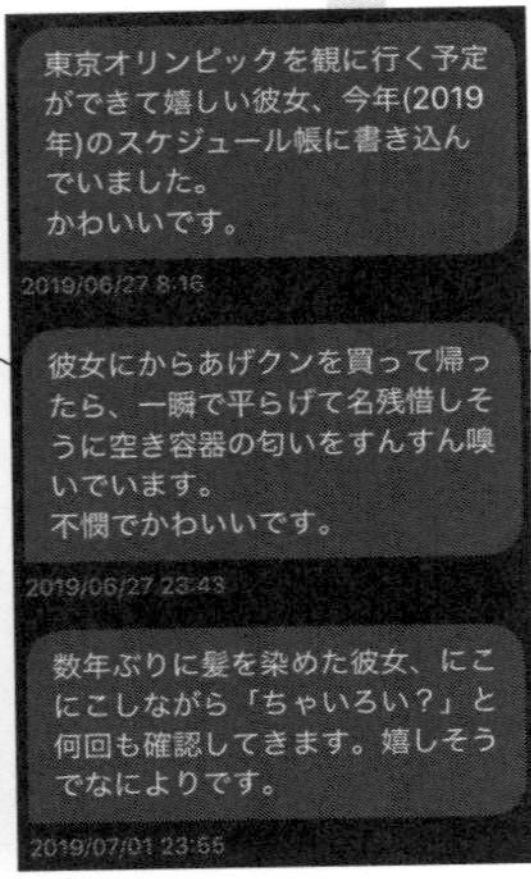
東京オリンピックを観に行く予定ができて嬉しい彼女、今年(2019年)のスケジュール帳に書き込んでいました。

かわいいです。

2019/06/27 8:16
彼女にからあげクンを買って帰ったら、一瞬で平らげて名残惜しそうに空き容器の匂いをすんすん嗅いでいます。

不憫でかわいいです。

2019/06/27 23:43
数年ぶりに髪を染めた彼女、にこにこしながら「ちゃいろい？」と何回も確認してきます。嬉しそうでなによりです。

2019/07/01 23:55

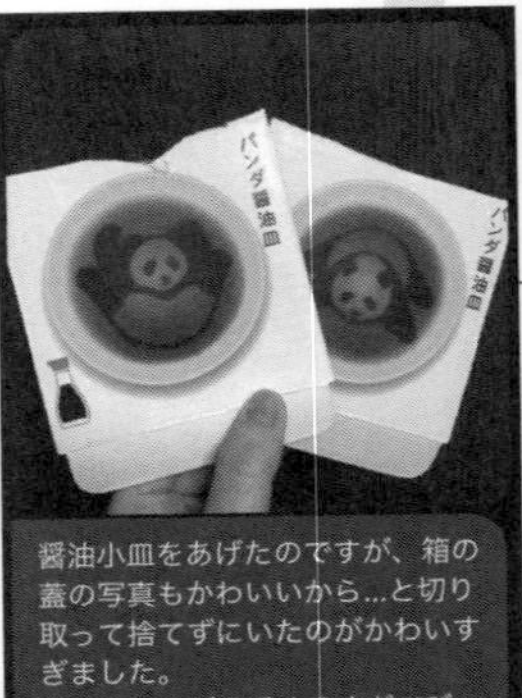
パンダ醤油皿
醤油小皿をあげたのですが、箱の蓋の写真もかわいいから…と切り取って捨てずにいたのがかわいすぎました。
あとハサミが下手くそすぎてびっくりしました。

ⓛ

レンタルの依頼で大阪にいます。大阪といえば阪急三番街のインデアンカレーです。学生の頃、家で晩御飯用意されてるのに我慢できず食べてました。中毒性あります。大阪近辺で依頼したいことのある方、二〇時ごろまで空いてますが、今回は東京の国分寺駅〜大阪駅の往復運賃を払える方からのみ引き受けます。

ⓛ

初めまして。今年の二月、好きな人が急に自殺しました。まだ出会ったばかりで、「これから一緒にいろんなところに行こう」と約束したのに、果たさないまま逝ってしまいました。これから楽しい事がたくさんあるはずだったのに、急な死でした。約束の一つの中に、「彼の家の近くのカフェで一緒にお茶をしよう」というものがありました。亡くなった後に一人で入ったのですが、なんだかモヤモヤが残ったままでした。直後よりかは気持ちに整理も付いたのですが、「約束したのに……」という気持ちが成仏しません。白いハンチング帽を被り、一緒にお茶をしていただけないでしょうか。……

「白いハンチング帽を被り一緒にお茶してほしい」との依頼。今年二月に好きな人が急に自殺し、一緒にお茶する約束が果たせず「約束したのに……」という気持ちが成仏しないので、彼が普段被ってた白いハンチング帽を被った人とお茶することで気持ちを整理したいとのこと。何らかのきっかけにはなった模様。亡くなった原因は、

お酒を飲んで怒りっぽくなり、自宅のマンションで暴れまわり、死ぬと言い出し、ほぼ正気がなくなり突発的にベランダから飛び降りた様です。

「アルコール依存症患者の平均寿命は50歳前後で、死因のほとんどが自殺・変死」「飲んでもおかしくなるし、飲まなくても離脱症状でおかしくなってしまいます」……とのこと。

【7月31日】 #東西線だけハブられてる

東京に戻ってきた。大手町駅の東西線だけハブられる感じいつも面白い。

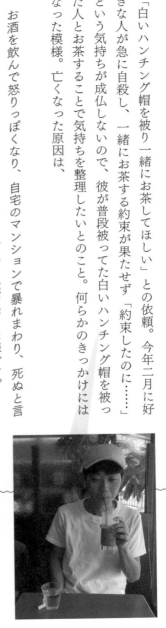

今日は集英社のりぼん編集部で漫画を読んだりお菓子を食べたりしながら
とくに何もしませんでした。

7 8月：返事が来ない手紙って何書いていいか難しい

【8月1日】＃レンタル、するから、こい

用件の書いてないDMは無視してるけど、こう振り切られると気になって何回も見ちゃう。

【8月3日】＃僕は一〇〇桁かな

解離性同一性障害（多重人格）をもつharuさんから定期的にレンタルされてる。前回、人格の一人春斗くんに「円周率五〇桁暗記」という宿題を出したところ、今回見事暗唱できてた。その後、別の人格悟くんが出てきてすごい勢いでボードに一〇〇桁書き出した。「春斗が五〇桁なら僕は一〇〇桁かなと」。

もう一個「リーマン予想を説明できるようになる」という宿題を出してたが、それも理数系に強い一三歳の人格、悟くんがやってきてた。一〇頁に及ぶレポー

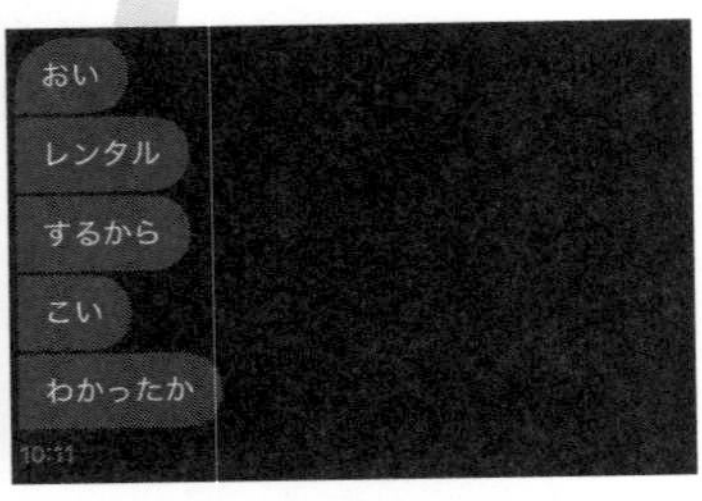

トを流暢に（普段は吃音気味なので余計にそう感じた）解説してくれた。「次はハイゼンベルクの不確定性原理を調べてきます」とのこと。

㋹

今日はうさぎと同じ空間に居てほしいという依頼を受けうさぎと同じ空間でお茶とカステラをいただいてます。

同席してたのは「多頭飼育崩壊」の現場から保護されてきたうさぎ、いなりちゃん。うさぎの多頭飼育は危険がともなうということ、うさぎは繁殖力が非常に高いので不妊手術が必要であることなどを依頼者は念押ししていました。うさぎは軽率に飼わず、正しい飼育方法をリサーチした上で飼ってください。

【8月6日】 #戻ったら、居るんだよな……

以前からずっと誰かに、自分のイマジナリーフレンドの話を聞いてほしくて、自分の中から彼を消さない為に、彼のことを自慢してもいいでしょうか？「そんな友達がいるんですね」など、返していただけるだけで構いません。……

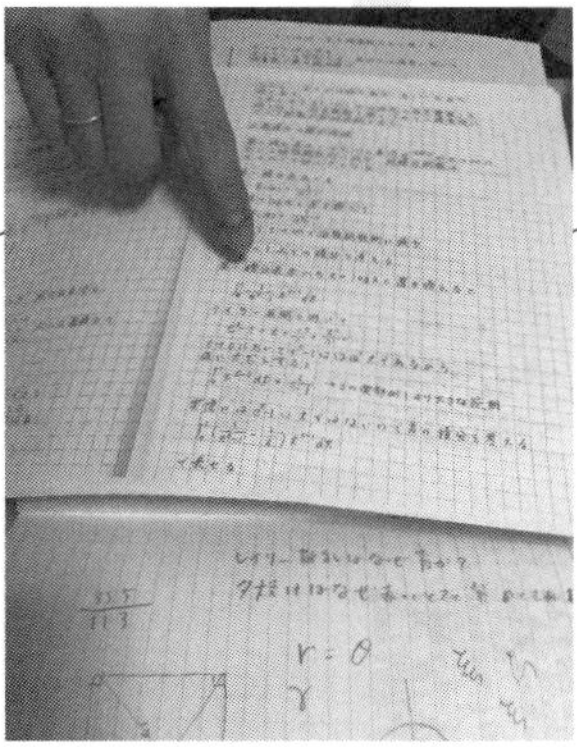

自分のイマジナリーフレンドの話を聞いて「そんな友達がいるんですね」と言ってほしいという依頼。誰に話しても存在を否定されてしまうが、動ける身体をもたないことがほかの人と違うだけでたしかに存在する大切な友達だと誰かに知ってもらいたいとのこと。

㋹

「手作りの料理を一緒に食べてもらいたい」という依頼。定期的にリピートされています。今回はレモネードがある［前回は4月6日］。

㋹

今日はホテルで呪いの人形アナベルと一緒に寝ます。「呪いの人形ということでいつも怖がられてばかりいる。いちど、自分のことを怖がらない人と一緒に一晩すごしてみたい」という依頼です。

アナベルと高校野球見てる。めっちゃ楽しい。寝れない。

いまから難関「シャワー浴びる」を。

そろそろ寝ます。

寝れない。トイレから戻ってきてベッドに再インするときがなんか強烈に

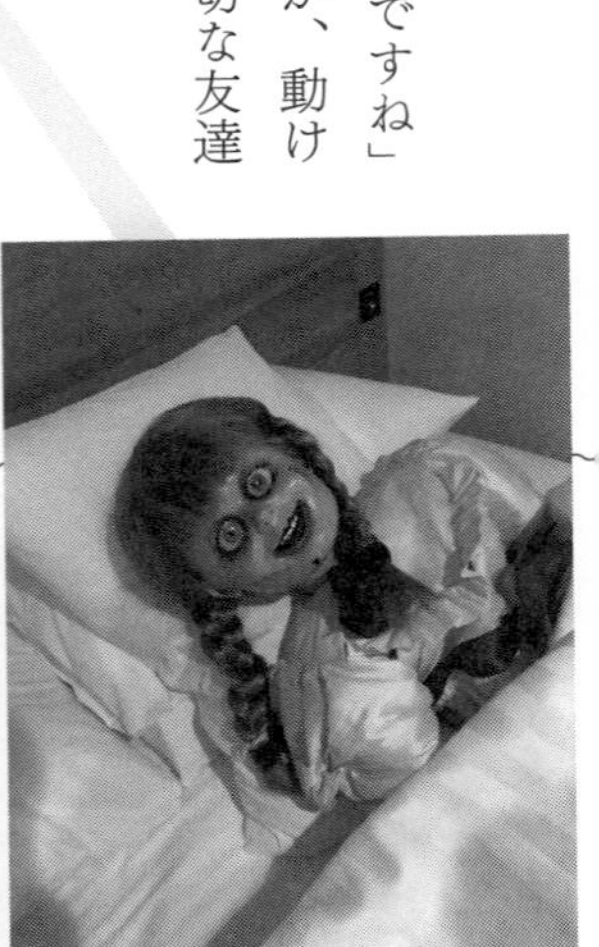

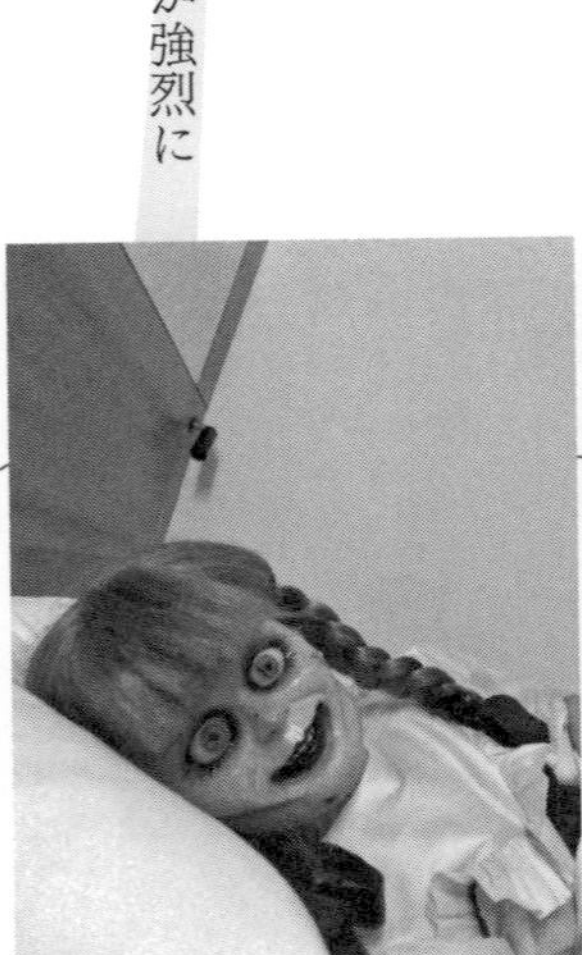

嫌だ。トイレにいる間も「戻ったら、居るんだよな……」と考えてしまう。そして戻ったら居る、しんどい。

依頼主のワーナーの人に連絡して早めにピックアップしにきてもらおうかと思ったけど、担当の人、脚の肉離れ起こしてて歩くのつらそうだったしな。今回の映画に関わってから二回怪我したらしい。

呪いの人形と一夜を明かすレンタル、無事終了。この袋を持ってロビーまで移動するのが最後の難関だった。エレベーターで子連れのファミリー客と居合わせてなんか申し訳なかった。

——暑いから壁にもたれかかってエゴサしてたら、通りすがりの方から「暑いんで塩分とってください」って差し入れが入った。全然呪われてない。

Ⓛ

「考えることが好き!」という人はなんもしない人に向いている（考えているあいだ人はなんもしてないから）。

【8月8日】 #ご利益しかない

おとといもらった映画のチラシ、リュックに入れたままにしてたら妻から苦情が入っ

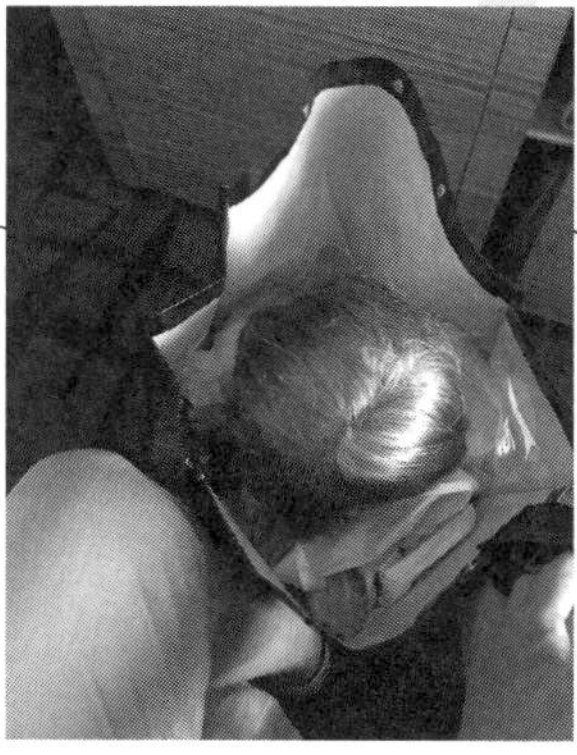

た。これ当初は「アナベル人形を貸し出すので自宅で一晩いっしょに寝てほしい」という依頼で、当然妻からの猛反対にあいお断りし、ホテルを手配するので……となった次第です。自宅で遂行しなくて本当によかった。

呪いの人形と一夜を明かすレンタル、今のところ呪われてる様子はありません。むしろ依頼の報告ツイートがバズりフォロワーが一万人以上増えたのでご利益しかありません。バズりの人形。

【8月10日】 #パワースポットとして利用

ソープ嬢からリピートでレンタルされている［前回は5月13日］。なんもしない人をパワースポットとして利用してるらしい。店内ランキングも初回レンタル時は六位だったのが、二回目で三位、三回目（今回）で二位にまで上昇。レンタル中に上客からＬＩＮＥがきて次回の予約が決まったりもしてた。何より。

㋹

カレーを一緒に食べて欲しいです。今まで一番しんどかったバイトがあってよく休憩中にカレーを食べに行っていました（毎回それも怒られてた）。その時はそのカレー屋さんがとてもありがたかったのですが、その後、カレーを食べる時にあのバイトを思い出

してしまっていつもの食事の何倍も時間がかかり、極端に口数が減り、完食できなくなりました。……

「カレーを一緒に食べてほしい」という依頼。シンプルな依頼だが切実な動機と深い学びがあった模様（https://twitter.com/morimotoshoji/status/1160054661262430208）。

【8月12日】 #夢日記

私の過激な思いを聞いてほしいという依頼。昔からよく嫌がらせを受け、多くがブスによる可愛い私への嫉妬に感じるためブスやデブが嫌いとのこと。デブの上司に小言を言われた時も「やっかみでしょ」と思ってしまい、そんな自分も嫌だがそうさせたブスやデブがやはり嫌いだという。言えてすっきりしてた。

㋹

夢日記を読んでほしいという依頼。以前夢日記を書いていて、書くのをやめてから〝夢日記〟という概念につきまとわれてる感じがするとのこと。第三者に読まれて認識されることで解消するのではないかと思いつつ、夢の話はたいていの人から面倒くさがられるため依頼に至った。夢日記、ディ

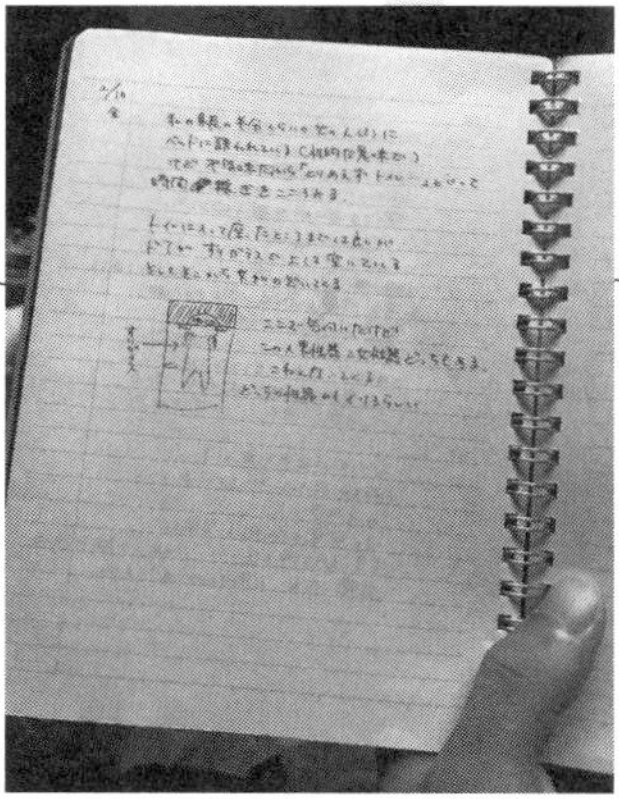

テールが凄かった。
　この日の夢、「とある男性が間違えて大量のゴルフクラブを購入する」から始まってて、夢を見てる人は登場せず映画のような俯瞰した視点で展開されている。依頼者（筆者）曰く、途中から自分の視点に切り替わることもあれば、終始神の視点の場合もあるとのこと。言われてみると思い当たらないこともない。

㋹

炎上してても叩かれてても日々淡々と届く❤惚気報告❤に笑ってしまう。

【8月13日】 ＃ハンモックの誘惑

先日お邪魔した家にハンモックがあり寝てみたらかなり良かった。ハンモック、昼寝とか仮眠用のグッズと思ってたけどその家の方は布団やベッドと同列の寝具として使用してて夜もぐっすり眠れるらしい。床の埃を吸わなくてすむし畳んで壁にかけられて場所とらないし丸洗いできるし良さしかわからなかった。

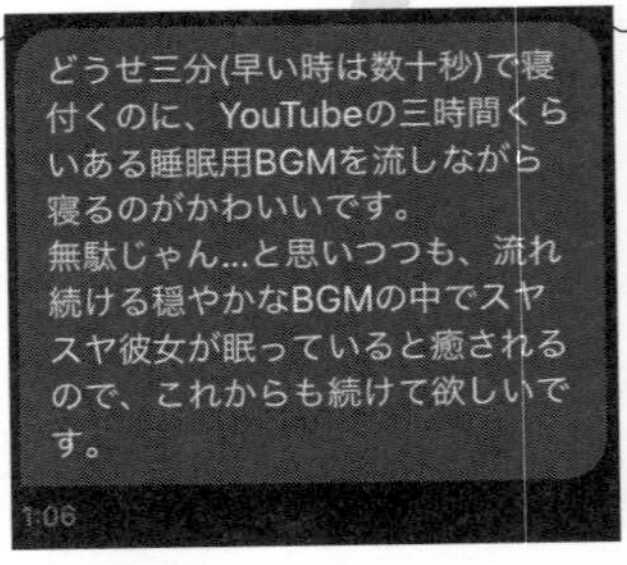
どうせ三分(早い時は数十秒)で寝付くのに、YouTubeの三時間くらいある睡眠用BGMを流しながら寝るのがかわいいです。
無駄じゃん…と思いつつも、流れ続ける穏やかなBGMの中でスヤスヤ彼女が眠っていると癒されるので、これからも続けて欲しいです。
1:06

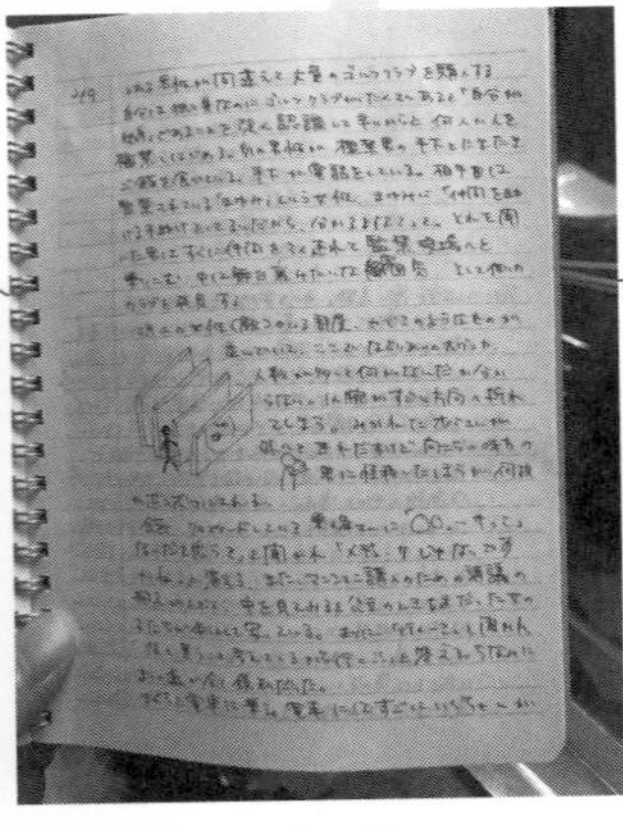

【8月14日】 #結婚できるか自信ない

「実家を出てから人と同居したことがなく、誰かといる＝ストレスみたいなイメージがあり今後結婚できるか自信ないので自宅で一緒にいてみてほしい」との依頼で自宅に呼ばれた。聞くと別に結婚したいわけではなく、結婚という単位が普及してるが故にそれが常に意識の一部を占めてくるのが嫌だと吐露してた。

依頼者はおそらく恋愛自体は何度もしている人で、スペック的な問題というより、やはり誰かと同居することに対する抵抗感と結婚への消極性により独身でいる様子だった。依頼者曰く、自分がそんな感じなので、人よりも多く「付き合ってた人と別れる」という経験を繰り返していてそれが本当につらいらしい。

【8月15日】 #こちら側は住居を失いました

妻と別居することになりこちら側は住居を失ったため、宿泊をともなう依頼も積極的に引き受けられる状況となりました（清潔さに自信のある部屋に限ります）。朝食はあってもなくても、どちらでも可です。家は自分から出ました。

いくらでも泊まっていいよという方が現れたので、僕を心配して頑張って泊めていただく必要はいまのところとくにありません。通常どおり「なんもしない人」をレンタルする必要がある場合にご依頼いただければと思います。泊めてもらう場合でも原則どおり「国分寺駅からの交通費（往復）」を頂戴します。

今日も普通にレンタルされてたんですが、別居の件について依頼者から何も聞かれなかった。単にツイート見てなかっただけかもしれないけど、普段自分がやっている「何も聞いてこない人」の存在の貴重さを体感できた。

㋹

インスタグラム、だいぶ前に一応告知だけしてみたものの使い方わからないから通知切って放置してたらフォロワーめちゃくちゃ増えてたしDMもめちゃくちゃ溜まってた。怖い。

インスタのほうが真に「なんもしない人」をやれている。

㋹

【8月17日】 #PATMによる悩み

今日は自分と何の関係もない打ち合わせに同席して何の意見も出してません。

まだ全然途中っぽかったけど時間になったので出てきた。こういうの平

気で切り上げられるスキルが上がってきた。

なんかしてる人となんもしない人とではドリンクの減るスピードが違うな。

実際「めちゃくちゃ捗りました」と言ってたし効果あったみたいです。なじみの二人で打ち合わせをするとよくダラダラしてしまうそうです。

Ⓛ

自宅でひたすらなんもしない時間を共有したいとの依頼。休日暇だが隣人が神経質なので友達と賑やかに過ごすこともできず、なんもしない人を呼ぶに至った模様。六時間、二人ともぼーっとしたりラムネ食べたり寝たりした。感想として「ふと横を見た時、目が覚めた時、誰かがいることの幸せ」を熱く語ってた。

ふと横を見たとき、目が覚めたときにアナベルがいるのは全然幸せじゃなかったな。

Ⓛ

「PATMによる悩みを聞いてほしい」という依頼。PATMとは周りの人たちに咳や鼻すすり等のアレルギー症状を引き起こしてしまう体質のこと。今までこれのせいで多々つまずいてきたらしい。が、僕には感じられず。僕は嗅覚は敏感だが空調には鈍感

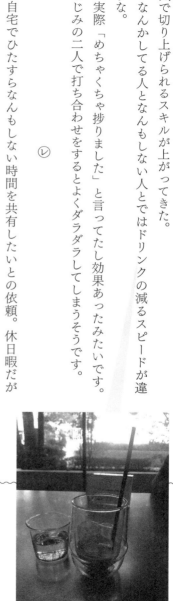

なので、空調に敏感な人のほうが影響を受けるのかもしれない。

「私のニオイを嗅いで、どれぐらいくさいのか教えてほしい」といってた依頼者もPATMだったのかもしれない。

【8月18日】 #野菜ジュースとラムレーズン豆乳の二択

宿泊をともなう依頼先でレモン牛乳をふるまわれてます。

リビングに布団しいてもらった。「どうせ寝るんだから雑でいいですよね」とのことで、まったくその通りです。タオルはこの家でいちばんいいやつ（今治タオル）を貸してくれた。

「寝落ちってありですか?」と聞かれ、消灯したあと「話を聞いてほしい」という依頼を遂行しながら寝落ちした。暗闇で会話するのめちゃくちゃ楽しかった。朝は野菜ジュースとラムレーズン豆乳の二択をせまられた。あとなぜか魔除けの御札どこに貼るか検討してるところを見守ってから解散。

㋹

「追っかけてるバンドマン達への恋煩いが酷く、気を紛らわせるためにな

んもしない人をキザな感じで口説かせてほしい」との依頼。新宿の高層ビルの上のほうの飲食店で夜景を眺めながら口説かれた。結局照れが勝ったのかあまり口説けなかったようだが「世の男性たちの凄さがわかった」と気付きを得ていた。

――呪いの人形と寝たおかげでここ一か月のインプレッションが一億超えてる。枕営業した気分。

【8月19日】 #「好き」とはなんなのか

昨日レンタル中に声が出なくなってしまい、それを依頼者に伝えたら、僕が喋らなくていいように英語で一方的に喋る感じにしてくれた。おかげでこちらは相槌すら打てない状態になり、今日のラジオに備えて喉を温存できた。後半、たぶんレンタルなんもしない人を褒めてそうな単語が聞こえたけどわからなかった。

㋹

［依頼内容］
ノーマル男性のひとりとして、恋愛や結婚、子どもを持つことについて質問させてほしい。
［理由］
私はアセクシャルです。他者に性的な魅力を感じず、恋愛感情も持ったことがありま

せん。幸いなことにtwitterで仲間をたくさん見つけましたので、楽しく生きていけます。ただし社内の同期との会話（恋愛話、惚気等）にはついていけないので、まったく困っていないわけではないです。（略）そもそも「好き」とはなんなのか、どの時点で「好き」になって、どうして「結婚」したいと思うのか……

「恋愛や結婚、子を持つことについて質問させてほしい」という依頼。依頼主はアセクシャルという、他者に性的な魅力を感じず恋愛感情をもつこともない方。それらへの疑問は長年尽きないが、人には聞きづらいとのこと。いろいろ正直に受け答えたところ、やはり謎は残るものの腑に落ちる部分もあった模様。

(https://twitter.com/morimotoshoji/status/1163383243287808)

アセクシャルとは別にノンセクシャル＝「他者に恋愛感情をもつことはあるが、性的な魅力を感じることはない」という分類もあるそうです。そうなると「他者に恋愛感情をもつことはないが性的な魅力を感じることはある」人はいるのかという疑問が生じてくるけど、それはかなりいっぱいいそうな気がする。

Ⓥ

タピオカランドでなんもしてない。

【8月20日】 #給料の出るエアビー

今日の「宿泊をともなう依頼」、余ってる一室を丸ごと使わしてもらってる。「無料の、むしろ給料の出るエアビーだと思って使ってください」と言われた。

【8月21日】 #二本のタピオカドリンクを黙々とする

「タピオカドリンクを買うと入れる施設があるが、自分はタピオカ飲めないし、残すのも嫌なのでかわりに飲んでほしい」という依頼。タピオカドリンクを買うと、ゴールデンボンバーのPVの撮影に使われたという派手なエリアに通された。聖地にはしゃぐ依頼者の横で僕は二本のタピオカドリンクを黙々とすすった。

――ポチ袋に仕掛けられた。

【8月23日】 #気が向いたときに住んでほしい

今日は海の近くでジンギスカンの食べ放題に付き合っています。

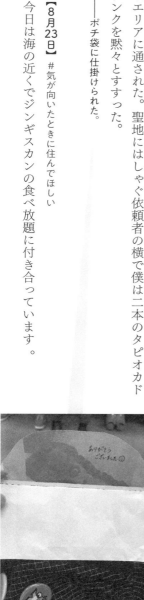

「借りているけどほぼ住んでいないワンルームがあるので気が向いたときに住んでほしい」という依頼があり住んでいます。

㋹

【8月24日】 #負け知らず

「大学院の入試があり、試験前に簡単な受け答えをしつつお見送りしてほしい」との依頼で東京大学へ。依頼者は小さい頃から周りより優秀という自覚があり、道中はそれに伴う身の上話を聞いた。自分の学歴や頭の良さに関する話は友達にしづらく、無闇に持ち上げてこないなんもしない人に話すのが気楽らしい。

知人やおっさんレンタル等の他サービスではなく、なんもしない人に話を聞かせたい理由として「今までにも凄い話をたくさん聞かされてるの知ってるし、自分の話ぐらいでは動じないだろうという安心感がある」と言われることがある。ただ正確には「驚いてもあまりリアクションに反映されない」というだけです。

――どこかのクイズ大会で「レンタルなんもしない人」を正解とするクイズが出題されたらしい。

Q 「ボードゲームを一緒にやってくれますか?」

Ａ　ルールを覚えないといけないのはなんかしてる感じがするので優先度低めです。ただ、オセロならなんもしない感じでお受けできます。これまでも何度か引き受けて負け知らずです。

【8月25日】　#真顔で過ごしたい

彼氏ともうすぐ同棲するのですが、人といるとなんだか気を使ってしまい、疲れてても機嫌が悪くても体調が悪くてもヘラヘラしてしまうクセがあります。

頼まれたわけでもないのに勝手にヘラヘラして疲れているので、同棲前にどうにかこのヘラヘラするクセを直したい、と思って依頼しました。

人と真顔で過ごしたいという依頼。機嫌や体調が悪くてもついヘラヘラしてしまうクセがありこれから恋人と同棲する上で直したいとのこと。途中、火災報知器が鳴ったとき（誤作動）反応せずにいると「これ友達だと、やばいねとか大丈夫かなとか言わなきゃいけないいけど言わなくていいって嬉しい」と喜んでた。

(https://twitter.com/morimotoshoji/status/1165551401570693120)

㋹

「良い依頼が依頼主に好影響を及ぼす」だとすると、そもそも依頼を考え出したのは依頼主だから、依頼主が依頼主（自分）に好影響を及ぼす構造になってる。レンタルなんもしない人に依頼をすることはリフレクのかかったモンスターにケアルを放つようなものかもしれない。

【8月26日】 #DMは地層のように

時間があったので過去のDMを掘り起こして返信した。DMが本当に地層のようになってて、Mr.サンデーの層（「テレビ見ました！」「応援してます！」など）や、著名人からの依頼の層（「真似していいですか？」「〇〇と一緒にいるのに楽しくないんですか……？」「うらやましい！」など）などが出来てる。

【8月27日】 #「しないをする」

今日はDNPで開かれた「多様性理解勉強会」なるちゃんとした場に呼ばれ分析された。写真は社会学用語の「役割期待」を切り口に分析したスライドの一部。レンタルなんもしない人は普段の人間関係でのいろんな役割に応じて期待される姿（役割期待）から一時的に解放されるための手段であると解釈された。

こちらは「哲学」を切り口にしてレンタルなんもしない人を分析したスライドの一部。

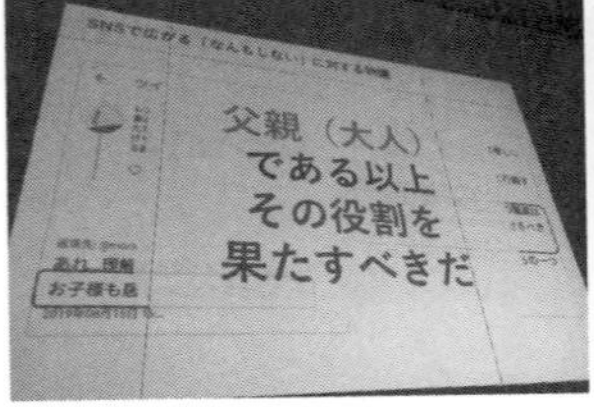

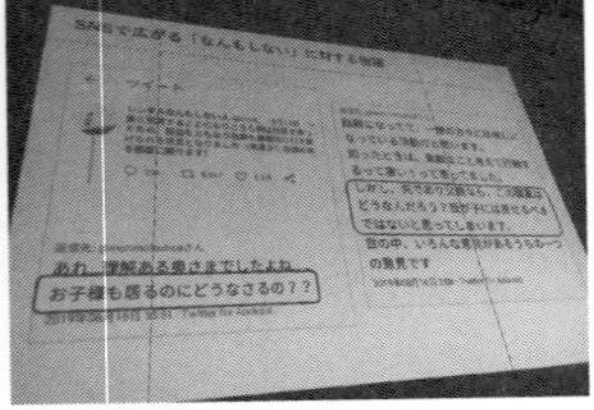

「しないをする」という矛盾をアウフヘーベンし、サルトルの実存主義に結び付けて論じてもらえた。

あと僕がたまに引用するニーチェの「精神の三段変化」もスライドにまとめてくれてた。老子の「無用の用」に結び付けた解釈も面白い。「形ある物に価値があるのは、形ない物がその役割を果たしているから」をなぞると「なんかする人に価値があるのは、なんもしない人がその役割を果たしているから」？

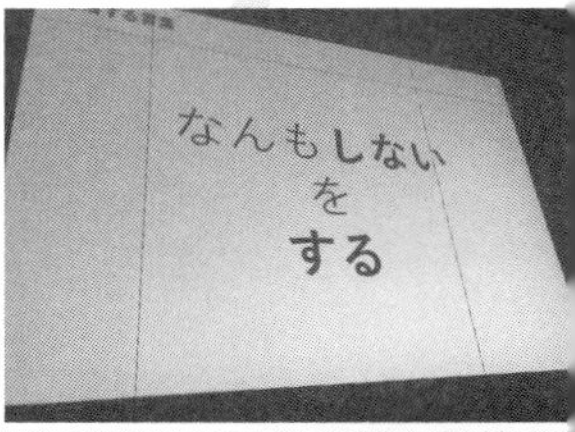

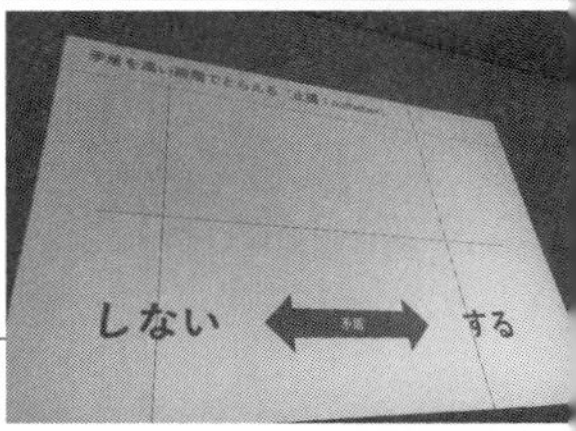

㋹

獄中の恋人に二通目書いてるところを見届けてます。「返事が来ない手紙って何書いていいか難しい」とのこと。いつも筆が進まず、ペンを吟味したりしてるうちに文房具に詳しくなってきたそう。

——昨日もらった交通費と謝礼。スーパーマンらしい。

【8月29日】 #プロポーズ、プロポーズ

昨日はコルク代表の佐渡島庸平さんと対談しました。別居のこととかも聞かれてたじろぎました。妻との馴れ初めを答えてる途中でマイクの電池が切

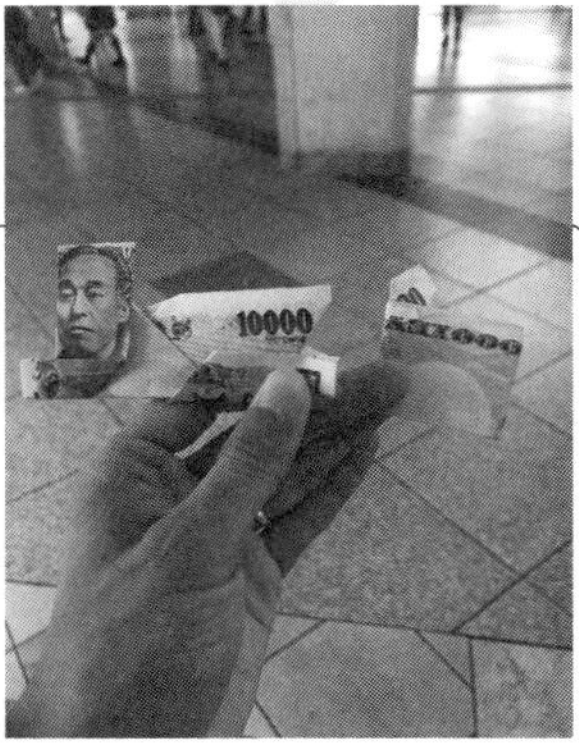

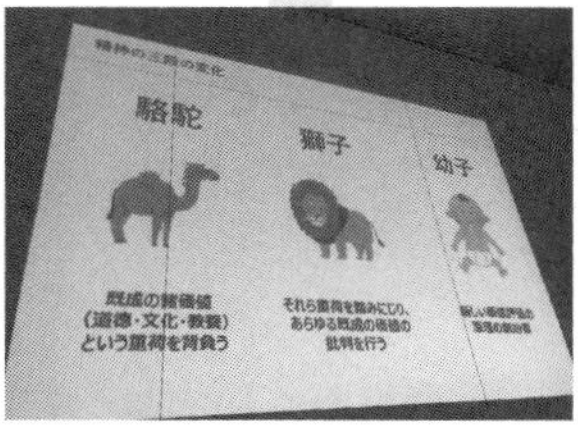

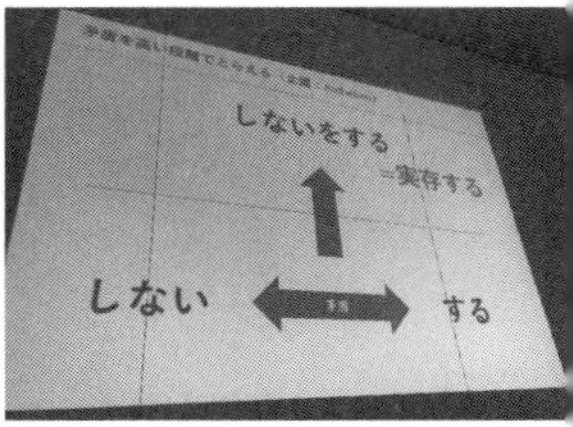

れて「プロポーズは、あれ、プロポーズ、プロポーズ」（別のマイク渡されて）「プロポーズ」とプロポーズでマイクチェックする感じになり恥ずかしかったです。

㋹

今日はＡＶの撮影現場に連れてかれてます。たぶんこれから使われるんだろうなというベッドに座って充電させてもらってます。続いてソフトオンデマンドに連れていかれています。

終わりました。今回とくに〝なんもしなかった感〟が強い。

エキストラの人から「精液の味」というレポートをもらった。食べたものと精液の味の関係をおよそ一〇〇人の精液を口に含んできた経験から考察したらしい。バリウムを飲んで間もない人の精液を口に含むのだけは絶対におすすめしないとのこと。

㋹

アンドロイドからレンタルされてます。立ったり歩いたりもします。目が乾きすぎたので中断して普通にあいみょん歌ってる。

再開した。「あと一〇分だけアンドロイドやります」「アンドロイドをや

モデル：SAORI

るってなんなんだって話ですが」と言ってて、自分もなんもしないをやってるのでシンパシーを覚えた。

大きなイベント出演の予定があり、アンドロイドの練習をしたいので付き合っていただきたいのです。友達や知人の前だとどうしても笑ってしまいますし、フラットな目線で見てもらえる人はなかなかいないので依頼したいです。

称賛もいらないですし、アドバイスもいらないので気がすむまでアンドロイドさせていただきたいです（ドライアイなので長時間とかではないです二〇分くらいとか）

こういう理由での練習相手を依頼されてました。知り合いに頼むとお互いに笑ってしまうだけになるそうです。ドライアイながらアンドロイドやってるのすごい。

【8月31日】 #組織の一員はなんかしないといけない

なんもしなくていいから組織の一員になってほしいという依頼は来たことないから、組織の一員はなんかしないといけないんだろうな。

㋹

宣伝ぽい依頼を受けると「最近宣伝臭くなってきた」、有名人の依頼を受けると「有名人ばかり引き受けてる」。多く食べる依頼は「結局食べたいだけか」、動きの多い依頼では「最近なんかしてる」などの反応がある。物事をフラットに見れず、自分の中の陳腐なストーリーに当てはめずにはいられない人が結構いる。

8　9月：良いなぁ～、その仕事楽しそうですね

【9月1日】　#ただ聞いてください

ただ聞いてください。
昨日今日と○○に行った。○○を観た後、隣にいた男性に声をかけられハイボールを奢ってもらった。その方のテントで呑みすごく酔った。男性はだんだんボディタッチが多くなりkiss and hug。私は35歳処女、処女を卒業するチャンス。……

「ただ聞いてください」という依頼。読ませる文章。
(https://twitter.com/morimotoshoji/status/1167960133692870656)

――フォロー数とフォロワー数に1から9までの数字が全部そろった。

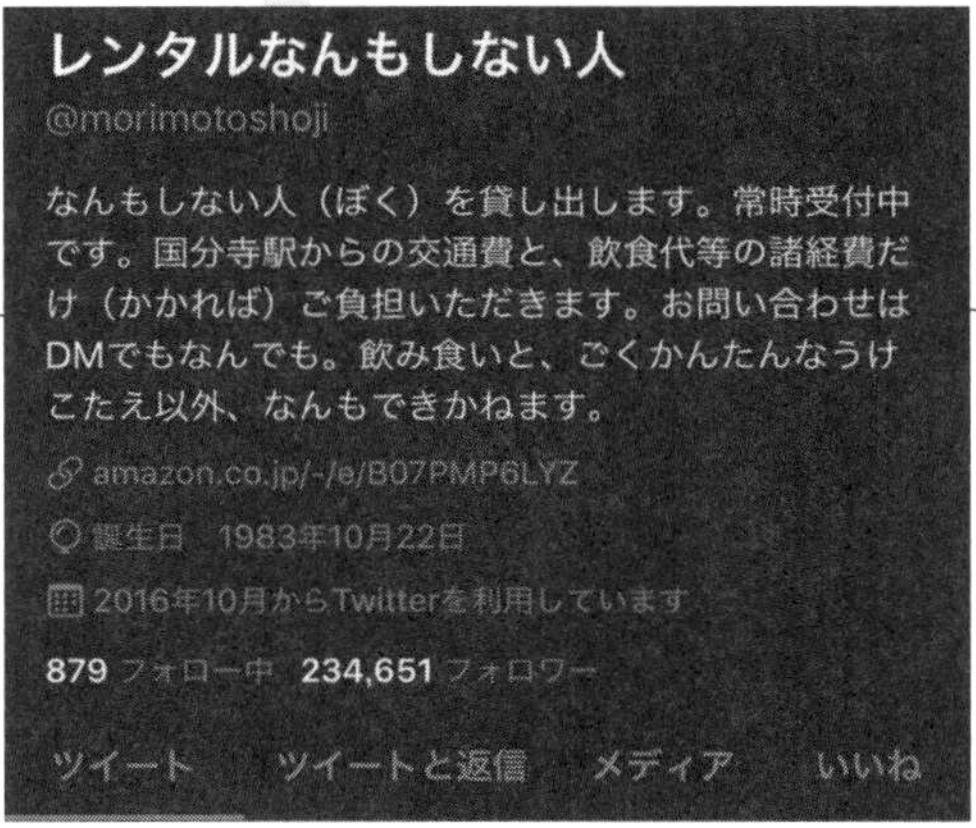
レンタルなんもしない人
@morimotoshoji
なんもしない人（ぼく）を貸し出します。常時受付中です。国分寺駅からの交通費と、飲食代等の諸経費だけ（かかれば）ご負担いただきます。お問い合わせはDMでもなんでも。飲み食いと、ごくかんたんなうけこたえ以外、なんもできかねます。
amazon.co.jp/-/e/B07PMP6LYZ
誕生日　1983年10月22日
2016年10月からTwitterを利用しています
879 フォロー中　234,651 フォロワー
ツイート　ツイートと返信　メディア　いいね

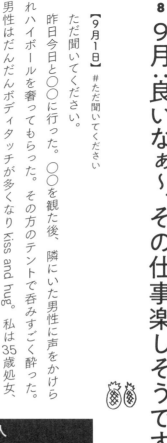

【9月2日】#ライセンス料とりますよ

真似する人が多すぎるのでライセンス料をとることにしました。特許とったほうがいいとか商標登録したほうがいいとか言われるけど、そんなめんどくさいことできるわけありません。専門家による「タダで代行しますよ」以外まったく無意味なアドバイスです。

Q「レンタルさん、スペックゼロどころか、大学院出てるし、超ハイスペックじゃないですか」

A 語弊があるのは確かですが一応弁解すると「レンタルなんもしない人」というサービスの提供においては何のスペックも発揮してない（つもり）ということです。

【9月3日】#ミーアキャットは帽子の上で立つか

動物と触れ合えるカフェに同行。店の人がミーアキャットをなぜか僕の帽子の上に立たせようとしてきたけど、僕は体幹が軟弱ですぐフラついてしまうので難儀してました。

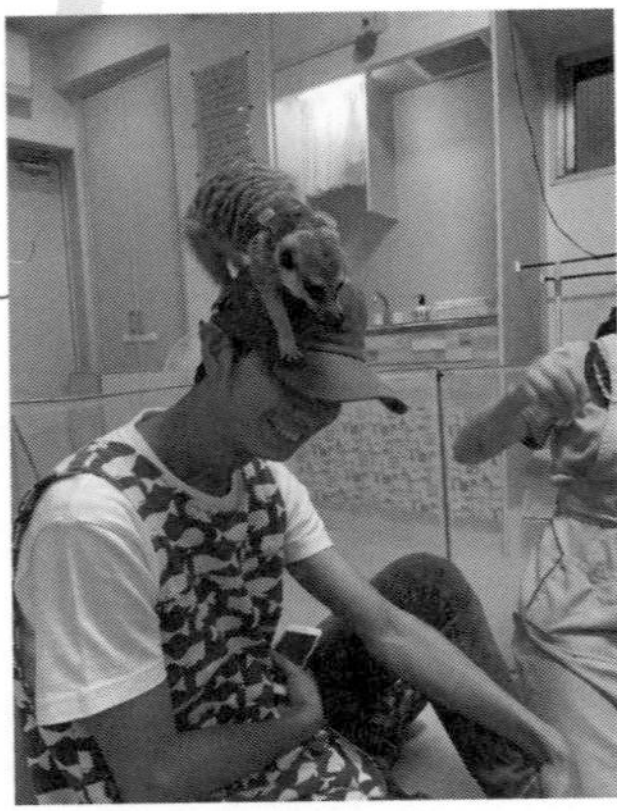

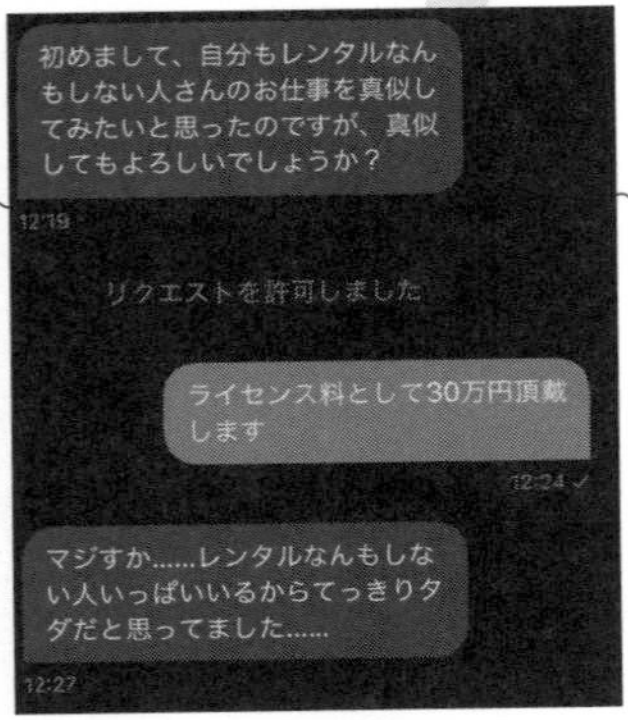
初めまして、自分もレンタルなんもしない人さんのお仕事を真似してみたいと思ったのですが、真似してもよろしいでしょうか？
12:19
リクエストを許可しました
ライセンス料として30万円頂戴します
12:24
マジすか……レンタルなんもしない人いっぱいいるからてっきりタダだと思ってました……
12:27

【9月4日】　#くさいかどうか教えてほしい

実際におならが出ているのか出ていないのか自分でも分からない時が多々あります。常に臭いのではないかという不安が頭から消えず不安で仕方ありません。家族や親しい友人からは「まったく臭くないよ」と何度も指摘されてきましたが信じることができませんでした。……

電車で横に座ったりカフェで真後ろに座ったりして、くさいかどうか教えてほしいとの依頼。おなら恐怖症という心身症を患ってて、人が周りにいる場では常に「くさいのではないか」と不安とのこと。緊張状態が必要なので家族や友人には頼めないらしい。感じたにおいをそのまま伝えたらスッキリ晴れ晴れしてた。

【9月5日】　#ぼったくりスナックの可能性

「ネットで調べても情報が無い居酒屋に同行してほしい」という依頼。食べログ等には掲載されておらず、マップにも表示されない、営業時間も住所も不明とのこと。依頼者がツイッター等で改めて念入りに調べてみたところ、ぼったくりスナックである可能性が浮上したため決行せず。でもまだ少し気になる。

♥惚気報告♥、続いてます。 ㋹

・彼女がマカロニという言葉が出てこなくて「あの…パスタのクイッとしたやつ…」と言っていてかわいいです。

・歯を磨いてる彼女の横で「しあわせになりたい…」と呟いたら、歯ブラシを差し出して前歯を私に磨かせてくれました。まったく意味わかんないけどかなり幸せになれました。

LINEで送られてきた彼女作のカプレーゼ(多分)
見慣れない配置と形ですが、なんとなくチーズに顔を描きたくなるかわいさがあります。
手前のほうの皿は汚れているのに妙に空いてるな…と思ったら、一列はすでに食べてしまったらしいです。食べかけかわいいです。

【9月6日】 #何もしないのも良し

ただただ英語で話すので聞いてるフリをしてほしいという依頼。元々は英語が母語だったが、ここ数年の日本語ばかり使う生活を経て英語に妙な苦手意識が生じ、その克服のために一度がっつり英語で話しまくりたいとのこと。僕は英語わからないので勘で相槌だけ打ってたが依頼者は何らか気付きを得たらしい。

「英語で話すと英語で生活してた頃の記憶が蘇る。言葉ひとつひとつにその頃感じた味や匂いや肌触りを感じる。英語から離れているとそういう過去の自分が感じてきたことがどんどん風化していく感覚がある」と話してたのが印象的だった。言われてみれば僕も関西弁に対してそういう感覚があるかもしれない。

㋹

今日は神宮球場に同行してます。めちゃくちゃ応援団席近いけどなんもしてない。さすがに国家斉唱のときは脱帽させられた。

昨年から家族揃って野球観戦に行くのを楽しんでいるのですが、子連れのためいつもバタバタしてゆっくり観戦できません。一度ゆっくり観戦をしてみたいのですが、野球観戦を付き合ってくれる友人もおらず、女一人でビールを飲みながら野球観戦は初心者には敷居が高いです。この日は夫が子どもたちを見てくれるので……

こういう理由での同行依頼でした。今日はゆっくりみれた上に勝てて満足してました。応援のとき僕だけ何もせずいたら台上の応援団の方が皆に向かって「野球の応援にはいろんな形があります！　こうやって声

を張り上げるのも良し！（クイっと僕のほうを向き）何もしないのも良し……」と言ってびっくりした。

帰りの電車の中で外国人女性が携帯取り出して電話かけようとしてたから、オイと思って画面をチラ見したら息子と思われるアイコン画像と「My Dear Hero」という登録名が表示されてるのが見えて看過を余儀なくされた（おそらく「もう着くわよ」的なことを伝えてすぐ切っていた）。

㋹

【9月7日】 #お金を払えば叶う時点で安い

今度人生で初めて風俗に行くことになり、終わった後にお茶をしていただきたいです。自分は女性で、女性がサービスしてくれる風俗へ行きます（いわゆるレズ風俗です）。前々から気になっていた関西のお店が東京出店し、良いタイミングだと思って利用することにしました。……

「人生初風俗体験のあとお茶してほしい」という依頼。一人で余韻に浸るよりも人に話して言語化しておきたいとのこと。利用したのはレズ風俗で、よほど良かったのか関連書籍を並べて強く勧められた（世間に向けて）。決して安くはないサービスだが「お金を払えば叶う時点で安い、ありがたい」と語ってた。

Q「レンタルさんも結局なんかしちゃってますよね」

A　そのへんの石とかも「空間を歪める」ということをしてるし、厳密な意味で何もしないことは存在しないことでしか達成できないです。

【9月9日】＃狭量がゆえの過ち

だいぶ前、Twitter Japan の社員からレンタルされて会社の中を少しだけ案内してもらったことがあるんですが、応接室の扉に「Norman Reedus 様」と貼ってあったり凄かった。Twitter に依存した活動をしてる身としては、ドラゴンボールの天界（神さまのいるところ）に来れた感がありずっと興奮してた。

㋹

DMで話をきいて相槌を打ってほしいという依頼。DMで話をきく依頼は返信不要なら可能としてるが今回は気が向いたので引き受けた。割愛するが夢の話だった。「日常の記憶が人より残らない」「その分夢のことをよく覚えている」とのことで多くの人が

過去の体験談をするのと同じ感覚で夢の話をしてるらしい。

たくさんの依頼を受け価値観の多様性を実感してるうちに漫才のツッコミが全部「狭量がゆえの過ち」にみえるようになってしまった。

㋹

【9月10日】 #人間だったことがあまりない

私はソリタリーを自認しています。人と関わることはまったくゼロにはできないので適度に行っていますが、一人でも苦にならないです。友達や気の合う人と少人数で会うことは好きですが、誰かに会うと、多かれ少なかれ満足感を提供しなければと頑張ってサービスするので疲れます。……

「会話が必要とされない人がそばにいるとき、自分はどんな感情や思いを抱くのか確かめたい」という依頼。ソリタリー（一人を好む性質）を自認してて、人と会うと疲れてしまうがなんもしない人相手だとどうか確認したいとのこと。ほぼ無言の一時間を過ごしたあと「私はとても楽しかったです」と満足げだった。

Q　「どれだけの長文が来てもきっちり一四〇字でまとめられるんですね……」
A　最初勤めた会社では編集部にいて「このスペースにこの内容を絶対に収めよ」を毎日遂行し、こんなくだらないことやってられるかよと思ってたんですが、最近のツイッター活動のなかで「このためだったのか」と悟りました。

人の過去世が見えるという占い師が言うには、僕は「人間だったことがあまりない」「植物や鉱物の類いだったことが多い」そうです。

㋹

集合場所に着いたけど依頼主のアカウントが消えててなんもできない。幻の現場、ミスタードーナツ三軒茶屋ショップにいるので、急遽依頼したいことがある人はお声がけください。

㋹

レンタルの現場であるミスドに着いたけど依頼主が現れず、アカウントも消えてて途方に暮れていたらアンドロイドが駆けつけてくれた。未来感あった。そのままミスドでアンドロイドとさつまいもドを食べた。

SoftBank 4G
12:55
48%
mobile.twitter.com
プロフィール
このアカウントは存在しません
キーワードを変えて検索してみてください。

アンドロイドのSAORIさん、一度マジのアンドロイドパフォーマンスを見たあとだと、普通にカラオケ歌ったりドーナツ食べながら愚痴ったりしてるだけでいちいち「人間だ……」ってなって面白いから強いな。
「愚痴っぽい話、嫌いなんですよね。でもいま自分が愚痴を言ってしまっている……」と話してたのがとくに人間っぽかったし、自分の中に芽生えつつある人間味に戸惑うアンドロイドっぽくもあった。

ホラー映画の鑑賞に同行しました。映画同行依頼は事情によっては引き受けています。ホラー関連の需要はまあまあ多いです。

【9月11日】 #ラストダンジョン
塩田千春展に同行。ラストダンジョン感が凄い。

【9月13日】 #焼肉で除霊
焼肉食べ放題同行依頼。ただ目の前の肉を愛でて育てて食べる行為に、過干渉しない他者を同席させることで自分の整理につなげたいとのこと（ひとり焼肉は自分と向き合い

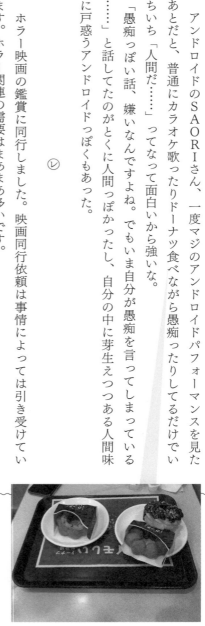

すぎて逆に疲れたらしい）。依頼者は黙々と肉を焼き、僕は渡されたゲーム動画を見ながら黙々と食べた。除霊されたみたいだと満足してた。

【9月14日】＃前世三〇〇〇年

「ミスコンの宣材写真を撮るため自撮りしたいが一人で自撮りするのは気が引けるので付近にいてほしい」という依頼。レンタルなんもしない人も写り込んでるが大丈夫か。

㋹

コピーライターの長谷川哲士さんと対談したとき僕が広告コピーの嫌いなところ（なんかうまいこと言ったった感が鼻につく等）を伝えたら「ダジャレでも何でも、見た人をイラッとさせたなら一つの達成です。広告は基本無視されるものなんで」と言ってて、なるほどな、すごいな、絶対やりたくないなと思った。

㋹

「美味しいものを食べるとつい満面の笑みで『嬉しい！』『美味しい！』と反射的にリアクションしてしまい、お店で一人で美味しいものを食べるのは人目を気にして勇気が

いるので同席してほしい」という依頼。写真は撮りそこねたがたしかに物凄い満面の笑みでモンブラン食べてた。

㋹

突然「福を散らしたいので」とギフト券を渡された。いいことが続くとくじ運が下がり当てたいチケットが当たらなくなる気がするので、福を分散させて帳尻を合わせたいとのこと。知人相手だと気を使わせるし、知らない人相手だと怪しさで不安にさせそうなので〝依頼〟という形を利用したという。ラッキーだった。

㋹

自分の中にいる前世の人格のために失恋ソングを歌うのをきいてほしいという依頼。依頼者の前世は三〇〇〇年あり、そのうちの一人、三〇〇〇年前の修道女が先日初恋をするも報われず失恋状態に。以降は失恋ソングばかりきく日々で、この無念は失恋ソングを人前で歌わないと晴れそうにないとのこと。

難しいが要約するとキネシオロジーというセッションを受けてから度々前世が現れる体質になり、勝手に恋して失恋せざるを得ない状況になったという。鬼束ちひろの「流星群」をリクエストしたらピンときてて「貴方が触れない私なら無いのと同じだから」

の歌詞について「言いたかったことだそうです」と話してた。
(https://twitter.com/morimotoshoji/status/1172887966613590016)

【9月15日】 #フットワーク軽すぎる

今日は朝から朝活同行依頼で東京大神宮に行き、たまたまやってた知らない人の結婚式を眺め、縁結びくじを引き、依頼者の恋愛遍歴を聞き流したあと東北新幹線やまびこに乗ってます。

㋹

フットワーク軽すぎるだろ。

㋹

レンタルなんもしない人の利用の理想形です。

㋹

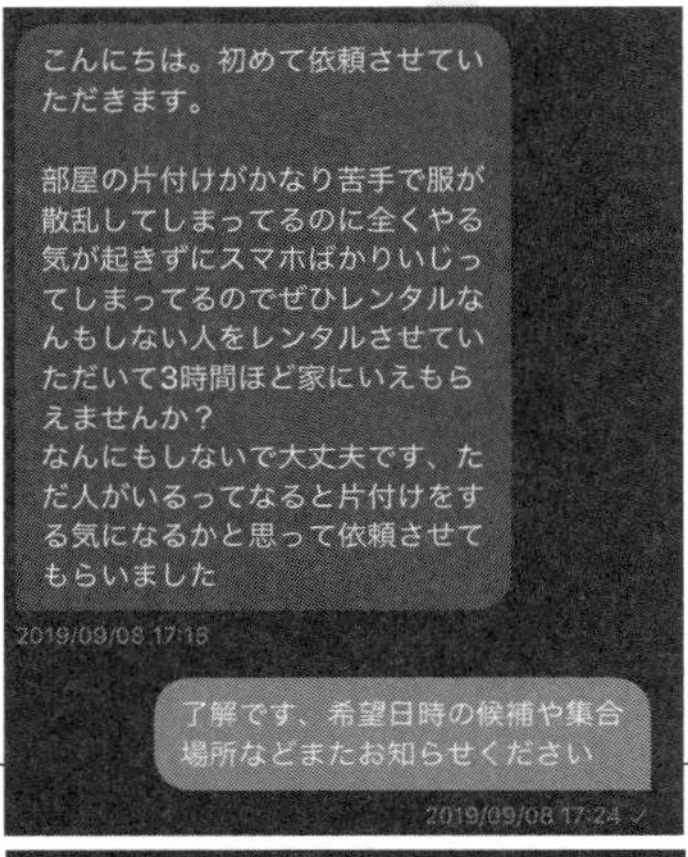
こんにちは。初めて依頼させていただきます。
部屋の片付けがかなり苦手で服が散乱してしまってるのに全くやる気が起きずにスマホばかりいじってしまってるのでぜひレンタルなんもしない人をレンタルさせていただいて3時間ほど家にいえもらえませんか？
なんにもしないで大丈夫です、ただ人がいるってなると片付けをする気になるかと思って依頼させてもらいました
2019/09/08 17:18
了解です、希望日時の候補や集合場所などまたお知らせください
2019/09/08 17:24

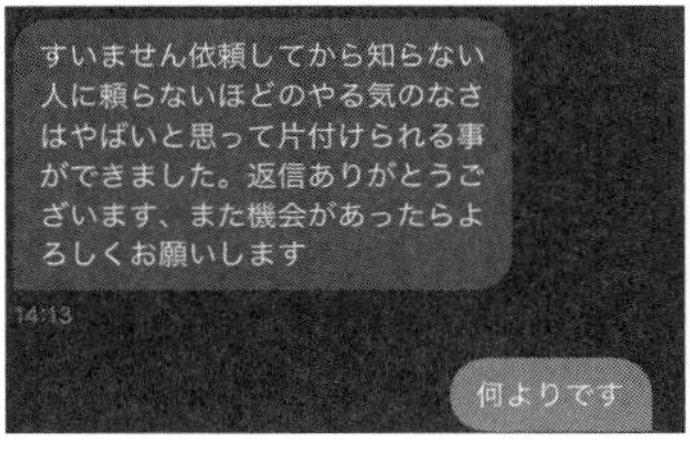
すいません依頼してから知らない人に頼らないほどのやる気のなさはやばいと思って片付けられる事ができました。返信ありがとうございます、また機会があったらよろしくお願いします
14:13
何よりです

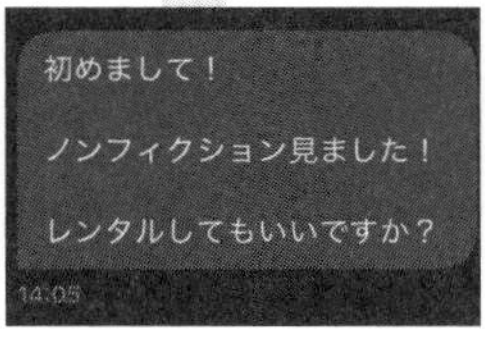
初めまして！
ノンフィクション見ました！
レンタルしてもいいですか？
14:05

東京大神

今日はシャングリ・ラ ホテル東京での宿泊依頼です。

【9月16日】 #利用規約、改定します

心理カウンセラーから「たまには何も考えないで頭に浮かんだことを言ってみたい」という依頼でレンタルされました。

生活費や養育費をもっと家庭に入れろという声が多いので（もちろん今もある分は入れてますが）、利用料とることにします。すでに引き受けた依頼については大丈夫です。これから成立した依頼については一件につき一万円でお受けします。のちほどプロフィール修正し詳細追記します。

［利用規約：改定］
「レンタルなんもしない人」というサービスをしています。一人で入りにくい店、ゲームの人数あわせ、花見の場所とりなど、ただ一人分の人間の存在だけが必要なシーンでご利用ください。
一万円と国分寺駅からの交通費と飲食代だけ（かかれば）もらいます。ごく簡単な

うけこたえ以外なんもできかねます。

Q　「料金がかかる分、サービスの質は良くなるのですか？」

A　利用料とってからも従来とまったく同様になんもしません。真剣さや質なども一切増しません。DMだけで済むものも一万円頂戴します。惚気報告など前々からの依頼ですでに引き受けているものには今回の料金は適用されません。振込、後払いです。

レンタルなんもしない「人」なのでいろんな揺らぎを含みますし整合性などもありません。

【9月17日】 #築地から沖縄まで

今日は朝から築地のタピオカドリンクを奢られ、国立がん研究センターの外来に同行し、待合室でとくに何もしなかったあと羽田空港に来ました。㋹

沖縄に来た。ＯＫＩＣＡを購入（Suica 使えなかった）。

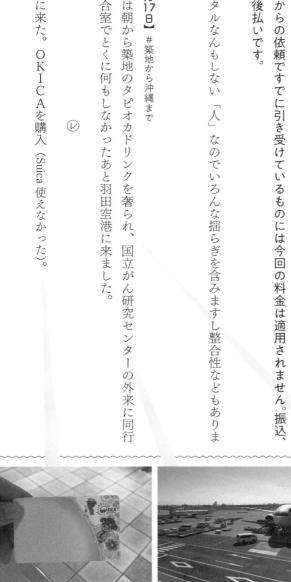

依頼者宅で生姜焼きをもらってる。依頼者は出かけた。
映画見てオリオンビール飲んでレモンケーキ食べてます。沖縄らしさが出てきました。

【9月18日】 #パイナップルが安い

「人と話をして頭の整理をしながら自分のセクシャリティを見つめ直したい」という依頼。LGBT以外のなんらかのセクシャルマイノリティなのかなと思う節があるものの、ピンとくるものはなく、人に説明もできず困っていた模様。結局わからないままだったが、わからないこと自体へのもやもやは多少晴れていた。

(https://twitter.com/morimotoshoji/status/1174203181166936067)

まだ沖縄です。水道局に水道代払いにいくのに同行。止められる寸前だったそうです。

国際通りに来ました。パイナップルが安い。ゴンチャが全然並んでない。

子供をもつのに向いてないことが子供をもってから判明した人に対して、そのことについての非難に終始する言葉ばかりが溢れ、養育家庭などの制度を持ち出して建設的に助言をする人が見当たらないの恐怖だな。
犯罪や不倫や育児放棄といったインモラルなことは「ちゃんとしてること」しかアイデンティティにできない人たちにとって美味しい餌みたいなもので、めちゃくちゃ群がって食い散らかされるんだろうな。

——僕の親はとてもちゃんとしてましたがこんな子が育ちました。

【9月20日】　＃毎日食事を作るのは面倒なのか

沖縄楽しかった。駆け込みで沖縄そば食べてます。
「毎日食事をふるまわせてほしい」という依頼で沖縄へ。人に毎日食事をふるまうのは面倒だと聞くが、自分には経験がないので自分にとってそれが面倒なのか知りたいとのこと。一日ではわからないので二泊三日滞在。何らかの手ごたえと気付きを得た模様。写真はいずれも食べかけで撮ってしまい申し訳なかった。

【9月22日】　＃あんま面白くないし

今日は断捨離を見守ってます。一人じゃ全然とりかかれないとのことです。スプ

レー缶を捨てるのが二度とスプレー買いたくなくなるくらい大変だったそうです。好きなアーティストの関連商品をよく買うけど、買っただけで満足しがちだそうで「買ったけどまだ見てないＤＶＤを垂れ流す」というのもやってます。

遺書が出てきた。四年前に死のうと思って書いたらしい。一回読み上げたあと「あんま面白くないし」と言って捨てた。

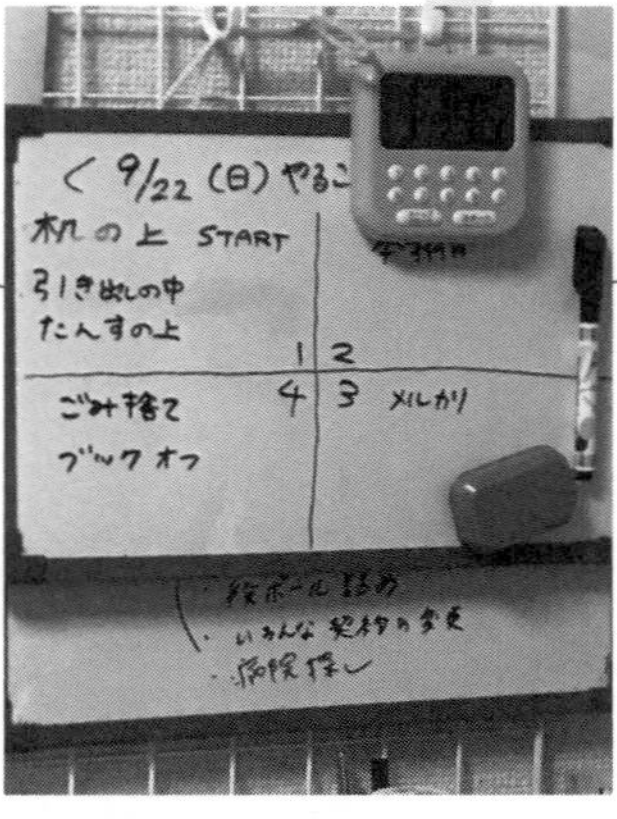

【9月23日】 #いいものが買えました

料金を設定してから依頼の量は当然減ったのですが「なんもしない範囲であればある程度なんでも引き受ける」ということができるくらいにまで落ち着いたので良かったです（最近は断りたくないものまで断らざるを得ないことが多かったので）。

㋹

日本人男性と久しぶりに会話してみたいという依頼。依頼者はカナダ在住の日本人女性。普段は日本人男性と心置きなく会話する機会がなく、今それをするとどんな感じになるか知りたいとのこと。学生時代の男友達と久々に再会したような感覚を得たそうです。「選りすぐりのカナダ土産」はカナダドルでした。

「アダルトショップでアダルトグッズを買うのに付き添ってほしい」という依頼。通販で購入してもサイズがなかなか合わず、かといって実店舗は一人では入れないとのこと。依頼文には〝彼氏風な感じで〟とあったがスルーして引き受けた。「いいものが買えました」と満足してた。㋹

人生相談に対して冷たく突っぱねたら一万円もらった。㋹

【9月24日】　#人をレンタルする発想になりがち

飲食店で同席してほしいという依頼。公共の場で第三者の個人的な会話をきくのが苦痛で、耳栓やイヤホンでしのいでいるが、それは一人でいるから気にしすぎてしまうのか、同席者がいれば平気なのか検証したいとのこと。この日入った居酒屋では平気そうだった。カフェが難関らしいので追加検証が必要そう［続きは10月16日へ］。

しりません
14:48
ご返信いただけて、有難いです。
自分の中で何かスカッとしました。
依頼料のアマギフ受け取ってください。
15:22
何よりです

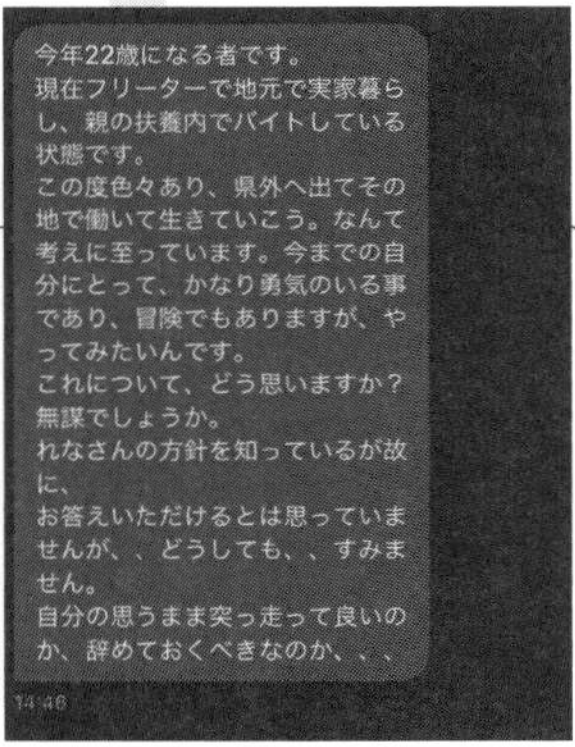
今年22歳になる者です。

現在フリーターで地元で実家暮らし、親の扶養内でバイトしている状態です。

この度色々あり、県外へ出てその地で働いて生きていこう。なんて考えに至っています。今までの自分にとって、かなり勇気のいる事であり、冒険でもありますが、やってみたいんです。

これについて、どう思いますか？

無謀でしょうか。

れなさんの方針を知っているが故に、
お答えいただけるとは思っていませんが、、どうしても、、すみません。

自分の思うまま突っ走って良いのか、辞めておくべきなのか、、、
14:46

㋹

メンタルなんにんもいる人ことharuさんの自宅に来た。理数系に強い人格、悟くんに出してた「ハイゼンベルクの不確定性原理を説明して」という宿題、めちゃくちゃしっかりこなされてる。その後、一六歳女子の人格、結衣ちゃんから嵐を布教されてる。泊めてもらった。朝の支度中うっすら嵐が流れてる。日をまたいでの布教。朝から嵐のDVDを見せられ語られてる。「結衣ちゃんうるさいので僕が」って灯真くんが出てきて説明してくれてる。「ここ結衣ちゃんの好きなところです」。

続いてホラーゲームを見守ってる。人がいないとできないらしい。「あと、人がいると実況ができるんですよね」と利点を挙げてる最中に殺されてしまった。

部屋に入ったとき「本日の話題」が掲げられていた。「ケーキが二個あったとき三人の子供で平等にするにはどういう方法になるか」という問題を出され「ケーキを半分ずつに切り、もう一人呼んできて四人で分ける」と答えた。何事にも人をレンタルする発想になりがちになってる。

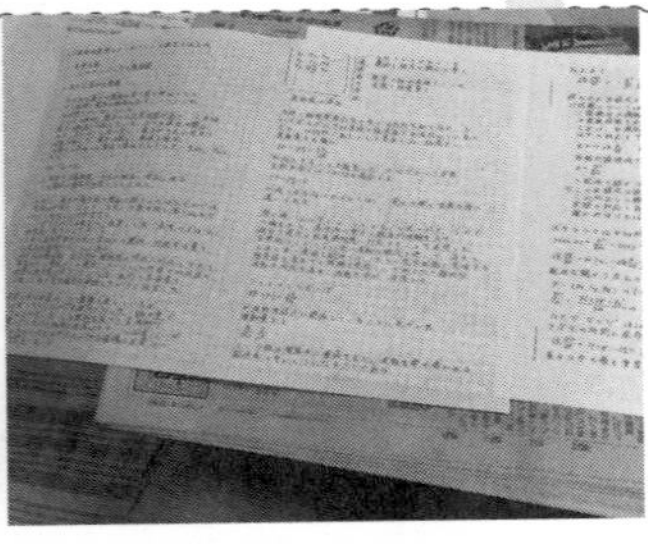

【9月25日】 #不穏な間違いメール

不穏な間違いメールだな。

㋹

いわゆる面白い依頼はこの一年強で十分満足しきった感あるので、全然面白くない依頼も歓迎です。

㋹

今日はホストクラブに同行してます。ヴィトンのシャンパンが入った。めちゃくちゃ高いらしい。

㋹

【9月26日】 #賞味期限30秒

今年の五月頭に、勤めていた会社を退職しました。理由は度重なる、公休日や労働時間外の社長からの連絡でうつ病と医師に診断されたことが原因です。証拠書類を持って、江東労働基準監督署に相談に行きたいのですが、うまく説明できるか、など不安になってしまい、なかなか行けずにいます。

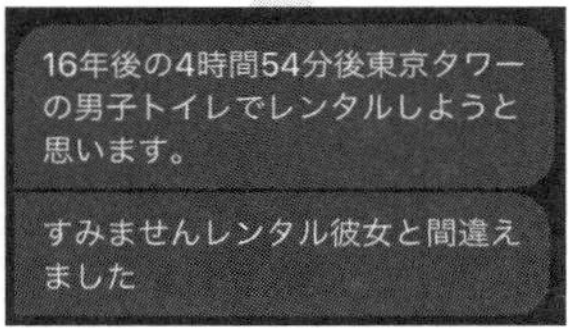
16年後の4時間54分後東京タワーの男子トイレでレンタルしようと思います。
すみませんレンタル彼女と間違えました

駅から労働基準監督署まで一緒に歩いてほしいという依頼。証拠書類を持って相談に行きたいが、ちゃんと説明できるかなど不安になり一人で行くには気が重く、かといって近しい人に頼むのも気が引けるため依頼に至ったそうです。中までは同行しなくても、行くきっかけという意味で効果があったそうです。

ⓡ

りぼんの新コーナー「フシギお仕事ずかん」の初回ゲストとして呼ばれました。発売中の10月号に掲載されています。りぼんの読者層とその保護者層にどう受け取られるか心配で楽しみです。

ⓡ

一人で入りづらい喫茶店に同行してほしいという依頼。何年も気になってるが入りづらいとのこと。たしかに入り口が小さく店内は暗かった。この日はカフェラテとエスプレッソゼリーを注文。いずれもおいしかった。エスプレッソゼリーは「賞味期限三〇秒」とあり、焦って急いで撮った写真しか残せなかった。

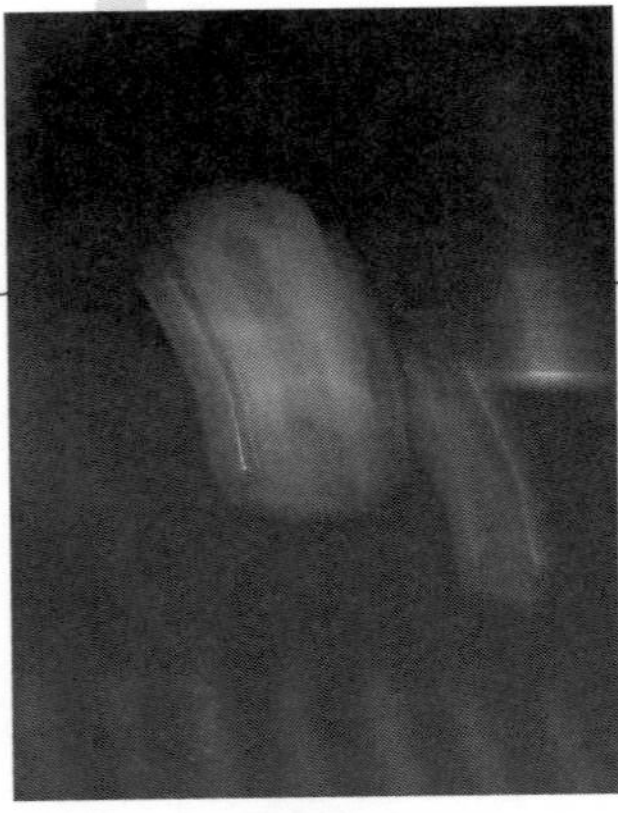

【9月27日】 #伝える練習&ヘルプマーク

今日は朝からピアノの練習を見守っています。意欲向上と、人前での演奏に慣れることを目的とした利用のようです。「寝ててもいい」という条件が魅力的な案件です。

㋹

我が家には五歳と二歳の女の子がいます。次女に障害がある事がわかり、その事を知人などに伝える練習をしています。

なかなかうまく伝えられないので、話を聞いていて欲しいです。うまく伝えるというのは、娘の事をたくさん知ってほしいという気持ちが大きいです。……

「次女に障害があることがわかり、そのことを知人などに伝える練習がしたい」という依頼。次女の障害(自閉症)について周囲に知っといてもらいたいがうまく伝わらず、じゃあ伝える練習しようと思ったとき、まだ知らない人の中で今後の付き合いを考えなくて済むなんもしない人に頼もうとなったそうです。

ついでに「かばんにヘルプマークをつけて外出するのに同行してほしい」という依頼も発生した。ヘルプマークとは「外見からは分からないが援助が必要であること」を示すマークのこと。やや抵抗があり使ったことなかったそうです。

ツイッターに載るのは、オープンにしてOKなもの、部分的にでもオープンにして大丈夫なものに偏ってはいると思います。めちゃくちゃプライベートで一切口外できない依頼も変わらず引き受けています。

㋹

【9月28日】 #私は〇〇が好きです

♥惚気報告♥、続いてます。惚気報告はごく一部を抜粋してます。

・彼女は普段ほとんど化粧しないのですが、来月ともだちの結婚式に招待されたため私のいない時に化粧の練習してるようでかわいいです。こっそり練習していたのに、使った化粧落としを元に戻すのを忘れて私にバレてしまう彼女が愛おしいです。

・キムチ鍋のために私が買ってきた小結しらたきが気に入らなかったらしく、鍋に入れる前にせっせとほどいていて可愛かったです。

・彼女はなぜかリコピンに厚い信頼を寄せており、そんなに好きでもないトマトを熱心に食べていてかわいいです。

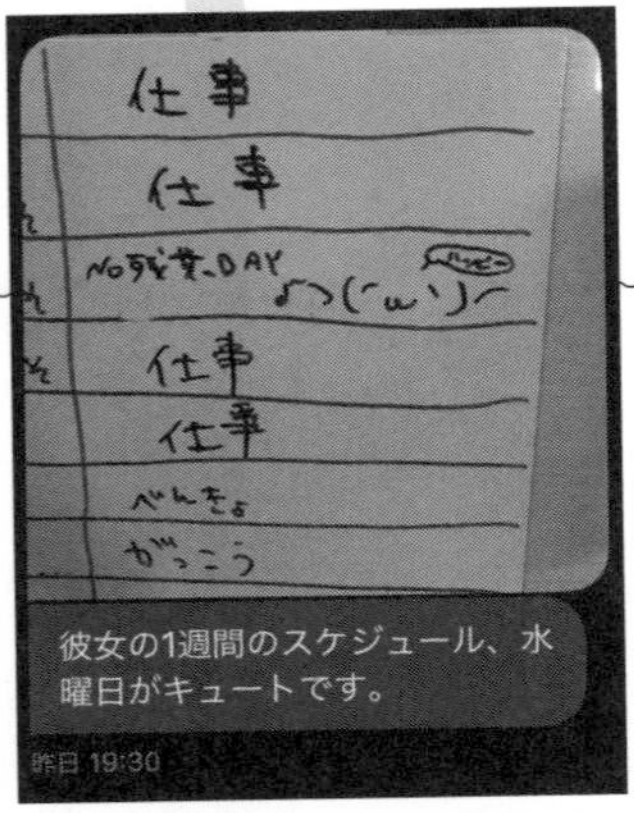
仕事
仕事
仕事
仕事
べんきょ
がっこう
彼女の1週間のスケジュール、水曜日がキュートです。
昨日 19:30

今日はマニアフェスタというイベントでカラーコーンの後ろに座っています。カラーコーンシール占いをやらせてもらった。カラーコーンから啓示を得た。

コミティアや文学フリマはなんとなくサークル間で作品の優劣を気にしたり、競争意識が働いたりする部分ありそうな一方、マニアフェスタは「私は○○が好きです」をひたすら発信してるだけなので完全に平和な空間が完成していた。廃校になった学校の体育館でやってたのでひたすら暑かった。

――レンタルされたことないのに三回会ったことがある人がいる。

【9月29日】 #クラゲからの昼寝

今日はすみだ水族館でクラゲを見たり、大きい水槽を眺めながら昼寝したりするのに同行しました。

【9月30日】 #その仕事楽しそうですね

今日は朝から巣鴨のラーメン屋に並びました。ミシュランに載ったということで外国からの観光客が多かったです。並びながら依頼者とひたすらハンターハンター

の話をして楽しかったです。
開店前に整理券もらって開店まで時間をつぶす必要があり漫画喫茶いったけど、結局ほぼハンターハンターしか読んでない。ハンターハンターが面白すぎて別の漫画を開拓しようという気が起きない。

——めっちゃ素朴な感想が届いて癒されたな。

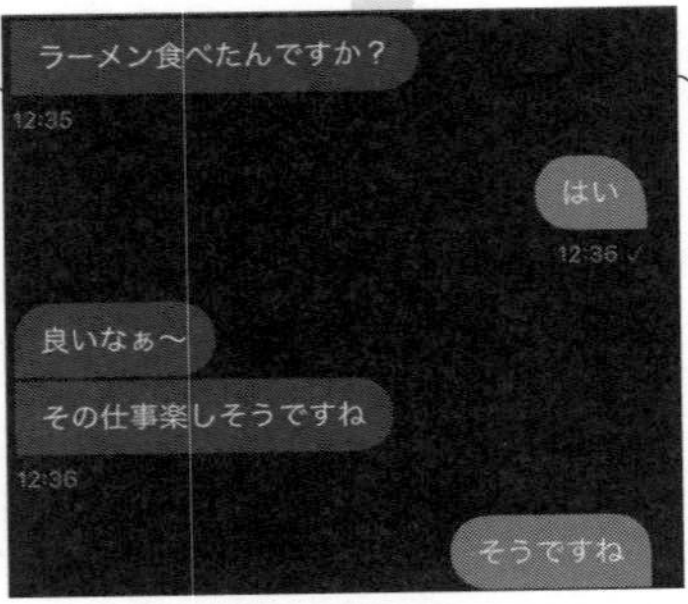
ラーメン食べたんですか？
12:35
はい
12:36
良いなぁ～
その仕事楽しそうですね
12:36
そうですね

9
10月：わんこそば一〇〇杯達成の夢があるが一人だと虚しいので……

【10月1日】　#最悪の結末

アイドルのライブに同行してほしいという依頼。学生期間がもうすぐ終わるということもありいろんなライブのチケットを二枚ずつ取ったものの、アイドルのライブは同行者が見つかりづらく、結局人間をレンタルせざるを得なくなったそうです。一人だとこういう開場前から開演までの時間がキツいらしい。

㋹

「幸せな家庭を築きたい」って願望、素朴でささやかな感じに聞こえるけど、自分の願望に特定の他人を巻き込んでる時点でめちゃくちゃ傲慢な気もする。

㋹

高橋ユキさんの『つけびの村』に、高橋さんがレンタルなんもしない人を利用したときの様子が記されています。堅実なジャーナリズムに貢献できた感があり、自分の本よりもこっちを誇っていきたい。

㋹

「本を一冊もらってほしい」という依頼。読書に最適化されてそうなカフェに案内されたあと解散し、一人でワッフルとレモネードを頂きながら本読んでます（読まなくてもいいらしい）。本の内容がかなりタイムリーなのは偶然です。

㋹

自分が棒高跳びをやってるところを想像すると、想像するたびにいろんなバリエーションで最悪の結末になる。

【10月3日】 #超吉

昨日は居酒屋にたまに置いてあるこれをやるのに付き合った。大吉が出て喜んでたら依頼者は〝超吉〟を出した。これ、作ってる人いま世界に一人しかいないらしく、

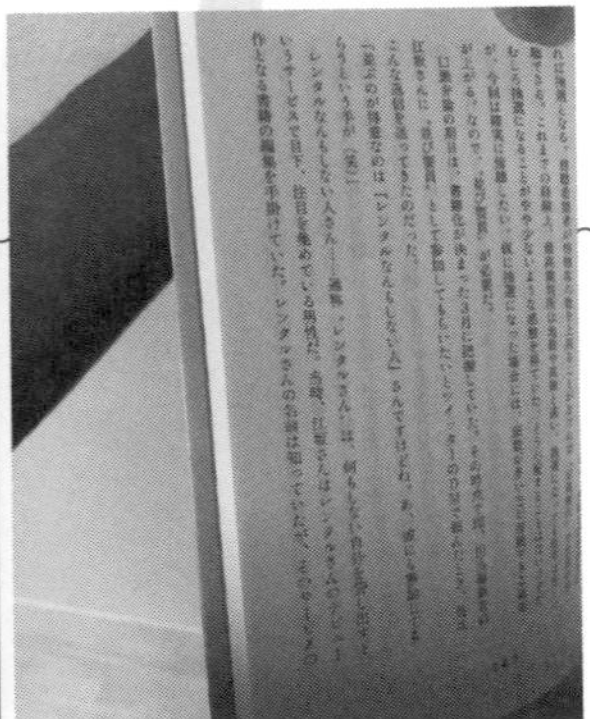

もしその人が作れなくなったら絶滅するかもしれないそうです。

㋹

「世界中で私のことを知っている誰とも会いたくないけどアフタヌーンティーはしたい」という依頼。

【10月4日】 #は・か・た・の!?

カフェに呼ばれてなんもしてません。清潔で充電ができるので一〇〇点です。目の前に置いてある金庫、トイレとかで離席するとき財布入れる用かと思ってたら、「スマホさわっちゃって読書や考え事に集中できない人のためのスマホ金庫」とのことだった。入れてみたけど四分で取り出してしまった。

㋹

ただ今〇歳児を子育て中の者です。

夫は勤務の都合上、朝仕事に出かけたら翌朝まで帰ってきません。なので夫が仕事の日は誰とも会話ができず、一方的に赤子に話しかけておりま

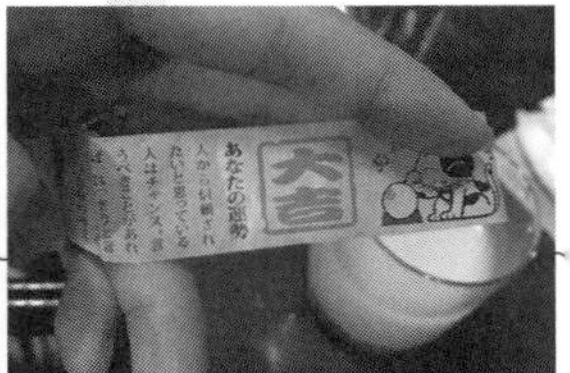

す。それはそれで幸せなのですが、レスポンスが欲しいこともあり。……

「は・か・た・の!?」と送ったら「しお！」と返してほしいという依頼。人からのレスポンスがほしいとのこと。わりと続いてる。

――なお今から依頼者じゃない人が送ってきてもシビアな返信しかしません。

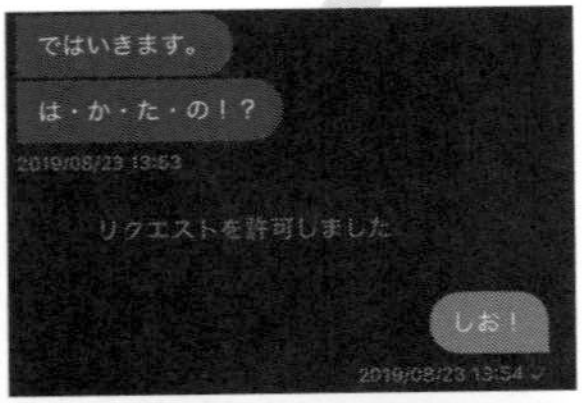

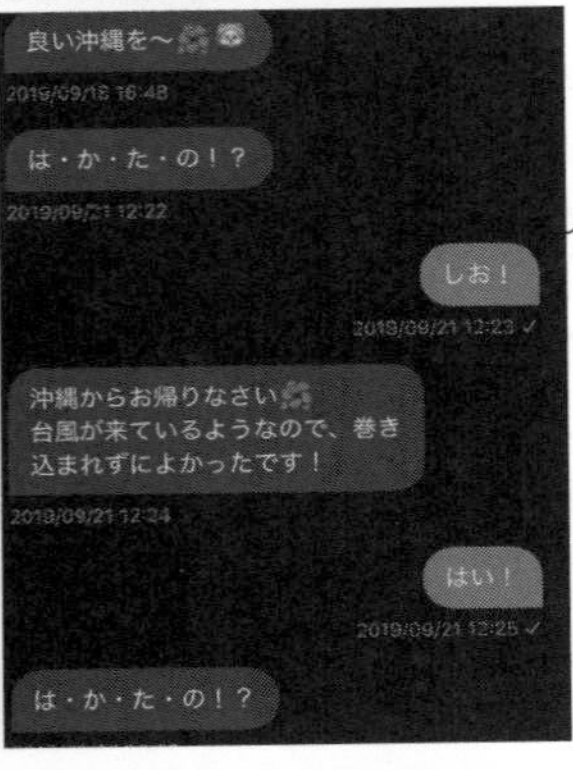

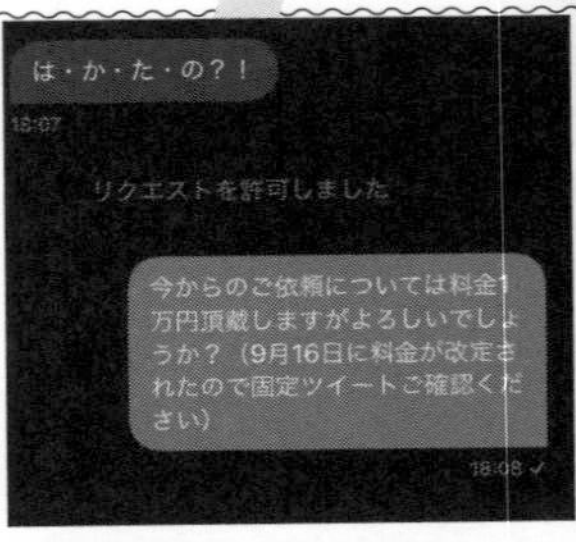

【10月6日】 #沖縄欠点ない

こないだ沖縄に行ったとき依頼者が「沖縄って避暑地なんですよ」と言ってて、そんなばかなと思って調べたらたしかに三二度を超える日があまりなく東京より涼しい。もちろん冬は沖縄のほうが暖かいし、あと家賃とかも安いし、街は混雑しないし、テレビや娯楽施設の充実度さえ気にしなければ沖縄欠点ない。

㋹

初めまして。私は好きな異性が同時に複数人いて、今回自身の気持ちの整理をするのにお付き合いいただきたく、ご連絡させていただきました。

「一途」というような言葉がある通り、一般的には一人の人を好きであるべきという考えが多いかと思いますが、どうしても私にはそれができません。この人なら汚いところとか情けないところ全部受け入れられる、というぐらい深く入れ込む人が二名以上います。……

自分の気持ちを整理したいので同席してほしいという依頼。好きな異性が複数人いていずれにも真剣に入れ込んでるが、本当にこれでいいのかと悩んでるとのこと。周囲に話すと一般的な倫理観による決め付けを受けるので自分一人で整理したいが、やはり口に出したほうが効果的だと思い依頼に至ったそうです。

㋹

今日は新宿歌舞伎町、ファンシーな内装のスナックに来てます。きゃりーぱみゅぱみゅが永遠に流れてる素晴らしい空間です。

【10月7日】＃凱旋門賞的中

凱旋門賞的中させられた。

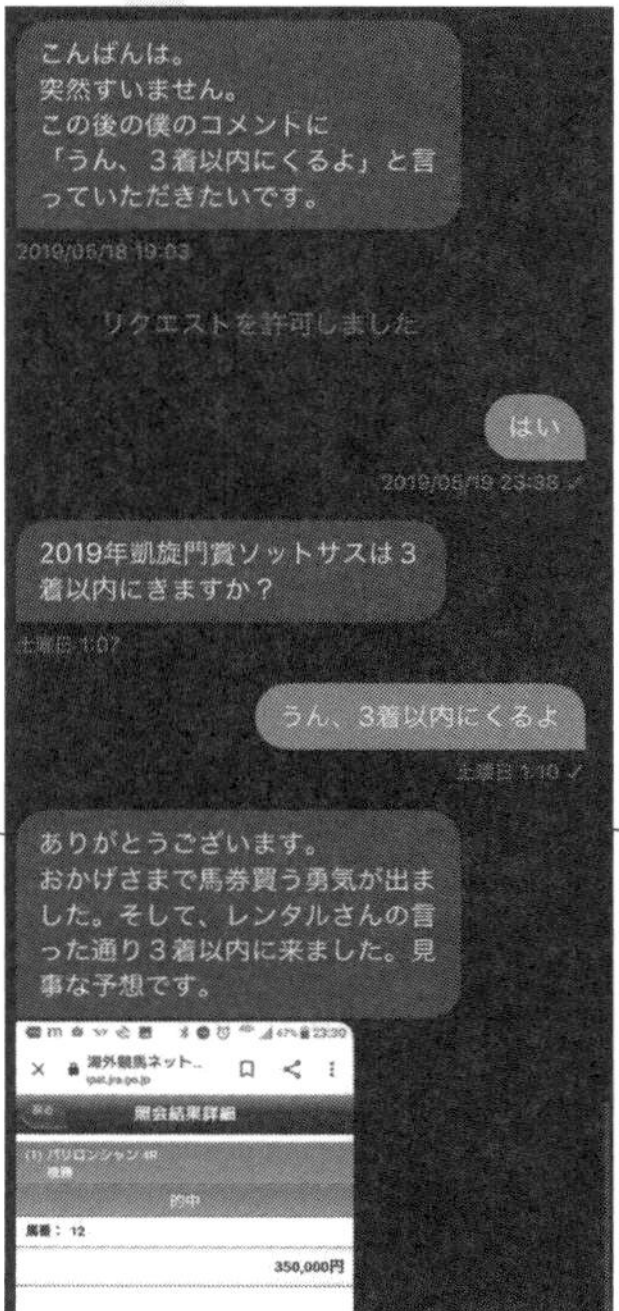
こんばんは。
突然すいません。
この後の僕のコメントに
「うん、３着以内にくるよ」と言っていただきたいです。
2019/06/18 19:03
リクエストを許可しました
はい
2019/06/19 23:38
2019年凱旋門賞ソットサスは３着以内にきますか？
うん、3着以内にくるよ
ありがとうございます。
おかげさまで馬券買う勇気が出ました。そして、レンタルさんの言った通り３着以内に来ました。見事な予想です。
的中
350,000円

ROSE

執事喫茶へのご帰宅に付き合ってほしいという依頼で執事喫茶スワロウテイルへ。普段は一人だが、独特な空間なので人を連れてく感じも試したいとのこと。火傷してはいけないので紅茶は必ず執事に注がせる、手洗いへの行き帰りも執事にエスコートさせるなど独特な文化があり楽しかった。

Ⓛ

出生数の低下についてのニュースを見て、子供のいる人に対する世間の当たりの強さを浴びた身としては岡田監督（阪神）ばりの「そらそうよ」が出る。

Ⓛ

【10月8日】 #ぐちゃぐちゃにかき混ぜた

たまに待ち合わせに使う東新宿のスクウェアエニックスの地下部分、たしかになんとなくスクウェアのロープレっぽい不吉な静寂があって良い。

Ⓛ

メイドカフェに同行。〝あいちゅ抹茶ラテ〟に似顔絵を描いてもらい、一緒に〝萌え萌え〟を注入させられた後ぐちゃぐちゃにかき混ぜた。

――キャンセル料かかりませんので、台風心配とかありましたらお気軽にキャンセル or 延期などお申し付けください。

【10月9日】 #森本さ〜ん！

今朝電車で電話番号きかれて教えた（ガラケーだけど依頼したいらしい）。

Ⓛ

銀座を一緒に散歩してほしいという依頼。まったく人見知りしないそうで「知らない人で自分に興味のない人でも普通に話せるかふと気になった」とのこと。森本さ〜ん！と発声しながら現れ、高速の入り口に「高速の入り口だ！」と叫ぶ、突然棒の上を歩く、鳩を追うなど人見知りしないという以上のパワーを感じた。

先日は私の依頼を引き受けて下さり、ありがとうございました。

以前ホームレスの方に話しかけられ、四、五〇分程話していたのですが、次第に相手が自分に興味を持ち始めた事を感じました。レンタルさんには終始その様子がなく、非

常に楽しかったです。ねずみもち、あれは良い植物です。たぶん。では。……

「人に興味を持たない」という性質が価値を帯びた稀有な例。

㋹

人と会食する事が苦手で、友達や職場の人との会食の場面でどんなにお腹が空いていても食べ物が喉を通らなくなります。ネットで調べたのですが会食恐怖症というものだと思います。一人だと普通に食べる事ができます。そこで赤の他人の人との会食だったら普通に食べる事ができるのか検証してみたいです。……

「人と食事する練習をさせてほしい」という依頼。人と食事するのが苦手で、知人が同席してると空腹でも食べ物が喉を通らないらしく（会食恐怖症と思われる）、赤の他人ではどうか検証したいとのこと。練習になったかは置いといて、食べてみたかったという食べづらいシュークリームを食べれて満足してた。

会食恐怖症に関連した依頼は二度目でした［前回は2019年1月3日］。このときの依頼者は会食の練習に加えて「会食恐怖症について人に説明する練習にも

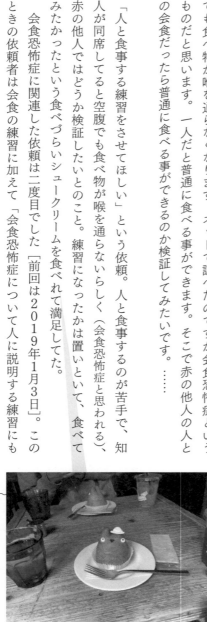

なった」と言ってました。

【10月10日】＃アイスクリーム屋の開店準備

「キッチンカーを使ったアイスクリーム屋の開店準備を見守ってほしい」という依頼。目立たないようにやや遠めの位置から見守った。無事滞りなく準備できたとのこと。諸経費にアイス代も入ってたので購入して食べた。おいしかったです。

【10月11日】＃かつてない幸せな恋愛の最中に

かつてない幸せな恋愛の最中にあるものの、自分の幸せな話を友人に聞かせるのは憚られるので赤の他人に思う存分話したいという依頼。幸せそうな話に時折「やってらんねえ……」と挟むのが印象的だった。二時間ぶっ続けで話したあと「誰に対してかわかんないけど『ざまあみろ』って気持ちです」と言ってた。

——無事明日の依頼はすべてキャンセルになりました（台風です）。

【10月12日】#台風でも惚気

台風迫ってますが、変わらず❤惚気報告❤来てます。

【10月13日】#ストロベリーフラッペは別腹

「誰かとご飯をお腹いっぱい食べてみたい」という依頼。五年前から過食嘔吐を繰り返してて、その関係で友達とだと食事を存分に堪能するのが難しいという。僕は中盤で満腹になったが、その後も依頼者は小籠包など追加して黙々と食べてた。解散後もお腹いっぱいと言いつつストロベリーフラッペを持ってた。

【10月14日】#断ってしまった依頼

夕食後、私のベッドで海外ドラマを見始めた息子をレンタルなんもしない人さんに見立て、衣替えをする事に成功。人がいるだけでやる気が出るって本当だわ。息子とレンタルさんありがとう。

勝手に誰かをレンタルなんもしない人とみなすことで、レンタルせずに効果を得るこ

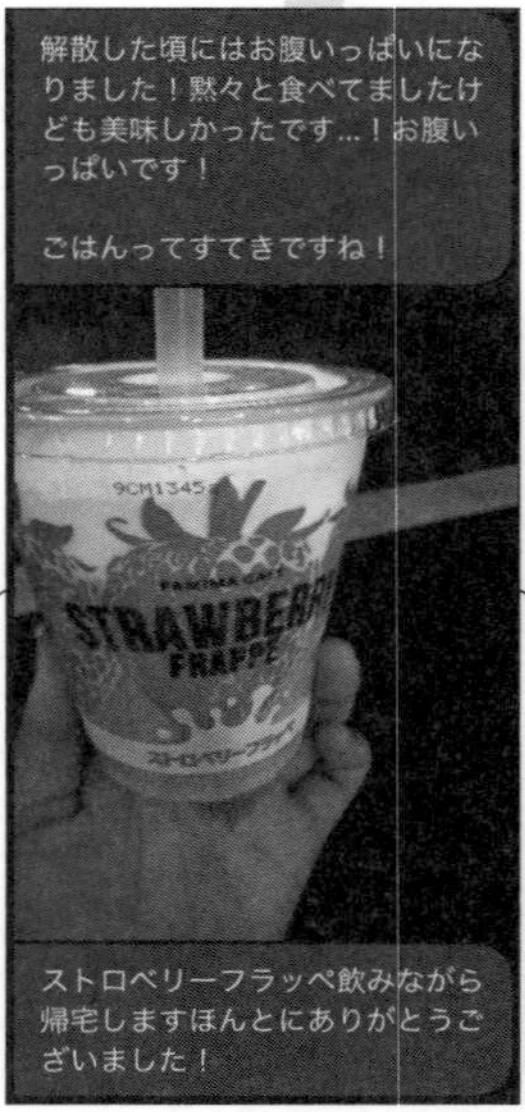
解散した頃にはお腹いっぱいになりました！黙々と食べてましたけども美味しかったです…！お腹いっぱいです！
ごはんってすてきですね！
STRAWBERRY FRAPPE
ストロベリーフラッペ飲みながら帰宅しますほんとにありがとうございました！

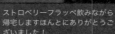

彼女が箸でホイップクリームを作ろうとし始めました。めっちゃ汗かいてておもしろいです。

ともできます。

どこかに同行するだけならほかの類似サービスでもよさそうなものだけど、先日依頼者が「プラスエネルギーでこられるのが苦手（なんもしない人はそれがなさそうだから利用した）」と違いを説明してた。〝お役に立ちたい〟感がしんどいし、それに失敗したら〝次へ活かそう〟とか思いそうなのも嫌なんだそうです。

そんな気も知らず「その依頼ならおっさんレンタルとかでもいいじゃないですか」と断ってしまった依頼が過去多数あり申し訳ない。

【10月15日】　#バミられた位置でなんもしない

今日は篠山紀信展に同行しました。ジョンとヨーコの巨大キス写真だけ撮影ＯＫでした。依頼者は写真を見るのが好きで、一度見た写真はずっと覚えてる反面、人と直接会ったときの記憶はすぐに薄れてしまうそうです（今日も、会うの二回目なのに「実在した……！」と驚かれて驚きました）。

きっちりバミられた位置でなんもしてない。
四人組アイドルグループから「センターポジションに立ってほしい」との依頼。フォーメーション的に五人がいいらしい。

【10月16日】 #記憶を塗り替えたい
インバウンド対応はしてません。

㋹

「私の家で食事してほしい」という依頼。信用して家にも招いてた男友達に裏切られ精神的につらく仕事にも響いてるので、彼が使った椅子や食器を別の人に使ってもらうことで嫌な記憶を塗り替えたいとのこと。市販の弁当をあえて食器に移しながら食べた。依頼前→後での変化をＬＩＮＥスタンプで表現してくれた。

㋹

追加検証［9月24日の依頼］のためカフェに同席した。台風という大きな出来事があったせいか聞こえてくる会話もそれ中心になり、依頼者の苦手とする生活感のある会話は少なかった模様。「あけすけな会話が

聞こえるときは平和ということなのかもしれない」などの発見があったようです。

【10月17日】 ＃悪口を聞く相手

一人でやりづらいゾンビ系ガンシューティングに同席。このゲームは初めてだったが、別件で似たようなガンシューティングに同席する機会は何度かあったので、いつのまにか上達してて普通に戦力になってしまった。

㋹

「ホストをあがった彼氏の惚気話を聞いてほしい」という依頼。彼氏がホストをしてたときはお店の従業員に惚気ることができたが、今は愛情の吐き出し先に困っているとのこと。ＤＭでどんどん送られてきてる。なお、料金は「一か月につき一万円」の月極めで合意した。

㋹

レンタルなんもしない人を利用して身近な人には言いづらい話をし、とくに余計な口を挟まれずすっきりできたとしても、そのことを僕がツイートしたときの反響の中に恐

らく回避したかったであろう言葉が混ざってしまうのが悩ましい（それを見越して「ツイートしないで」等、遠慮なくお申し付けください）。

交通費とかしかもらってないときはさておき、依頼ごとに一万円以上もらうことにしてからの「レンタルなんもしない人」は模倣するの結構難しいんじゃないかと思う。受け取る金額に比例して、かなりの〝なんもしたくなさ〟が要求される。

㋹

「アンチの悪口を聞いてほしい」という依頼。有名であるがゆえネットに悪口を書かれることも多くたまに言い返したくなるが、その気持ちを分かってくれるような人もなかなかおらず結局は「気にしないほうがいい」とたしなめられてしまうらしい。めっちゃお洒落な空間で良いものを食べながら悪口を聞いた。

【10月20日】 #イケメンもびっくり

イケメンカフェ「聖ジュリアーノ音楽院」に同行してシャンパンを入れるところを見守ってほしいという依頼。どうしてもお店にお金を払いたくて一番高いシャンパンを入れたいが一人だと恥ずかしいし飲みきれないとのこと。わざわざ人をレンタルしてドンペリを注文してきたことにイケメンもビックリしてた。

㋹

「わんこそば一〇〇杯達成の夢があるが一人だと虚しいので真向かいの席で見守ってほしい」という依頼。無事達成。

達成した瞬間そばを注いでた店員はわりと盛り上げようとしてたけど、依頼者はあまり表情変えず淡々としてた。盛り上げは必要なく、自分の中の喜びを十分に噛み締める上で、虚しさなどの余計な感情を抱かずに済む程度のただ一人分の存在が必要だったんだなと理解した（とくに感想聞いてないので憶測です）。

㋹

「性格悪いと思われたくなくて人に言えない話を聞いてほしい」という依頼。話しやすいよう話のテーマと登場人物をかいたカードを並べてた（並べ終えた瞬間ナポリタンがきて片付けてた）。依頼文には「10段階で8など私の性悪度合いを判定していただけたら」とあったが忘れてた。こういう特殊な要望は基本忘れてます。

㋹

サプライズ依頼……。

【10月22日】 #寝た。起きた！

昨日もらったポチ袋を息子に渡したら「寝た。起きた！　寝た。起きた！寝た！」とストーリーを作っててかわいかった。

【10月23日】 #帽子に依存している

今日現在での最速レンタル記録は「こちらが依頼メッセージに気づいたときにはすでに依頼が完了してたうえに報酬まで送られてきてた案件」でのマイナス一時間です。

㋹

「レンタルなんもしない人」を開始して初めて帽子を忘れて出てきてしまった。めちゃくちゃソワソワする。帽子に依存していたのがわかる。

【10月24日】 #他人の目があるとかっこつけちゃう

今日は小説家のゲラ校正に同席してます。

三時間自由に過ごしてていいと言われてるので、いつものようにエゴサして安全なところから石投げてる感じの陰口を見つけて、こちら側の土俵に引きずり出すやつやろうかなと思ったけど、モバイルバッテリー充電してくるの忘れて心許ないので、エゴサを一〇分に一回程度に制限してる。

向かいの席でエゴサして、見ず知らずの人に噛み付いて反論を晒し上げたりしている人間がいる中、黙々と朱字を入れる姿は美しい。

ファミレスの四人席に同席してほしいという依頼でした。仕事上テーブルの広い四人席を使いたいが、一人で長時間四人席を使ってると店員の目が気になり集中できなくなるので、もう一人誰かに存在と注文をしてほしいとのこと。普段の三倍捗ったらしい。「他人の目があるとかっこつけちゃう」という効果もあったそうです。

——宣伝になり得る利用の仕方もたまにあるけど、レンタルなんもしない人のパブリックイメージは悪化の一途をたどってるので、実際の宣伝効果にはあまり期待を寄せないでもらいたいところです。

【10月25日】 #気軽に酔っぱらえない

エロいマッサージ屋で働く既婚者で、さらに不倫もしてますという方からの依頼。「なんの隠しごともしないで済む人と会話をしたい」とのこと。罪悪感がないため友達と飲

みに行って酔っぱらったらぽろっと喋っちゃうかもしれず、気軽に酔っぱらえないのも悩みらしい（この日は酔っぱらえてた）。

女一人だと行きづらいとのことで新宿二丁目に同行。一五年ぶりの訪問でも同じように楽しめるかどうか検証したいという。ノンケの男女にも優しいバーに入ることができ、無事楽しめていた。

【10月28日】 ＃一歩も出られない不思議な駅 ㋹

今日は海の上にある駅「海芝浦駅」に連れて来られています。改札の外は東芝の敷地なので一歩も出られない不思議な駅。

依頼は駅の中にある「海芝公園」で一緒にベンチに座って誰にも話したことのない話を聞いてほしいというものだったが、台風の影響で公園には入れず。

かわりに別の公園へ。ベンチでチューハイやいかそうめんなどを飲み食いしながら話を聞き、そのあと遊具で遊ぶのにも付き合った。成人してからシーソーに同席したのは初だったけどかなり楽しい。ブランコも楽しいけど酔う。

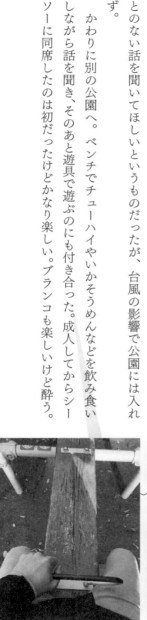

ほかの見出しを見るに致し方ないな。

【10月29日】＃布教
封筒を介した布教（中に依頼料と〝神〟の生写真が入ってた）。

【10月30日】＃ハンカチは大丈夫ですw
今日は空路です。また沖縄に行きます。こないだとは別件です。
空港の保安検査で「ポケットの中なにも入ってませんか？」と聞かれてポケットの中のハンカチを取り出したら「ハンカチは大丈夫ですw」と失笑されたけど、この「嘘をつく」か「失笑される」かの強制選択はなんなんだよと思った。

首里城きたけど閉館時間すぎてしまい門の外からチラ見する以外何もせず。

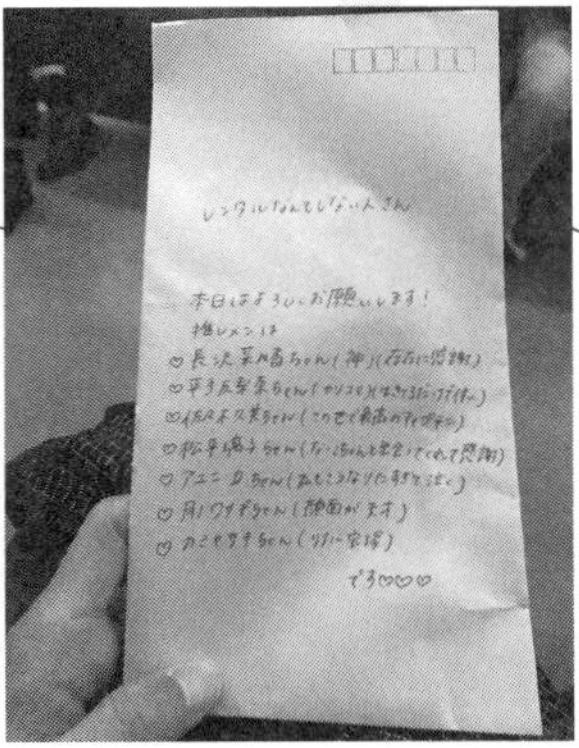

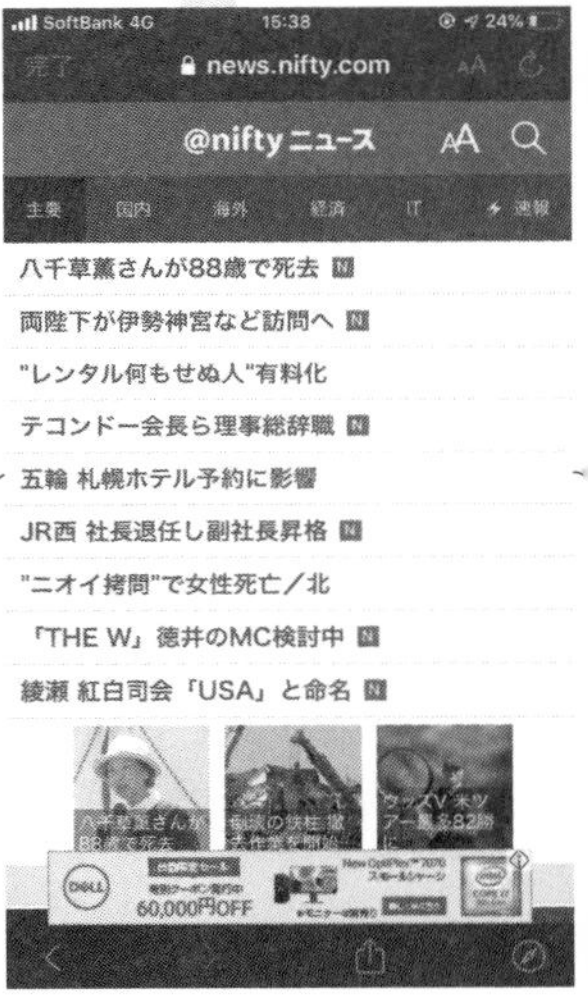

【10月31日】 #首里城はもう見られない

首里城全焼。

二枚目が2019年10月30日18時48分の首里城で、三枚目が翌日10月31日9時52分の首里城です。二枚目の写真、すでに燃えているようにみえますが、このときはまだ燃えておらず、ライトアップを歩きながら撮ったせいで炎っぽく写った次第です。

首里城の開館時間には間に合わなかったけど、展望台から見える那覇の夜景に依頼者と興奮してました。

㋹

東京に戻り、卒論の執筆を見守ってます。卒論のテーマに絡めて「レンタルなんもしない人」のことも書いてるらしく、「レンタルなんもしない人って名前が長くて文字数稼げるんでありがたいです」と感謝された。

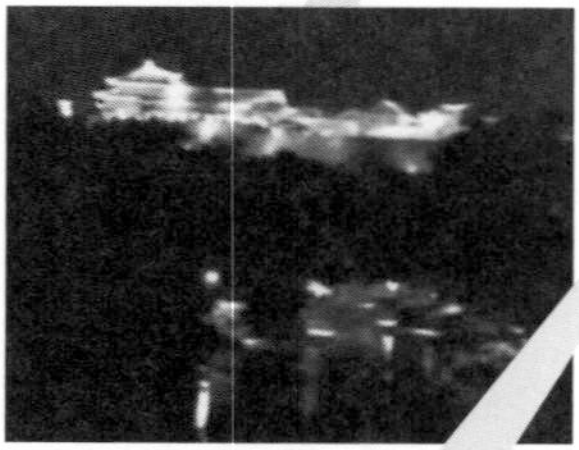

10
11月：他界した祖父の出生地を一緒に調べてほしい

【11月1日】 #トランポリンって数学に使えるんですね

メンタルなんにんもいる人ことharuさんの家に泊まってます。haruさんからは毎月レンタルされています。今回も悟くんに出してた宿題のレポートを聞きました。ゲーデルの不完全性定理の証明はめちゃくちゃ長くて大変だったそうです。「超数学」かっこいい。

作業をサボらないよう見守ってほしいという依頼を受けてます。嵐の『Love Situation』をリピートで流し続けることによる「洗脳されてほしい」の依頼も同時に受けています。

机の横にあるトランポリンは主に悟くん用（春斗くんもたまに使う）。悟くんは数学の勉強に行き詰まったときなどにピョンピョン飛び跳ねながら考えるクセがあり、そのままだと下に響きすぎるからトランポリンほしいと言っ

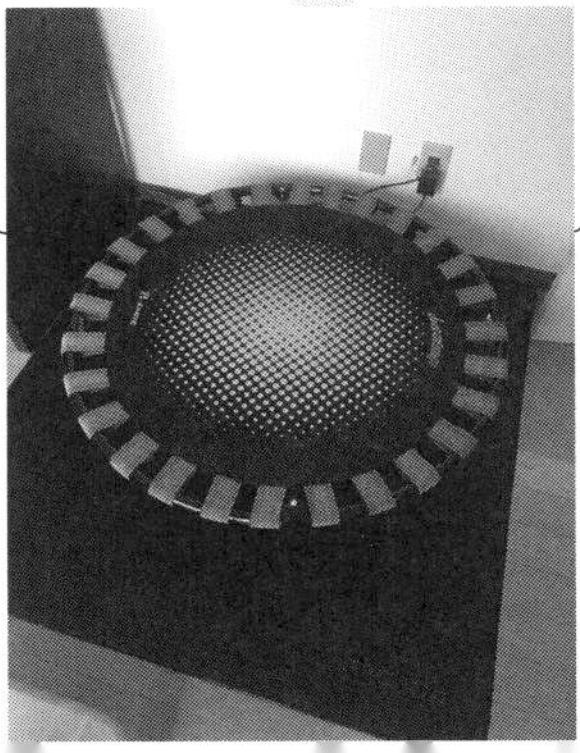

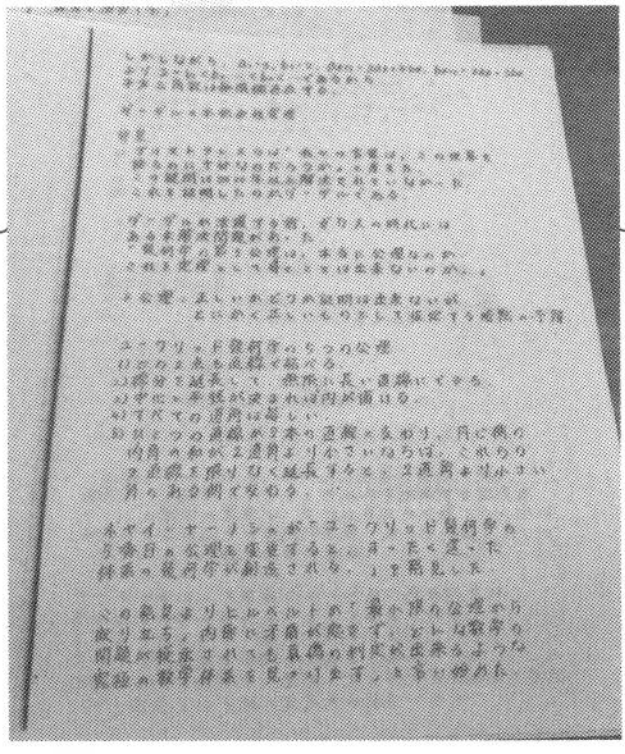

たら、灯真くんが即買いしたそうです。トランポリンって数学に使えるんですね。

【11月2日】 #ダイジェストムービーには映らない

結婚披露宴に呼ばれてます。わかってはいたけど、いつも通りのパーカー姿だとめちゃくちゃ入りづらかったです。

ビンゴカードに穴が開いたら脱落する「逆ビンゴ」というゲームでライオンコーヒーをゲット。逆ビンゴ、正ビンゴよりも進行がスピーディーなのでおすすめです。

披露宴でのレンタル、レンタルなんもしない人という人が来るとあらかじめ告知されてたし、同じ席（新婦友人席）の人たちは優しく話を振ってくれたし、前々から知ってたという人も何人かいたので助かりました。それでも場違い感は否めなかったのか、会のダイジェストムービーにはほぼ映ってなかったです。

【11月3日】 #井筒監督に叱られる

芋煮会に行ってきました。楽しかったです。基本haruさんの近くに座ってたし、服装も近い感じだったのでコンビ芸人みたいな気分が味わえました。

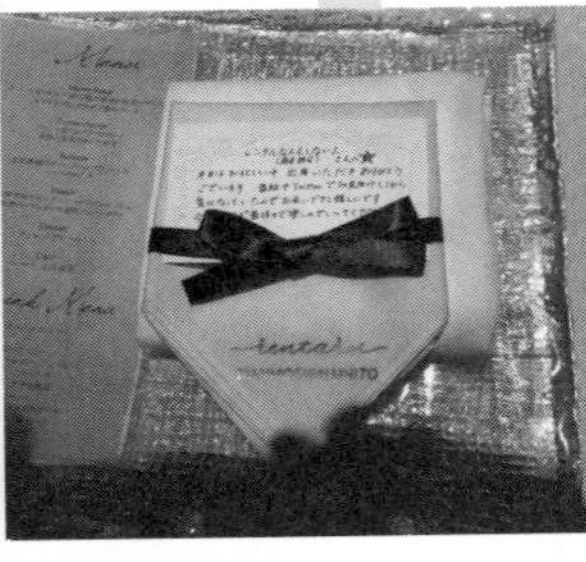

手相占い歴二〇年以上の人がいて手相みてもらったら、「めちゃくちゃ強運」「周囲にも好運をもたらす」的なことを言われたんですが、たしかにその後の披露宴のゲームで同じテーブルの人全員景品ゲットしてたし、満更でもない気持ちになってる。しぬこさんと同じような売り込み方ができるかもしれない。

——芋煮会と披露宴をハシゴしたことある人あんまいなそう。

㋹

Abema的ニュースショー、生放送に出ました。井筒監督に叱られました。

㋹

さっきのAbema的ニュースショー出演時に司会の千原ジュニアさんから聞かされたんですが、僕の妻のお兄さん（芸人）が僕にめちゃくちゃブチ切れてて「今度丸一日レンタルしてひたすら罵詈雑言を浴びせかけたろか」と計画してるそうです。なので義理の兄のアカウントをブロックしました。

すみません、千原ジュニアさんの発言は「きっと嫁の兄貴は一日レンタルして罵詈雑言浴びせようとしていると思っているはず」という意味でのジョークだったとのことです。お騒がせしてすみません。義理の兄に心の中で詫びつつブロック解除しました。早

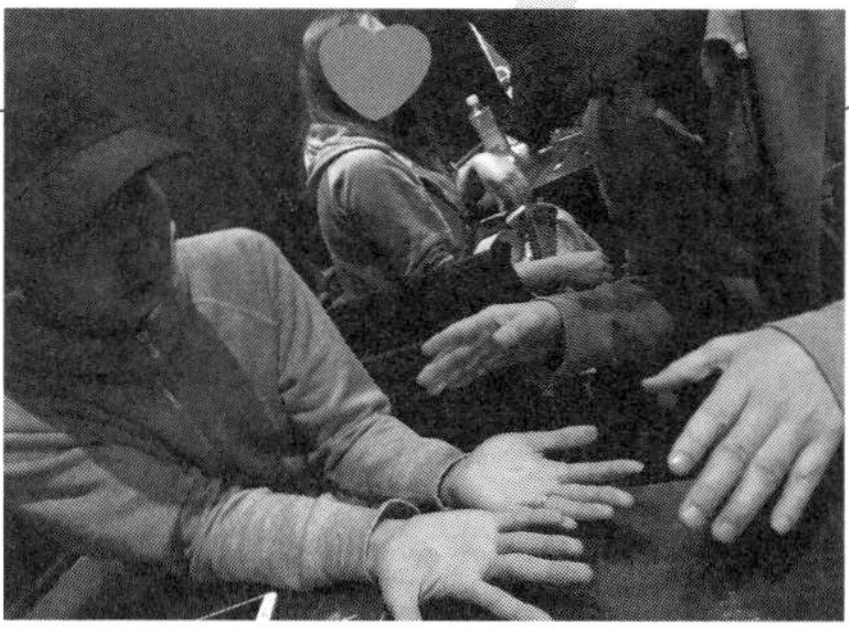

撮影：Allie

とちりしてしまいジュニアさんにも申し訳ありません。

——ツイッターは真に受ける人が多すぎるので念のため言いますが、井筒監督に叱られたのはめちゃくちゃ光栄なことです。

㋹

母校の文化祭に同行して友達の晴れ舞台を一緒に見てほしいという依頼。事情により今年は誰にも話しかけられずにステージを観たいが、一人でいるとどうしても誰かに話しかけられてしまうため知らない人を連れてくことにしたという。文化祭は六度目だがこんなにちゃんとステージを楽しめたの初めてと喜んでた。

【11月4日】 #なんもしてないのに一斉に砕け散る

♥惚気報告♥、続いてます。

・ネギが好きな彼女が「これは秋田産の長ネギやでぇ～！　はるばる秋田から、来てくださったんやでぇ～！」となぜか関西弁ぽく喋りなが

今夜は2人でお酒飲みたいなと思ってコーラサワーと白いサワーを1本づつ買って帰ったら、彼女も全く同じことを考えていたためこうなりました。

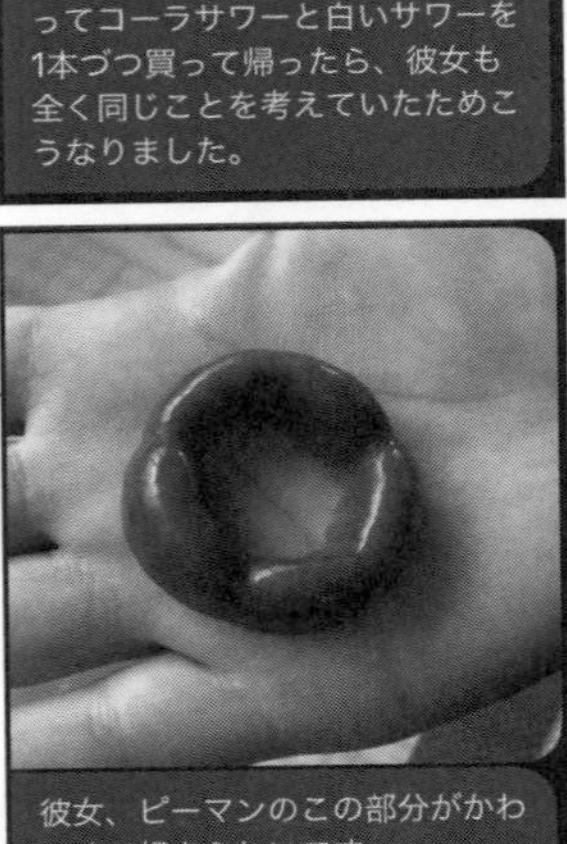

彼女、ピーマンのこの部分がかわいくて好きらしいです。

ら長ネギを切っていてかわいいです。

・昨日は彼女が「北海道物産展……そこが私のアナザースカイ……」と言い出したので一緒に行きました。じゃがいものお菓子を買って嬉しそうでした。

㋹

レンタルなんもしない人をロックマン風に描いたポチ袋をもらった。大量のコピーが現れる↓なんもしてないのに一斉に砕け散る、というストーリーも込められてて嬉しかったです。

【11月5日】　#こんなにびっくりすることはなかったかも

沖縄の新聞に載ってた。

――依頼人が「〝焼失する前の〟正殿を見たい」と怪しすぎること言ってたみたいになってるな……。

㋹

芋煮会でみんなの分の皿を目の前に置かれても何もせず、他の人に配らせてたことに

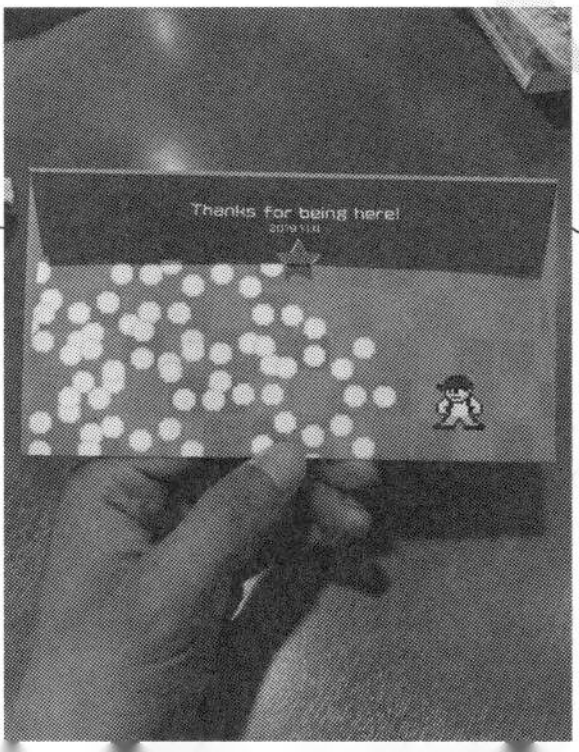

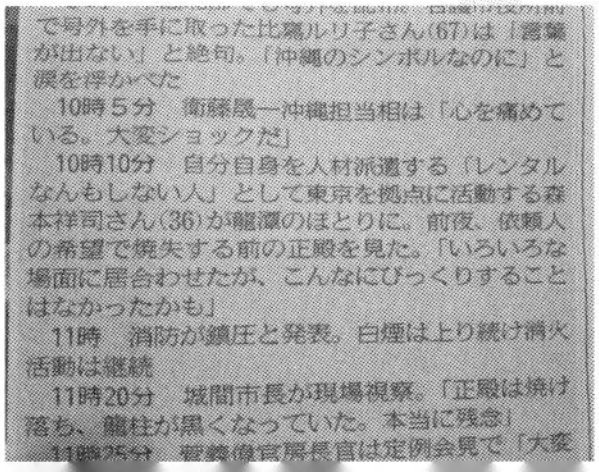

で号外を手に取った比嘉ルリ子さん(67)は「言葉が出ない」と絶句。「沖縄のシンボルなのに」と涙を浮かべた

10時５分　衛藤晟一沖縄担当相は「心を痛めている。大変ショックだ」

10時10分　自分自身を人材派遣する「レンタルなんもしない人」として東京を拠点に活動する森本祥司さん(36)が龍潭のほとりに。前夜、依頼人の希望で焼失する前の正殿を見た。「いろいろな場面に居合わせたが、こんなにびっくりすることはなかったかも」

11時　消防が鎮圧と発表。白煙は上り続け消火活動は継続

11時20分　城間市長が現場視察。「正殿は焼け落ち、龍柱が黒くなっていた。本当に残念」

11時25分　菅義偉官房長官は定例会見で「大変

ついて匿名掲示板で叩かれてるのめちゃくちゃ平和だな。

【11月6日】 #頭すっからかんになれる

「私の話を聞いてほしい。時間が余ったら一人暴れてる姿を見守ってほしい」という依頼。余計な反応をされるのが嫌で人に言いづらかったことをいくつか話したあと、持参したＤＶＤを流して一時間強ヘッドバンギングしてた。鬱々と話したあとでも本命の前では頭すっからかんになれることを実感できたそうです。

【11月8日】 #惚気報告（妄想版）

「惚気話を送らせてほしい（※なお私には恋人がいないためすべて妄想です）」という依頼。だいたい午前二時とか四時とかにくる（料金改定前からの依頼です）。

【11月9日】 #お散歩……

お散歩ウンコ鑑賞！　じゃないよ。

(https://twitter.com/morimotoshoji/status/1193178238324854784)

芋煮のレポート見たけど目の前に皆の分の皿を置かれても何もせず他の人に配らせてたんだな。自分はスマホいじって食べるだけ…

今日これしか呟いてないからツイートまとめ本の二巻目の目次「お散歩ウンコ鑑賞！」になるのか。

【11月11日】＃夢の国も工事中

今日はディズニーランドに同行してます。そういうシーズンなのか工事が多い。堂々と重機がある。

【11月13日】＃やっぱ飽きますね

「カレーランチに同席してほしい」という依頼。カレー店のスタンプラリーに参加してるがそろそろ〝カレー食べたくない〟のテンションになってきたため、ここで一つモチベーションになりそうな要素を加えたいとのこと。「カレー愛好家は毎食カレーでもいいとか言うけどやっぱ飽きますね」と難しさを語ってた。

対象の一〇一店舗のうち七二店めに同席。この日のお店は依頼者の職場から「歩くと遠いがタクシーだとやや申し訳ない距離」のところにあり、なかなか攻略難易度が高かったそうで、人と約束することで半ば強引に足を向かせる狙いもあったようです。ビジネス街のお店の中には平日しか開いてないところもあり、そうなると難易度がグッと上がるらしい。

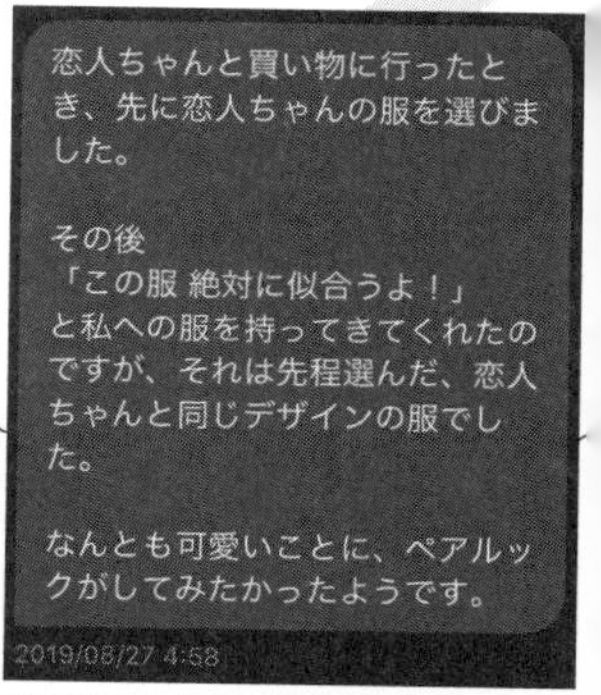
恋人ちゃんと買い物に行ったとき、先に恋人ちゃんの服を選びました。

その後
「この服 絶対に似合うよ！」

と私への服を持ってきてくれたのですが、それは先程選んだ、恋人ちゃんと同じデザインの服でした。

なんとも可愛いことに、ペアルックがしてみたかったようです。

2019/08/27 4:58

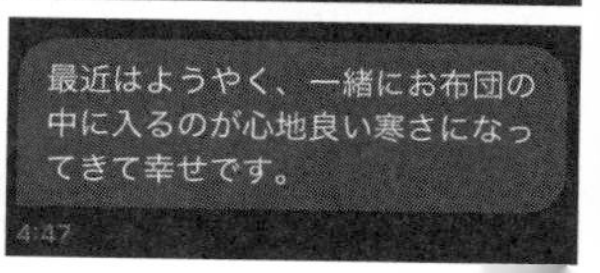
最近はようやく、一緒にお布団の中に入るのが心地良い寒さになってきて幸せです。
4:47

今日は江の島に連れてこられています。依頼者は江の島でいくつかやりたいことがあり、そのひとつが「以前江の島で引いたおみくじをくくりつける」というものだった。今日僕も同じ場所でおみくじ引いたところ、そのくくりつけるやつとまったく同じものを引き当て、どう思えばいいのかよくわからない感じになった。㋹

――行きのロマンスカーで依頼者のスマホゲームのガチャを代わりに回してすごいらしいレアアイテム（霊刀月詠）を引き当てたし、最近は良くも悪くもレアを引き当てがち。

【11月14日】#ちんちん長そう

ほぼ放置してるインスタがいつのまにかフォロワー10万人になってました。やはり何もしないのが向いてるっぽい。㋹

今日の一四時からの依頼、集合場所を確認しようとしたらいつのまにか依

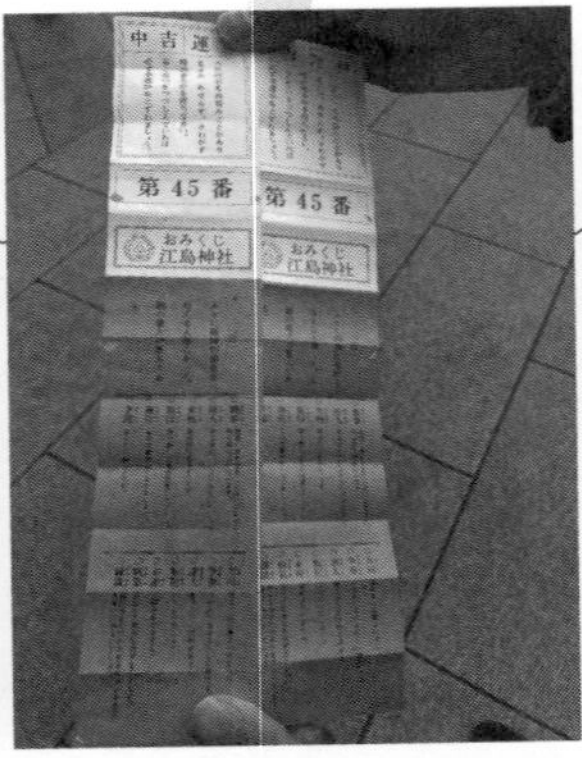

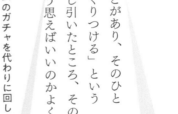

頼者からブロックされてた。実際に依頼を引き受けた中では明確な悪意を向けられたの初めてで「うわっ」となったが、時間ができたので散髪を済ませた。

㋹

今日は新宿二丁目のBar.軒先にレンタルされてます。「レンタルさんはちんちん長そう」の話題でひと盛り上がりあった。

【11月17日】＃祖父の出生地を調べる

私の祖父の出生地を探しているのですが、80年以上も前の住所でして、交番に尋ねても、図書館で調べてもらっても、自分でできることはやりましたが、詳しい場所まではわかりませんでした。ここだ！　という場所を見つけたいのですが……。最終手段で市役所の担当の方に尋ねようと思っているのですが、ひとりだと不安でなかなか行くことができません。

前置きが長くなりましたが、府中市役所に行きたいので、レンタルさん、一緒に行っていただけませんか？……

「他界した祖父の出生地を調べるため市役所に行きたいが、一人だと不安なので同行してほしい」という依頼。今年倒れて現在リハビリ中の祖母の誕生日に、祖父が生まれ育った場所の今の姿の写真を見せたいとのこと。この日は判明に至らなかったが、後日メールで回答きて無事祖母への誕プレを撮影できた模様。

市役所からメールがあり、祖父の生まれ育った場所、おそらくですが見つかりました。先ほど行ってみて、現在は公園になっていました。

市役所を去ったあと近くの神社にも同行したんですが、パワースポットのサンプル画像みたいな場所があって面白かった。ちゃんとパワー浴びてる人もいた。

【11月18日】 #みんなから嫌われてる

今日は部屋の片付けを見守っています。依頼者宅に入ったらテレビ画面の中で自分がなんもしてなかった。

みんなから嫌われてる。

本当になんもしないでいたらうんこを漏らした挙句餓死してしまった(画面はうんこを漏らした状態で人の家に上がりこみ、勝手にベッドで寝てたら風呂上がりの住人につまみ出され、空腹で倒れて死神が来たところ。「衛生」が

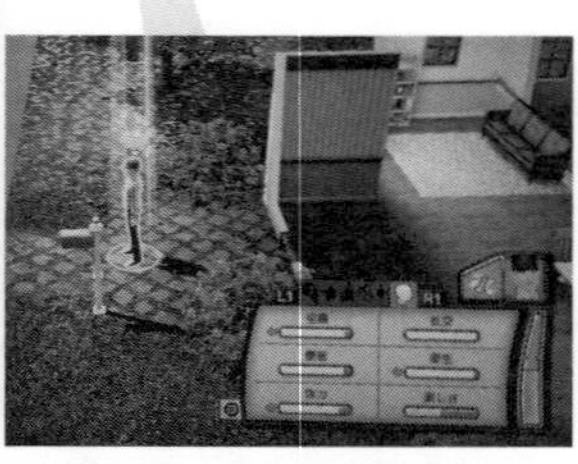

赤いのはうんこを漏らしたのに着替えもなんもしてないから）。
死後は幽霊になったが「やっぱ何かしよう」と皿洗いに就職。料理にも挑戦したがスキルが無さすぎて火事を起こし散々だった。

【11月19日】＃体臭を確認してほしい

一〇年以上病気を患っており、その薬の影響や、遺伝などで口・体臭などの臭いで悩んでおります。電車や今まで働いてきた職場では直接言われたり反応などがあるのにもかかわらず、同じ悩みの人がたくさん集まるオフ会などでは正直なことを言ってもらえません。どのような臭いがするか、食事や会話などで確認、悩みを聞いていただくことをしていただきたいのですが、お付き合いいただけないでしょうか？……

「体臭を確認してほしい」という依頼。持病の薬や遺伝などによる体臭の悩みがあり、周囲から直接言及されたこともあるが、実際どんなにおいがするのか聞ける相手がいないとのこと。赤の他人として正直に伝える覚悟で臨んだが、異常なにおいは感じられず。でもそれはそれで安心して買い物を楽しめたそうです。
過去にＰＡＴＭ（周囲の他人に対してアレルギー反応やそれに近い反応を引き起こさせる

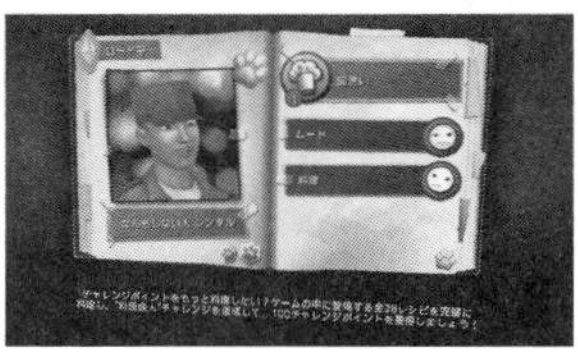

体質または症状を呼ぶための言葉。医学用語ではない）の人と同席しても何も感じなかった実績があるので、「自分PATMかな？」という人は僕に依頼しても何も分からずじまいになると思います。ご注意ください。

【11月20日】#なんもしない人、安倍首相

今日は栃木です。めちゃくちゃ寒い。

最近〝なんもしない人〟で検索すると安倍首相ばっか出てくる……。

【11月21日】#代わりに登壇

「トークイベントを予定していたが、登壇予定だった人が急遽NGになったので代わりに登壇してほしい」という依頼。プロフィールに書いた通り「ごく簡単な受け答え」は可能なので、こういうイベントでの空席を埋めるという利用の仕方もアリです。

【11月22日】　#目玉のオヤジの水死体

「地下アイドルをしてる関係で、公園で制服姿の自撮りをする必要があるが、一人だとなんとなくやりづらいので近くにいてほしい」という依頼。平日の昼間とはいえ都心なのでちゃんと人通りはあり、たしかに一人だと難しそうな作業だった。あと駅からの道中で買ってたお茶は自撮り用アイテムだったのかと感心した。

㋹

今日はメイドカフェからレンタルされてます。世界初の〝宿泊もできるメイドカフェ〟だそうです。オムライスを注文し、ケチャップでおえかきしてもらうものとして帽子をリクエストしたけど、帽子単体で描くのは意外と難しかったようで、目玉のオヤジの水死体になってた。

宿泊エリアに連れてかれた。ここで三〇分寝ててほしいとのこと。三〇分たったらメイドさんが起こしに来てくれるらしい。でもオムライス食べたあと歯磨きしてないので寝たくないし、またハシゴを降りて歯磨きだけしにいくのもめんどくさいので寝ずになんもしてない。

【11月23日】 #全裸監督

ホールケーキを食べながら映画「全裸監督」を観るのに同席。

㋹

今日は女子卓球、木下アビエル神奈川vsトップおとめピンポンズ名古屋の試合観戦に同行してます。

【11月24日】 #理想形

理想形。

究極は2019年3月29日の依頼（38頁）。たまに口座を確認したら「ああ入ってるな」となります。お礼の言葉すら述べてません。

【11月25日】 #おばけどこにいる?

自宅で息子に「おばけどこにいる?」って尋ねると必ず指す空間がある。何度尋ねても必ず同じ空間を指す。

こないだ妻と息子が大阪の実家に帰省してるときビデオ通話したんですが、そのとき「そっちにおばけいる?」って聞いたら「いな

い」って言って、「おばけどこにいる?」って聞いたら画面越しにこちらを指差してきてめちゃくちゃ怖かった。

【11月26日】#この本に関してなんもしなかった

今日は本の出版記念パーティーに来てます。こちらの本に関してなんもしなかったということで招かれました。

ちなみにどういう依頼で関わったかというと「本で紹介するお菓子の撮影があるが、現場は自分（著者）とカメラマンの二人になる可能性があり、二人きりだと険悪な雰囲気にならないかと心配なので、もう一人加えて三人いる状態にして撮影に臨みたい」というものでした。本当になんもしませんでした。

【11月27日】#オセロは優先できない

「応募」とか「入る」とかそういうのではありません。

今日はめちゃくちゃ高いタワーマンションで『レンタルなんもしない人の

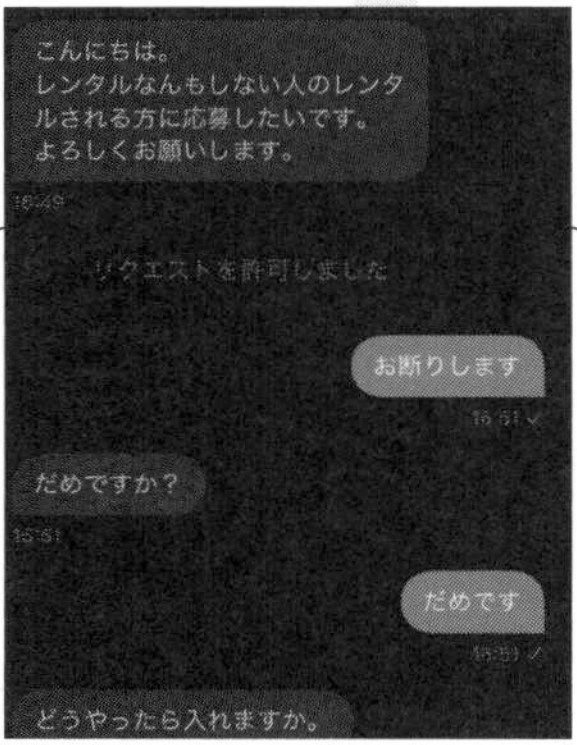

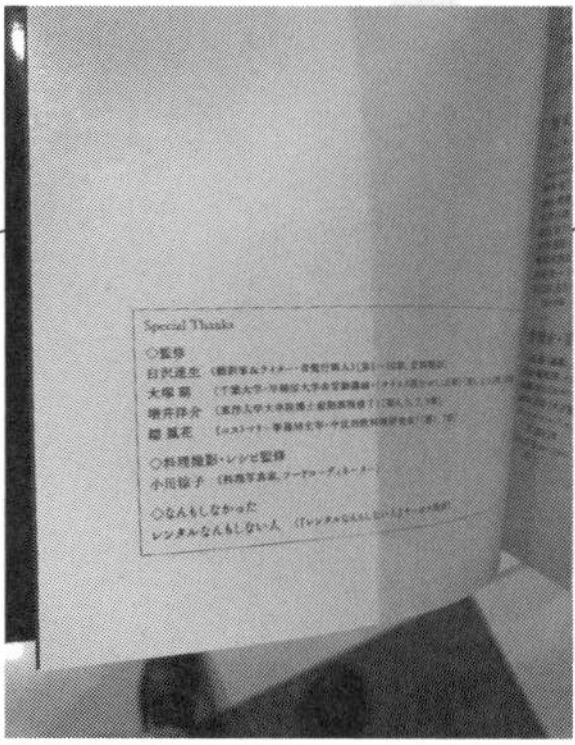

なんもしなかった話』の読書会が開かれているところに同席しました。屋上からの眺めとエレベーターのボタンの数が凄かったです。読書会自体は一階でやってました。

参加者の中に僕が会社員をしていた頃の先輩がいてびっくりした。仕事上の付き合いはなかったが部活動（オセロ部）で一緒だった人で、その場では僕のオセロの強さをやたら力説してくれた。本の内容とかではなく、僕がオセロ強いということに感銘を受けてた人もいて謎の時間だった。

帰り道、その先輩からオセロ会に誘われたが「オセロは優先できない」とキザに断ってしまった。

【11月28日】 #プライバシーへの配慮が行き届いている

以前［3月15日］「裏声で『となりのトトロ』を歌うのを聴いてほしい」と依頼してきた人から再び依頼があった。自分の依頼の様子がＮＨＫの『ドキュメント72時間』で放送されたが、プライバシーへの配慮が行き届いていたおかげで周囲の誰にもバレず、バレなすぎて放送を見た感想などを話せる相手がおらず困ってたとのこと。

当初はＩＣレコーダー使って一人で確認することも考えたそうだが「こう聞こえるの

は安物だからでは」とか思ってキリがない気もするので依頼に至ったらしい。結局（たまたまだが）品質の保証されたテレビ放送用の機材で録音されることになり、自分こんな声なのかと素直に受け入れられる現実を知れて喜んでた。

㋹

日本酒の〝ペアリング〟というのをやってる方からの依頼。新しいペアリングを模索する中で、食通でもなんでもない人にフラットに体験してもらいたくなったとのこと。また「味が形に見える」「パズルしてる感覚」などなかなか伝わりづらい話も聞いてほしいとのことでした。写真がその話の図解。

この写真はブルーチーズのハムカツ。かじった後どぶろくをソースがわりに口に含む。通常のハムカツにソースをかけたものはそれ自体で完成してるが、あえてソースはかけずブルーチーズを挟むことで余白を作り、そこへどぶろくをはめると新しい完成形になるという。丸に近い形ほど一般的に馴染みやすい味とのこと。

肉じゃがはじゃがいもをピューレにすることであえて形をぼかし、そこにペンシル

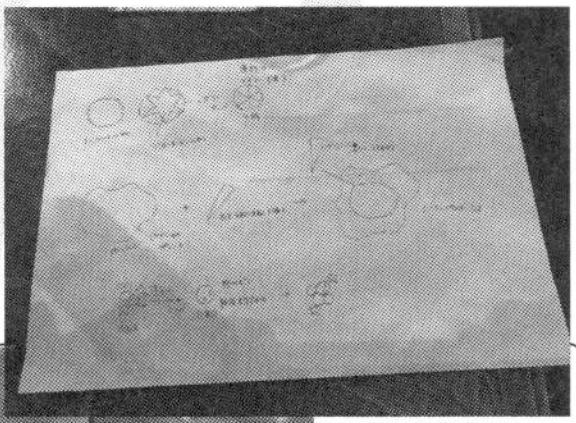

形の日本酒でくっきりとした丸を描くイメージ。どれもおいしかった。高橋留美子先生、青山剛昌先生、ＥＸＩＬＥなど凄い人たちのサインが並ぶ中、僕も書かせてもらった。中田英寿の上を指定され、恐縮してしまい（マジックの）細いほうで書いた。

味が形で見えるという依頼主が余談として言っていたんですが、てりやきマックバーガーの味は綺麗な正六角形をしていて、それはたくさんの人から支持されやすい形なんだそうです。

【11月30日】＃登山と海水浴くらい違う

特典付き飲食同行、ガチャ回し代行、推しプレゼンテーション視聴＋相槌のセット依頼。「飲食をするとその注文数分だけコースターが貰える食事処」というのは刀剣乱舞2.5Dカフェのことで、「推し」は俳優の荒牧慶彦さんのことでした。

「推しプレゼンテーション」は同じ人を推してる友人に向けてすることもあるそうだが、以前レンタルしたのを機に「推しのことを何も知らない人にひたすらしゃべる快感」に目覚めたという（登山と海水浴くらい違うとのことで、それぞれの良さがあるっぽい）。写真は今回の参考資料。今回も熱量凄かった。

就職活動で撮った履歴書用の写真。日刊ゲンダイに載って拡散されるなんて夢にも思ってない顔してる。㋹

11月13日のカレースタンプラリーの依頼者から全店舗制覇の報告があった。「該当ツイートに反応していただいた皆様」への感謝も述べられてます。㋹

しお!

before
after

11 12月：なんもしないことって案外いいんだね

ポリポリ
耳かゆい…

⑥
耳のはえぎわ
ニャー
ニャー

【12月1日】 #ホームと死との距離

先日あるイベントで車への怒りについて喋ったら、来場者の一人から「私も車社会に対して思うところあるが、それを話す機会がなく悶々としてるので聞いてほしい」と依頼があり、今日聞いてきた。憤りの内容は両者で違ったが「運転向いてない自分が免許もってる時点で車を信用できない」という点では強く共鳴した。

車はほぼ使わないので必然的に電車ばっか乗ってるけど、電車は電車で「ホームと〝死〟との距離近すぎるだろ……」とよく思う。

あと自転車については歩道を走ってる自転車は普通に嫌いだし、ちゃんと車道の端を走ってる自転車は残機ゼロの行動とは思えず見ててクラクラする。

37
YOU
プレイヤー2
SEGA

【12月2日】　#付箋貼りまくっていこう

昨日車への怒りをつぶやいたんですが、今日はゲーム頭文字Dに同席しました。依頼主も昨日のツイートを見てて気をつかわれました。

㋹

このまえ取材にきた新聞記者の人が持ってきてた本、付箋がびっしり貼られててそれ見て「うわー！　すげー！　ありがとございます！」ってはしゃいでしまった。自分も将来誰かを取材するときは嘘でもこうやって付箋貼りまくっていこうと思った。

㋹

なんて嫌なbotなんだ。

【12月3日】　#同意

私は三年前(短大時代)から仲の良かった子(以下マブダチちゃん)がいました。(略) 五月末に向こうが「仕事が忙しくて気分じゃない」と遊べず、六月からは完全に連絡が取れてません。今はもう諦めているのと迷惑にならないよう

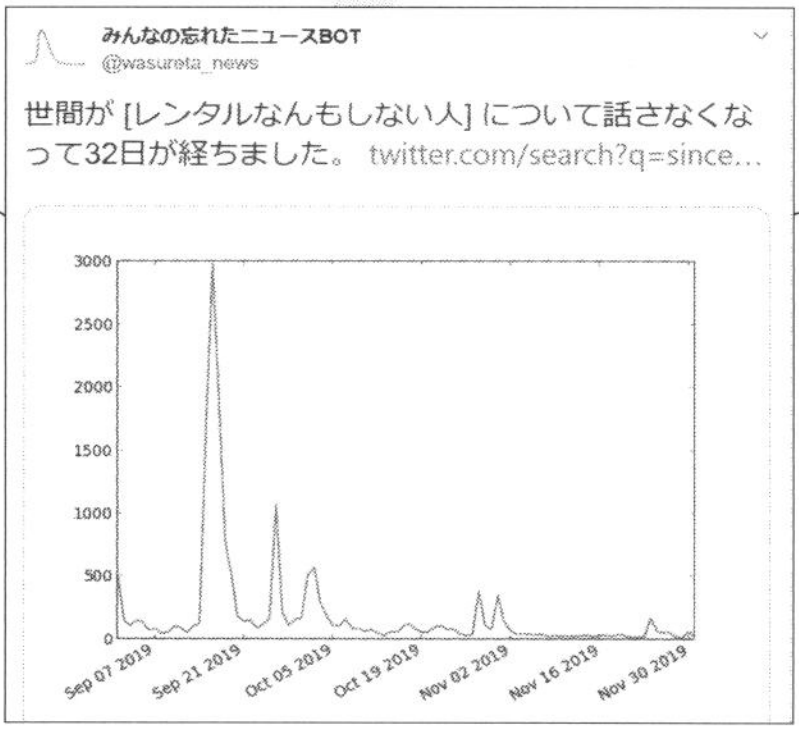
みんなの忘れたニュースBOT
@wasureta_news
世間が [レンタルなんもしない人] について話さなくなって32日が経ちました。 twitter.com/search?q=since...
3000
2500
2000
1500
1000
500
0
Sep 07 2019
Sep 21 2019
Oct 05 2019
Oct 19 2019
Nov 02 2019
Nov 16 2019
Nov 30 2019

レンタルなんもしない人のなんもしなかった話
レンタルなんもしない人というサービスをはじめます。
"なんもしない人"でも、存在価値はありますか？

こちらからコンタクトも取らないようにしていますが、正直めちゃくちゃ悲しくて寂しいです。（略）私は今まで普通に男性を好きでしたが、マブダチちゃんのことに関しては未練が凄くてそういった意味で好きだったんじゃないかとも悩んでます。……

とにかく話を聞いてほしいという依頼。以前まで仲良かったがここ数か月はいろんな事情で連絡が取れなくなった人（マブダチちゃん）の話が中心だった。マブダチちゃんとよく行ったという飲食店やプリクラ、猫カフェなどを巡りつつ話を聞いた。ひとしきり好き勝手話して猫撫でてるうちに解決したとのこと。

㋹

♥惚気報告♥、続いてます。

・彼女が耳の付け根のことを「耳の生え際」と言っていました。

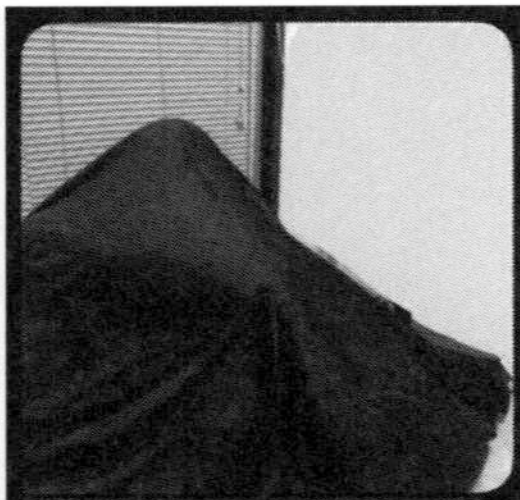

布団と布団カバーの角を合わせようとしている彼女がかわいすぎました。

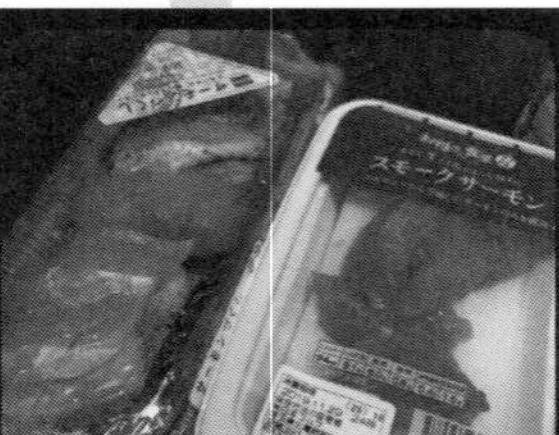

彼女の晩ご飯、好きなものが一目瞭然でかわいいです。

彼女にとって、耳とは頭から生えてくるものなんだ……とハッとさせられました。

・前に彼女が気に入った、近所の広いファミマにまた行ったのですが、今度は看板下にささやかな電飾がついているのを見つけて「クリスマスみたいになってる！　いいファミマだ……」とさらに気に入ったようでした。かわいいです。

㋹

レンタルなんもしない人を始めるにあたって大いに参考にさせてもらったプロ奢ラレヤーさん、が本を出すということで、二文字だけですが帯コメントを書かせてもらいました。今まででいちばん文字単価の高い仕事になりました。

㋹

今日は和歌山のみかん農家に来ています。依頼自体は明日で、今日は周辺の案内だけしてもらいつつ「TOILET」の標示を取り付けるのを見守るなどしました。

二枚目は飼い猫で、意外と病みがちな農業の仕事において精神的に貢献してくれてるそうです。三枚目はみかんを大きさごとに選り分ける選果機、四枚目は畑の斜面

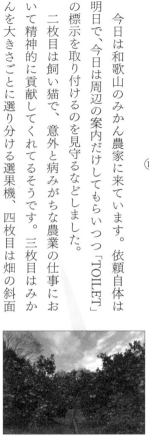

を移動するためのモノレールです。

寝室。水やおやつに加えてみかんも潤沢に置いてあり至れり尽くせり。夜どうしても暇なときのためにとニンテンドーDSも置いてくれてる（ポケットモンスターハートゴールドができる）。しかし農家の朝は早いのでもう寝ます。

㋹

は・か・た・の、しおも続いてます。

㋹

【12月4日】 #カカシだけではなかった

いきものがかりさんのキャンプに同行しました。一緒にキャンプしたのではなくあくまで〝居ただけ〟というのが察せられるかと思います。みんなめちゃくちゃ楽しそうでした。12月24日23時からのクリスマス特番で放送されます。ぜひご覧ください。

㋹

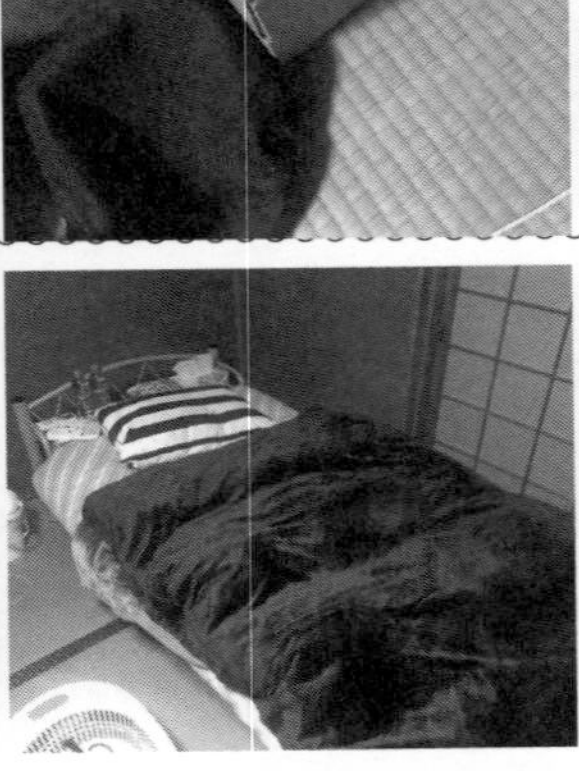

首里城が燃えてしまってとても悲しいです。。。
レンタルさんがご無事で安心しました。
は・か・た・の！？
しお！
Thank You
GIF

和歌山でみかん一箱もらったので持って帰ってます。宅配便の営業所がなかなか見つからない人みたいになってます。

㋹

手伝わなくていいので、ただ、みかんの収穫を見守ってほしいという依頼で和歌山へ。東証一部上場企業からの内定を辞退して就農を決めた気持ちや、農業への問題意識、みかんの雑学、苦労話などを収穫中ずっと語ってて「スッキリした」とのこと。僕も、なんもしない人が農業で活躍できる場面がカカシ以外にもあることを知れて良かった。

就農一年目ということもあり、不安感が強かったこの仕事ですが、レンタルさんに見守られることによって、みかんを収穫する仕事に対しての肯定感が持て、加えてミカンの雑学を聞いていただけたのでスッキリしました。（略）私の祖父母もレンタルさんのことはまったく知らなかったと思うのですが、「なんもしないことって案外いいんだね」と価値を見直されていました。……

【12月5日】 #車道の真ん中指定で

「使ってなくて放置してる部屋を早く引き払いたいが、物を片付けるのが苦手すぎてすぐ放り出してしまうし、かといって他人にやってもらうのも嫌なのでサボり防止のため見守ってほしい」という依頼。効果は得られなかった模様。

さっき待ち合わせ場所にいたら四人組の観光客から「(私たちの)写真撮ってください」と言われて撮って会釈してまた元の位置に立ってたら「まあ不意打ちだっただろうしね」「でも二枚目はまあ良かったじゃん」とか聞こえてきていたたまれなかった。写真撮るの本当に嫌すぎる。「どこから撮ればいいですか?」って尋ねたら「ここからで」って思いっきり車道の真ん中を指定されたのもかなり嫌だったな……。

大学の講義で扱われているところに居合わせています。面白い。

【12月6日】 #夢で逢えたら

いろいろな経緯があるのですが、犬と別れ一年が過ぎました。どうしても〇〇に会いたいとそれだけなのに、とても難しく思うのです。忘れられてることもあるかもしれません。それが怖くもあります。

犬を引き取りたいのですが、まず、頑なに犬を渡さなかった訓練所の所長を説得しなくてはいけません。頑固な方なので、面会すら許可されないかもしれません。一年の沈黙を経て、切り出そうと思っています。……

離れ離れになった犬と再会しにいきたいが不安なので同行してほしいという依頼。その犬とは以前の勤務先（犬の訓練所）で出会って仲良くなり、自宅に引き取っていいことになってたが、いろんな経緯で所長の許可がおりなくなったという。この日も会えず。写真を見返しながら犬との思い出を語る時間となった。

その犬と別れてからは塞ぎ込む毎日で、夢に犬が現れても誰かに阻まれ近づけず泣くしかなかったらしい。ただ今回の依頼を送ってからは〝なんもしない人同伴のもと犬と再会するシーン〟を脳内で何度もリハーサルしたらしく、すると夢でも邪魔が入らず犬と抱き合えたそうで、僅かながらも効果あったようです。

【12月7日】 #大阪大学出身でかつレンタル業のみ

今日は「大阪大学の集い in 東京」に同行してます。大阪大学出身のレンタル人間にしか務まらない仕事は初です。

――依頼者が帰宅し、完全に浮いた。

「メンズメイクの第一人者を取材して記事を制作している中、メイクによる変化のわかるビフォーアフター画像が必要になったのでそのモデルになってほしい」という依頼。知人の男性に頼もうとも考えたが、スケジュール的になかなか都合つかず、今回の依頼に至ったという。無事変化のわかる画像が得られてた。

きもいポーズの指定にも応じてしまうくらいはしゃいでしまった。

――ずっと帽子被ってるからか薄毛説あったらしい。

【12月8日】 #私に向かって手を合わせて

私は仏像が好きすぎるあまり、仏像に擬態（コスプレ）する「仏ものまね」というのを好きでやっ

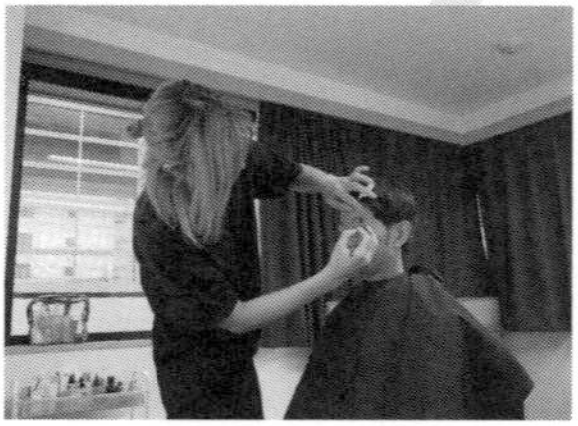

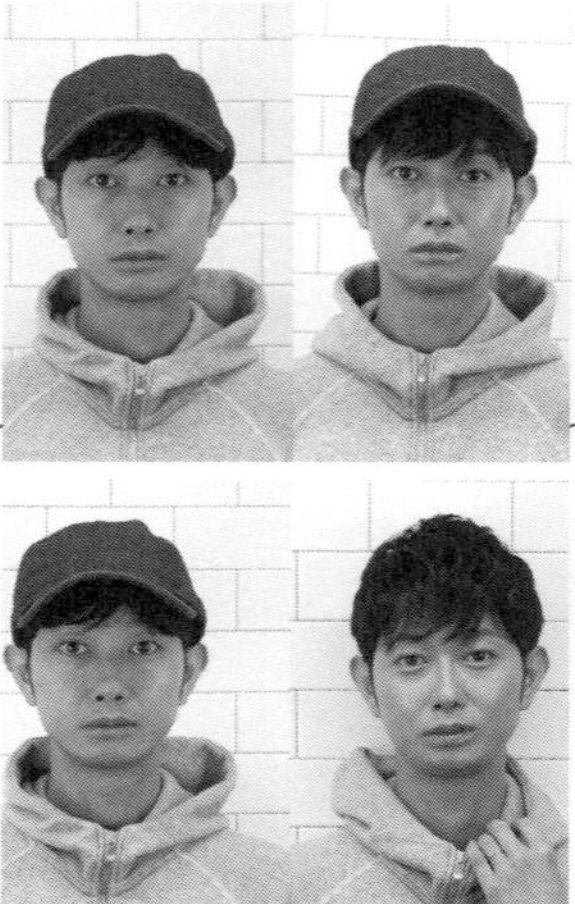

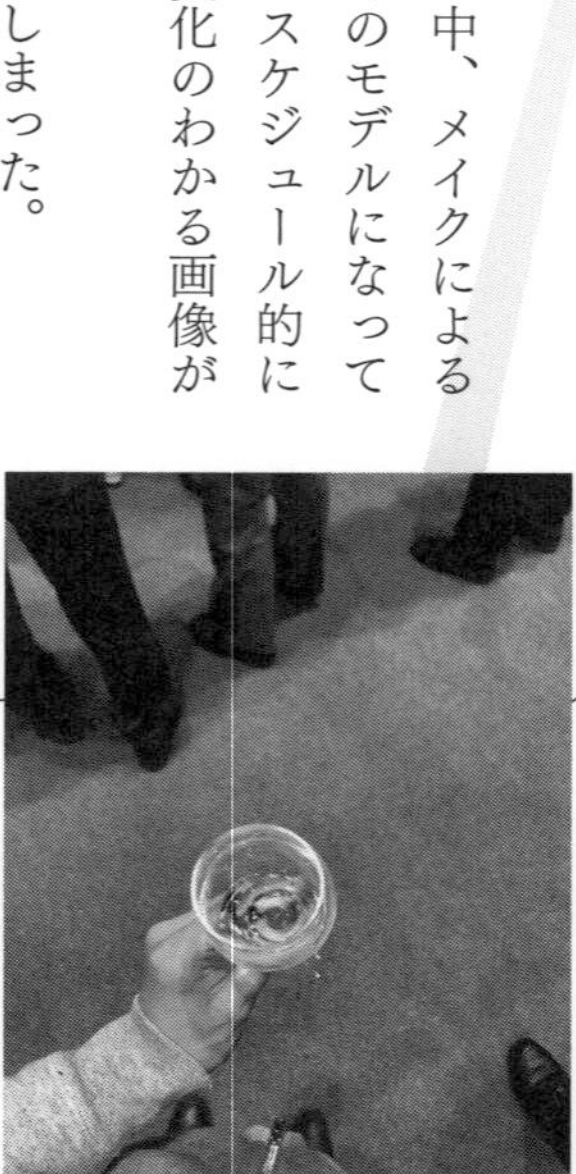

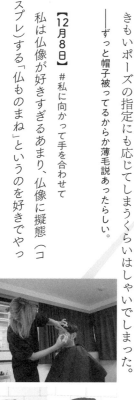

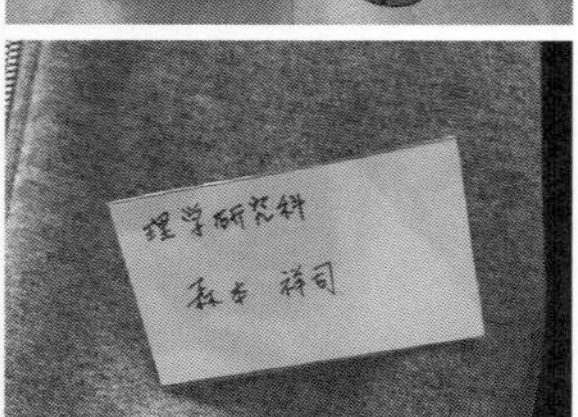

ております。順調に一一〇個の仏ものまねをやってみたのですが、今一つ、何かが足りない気がしています。これはほとけとしてガワは近づいても環境や中身がまったく違うから仕方ないのですが、より近づくために人に手を合わせてもらったらいいのでは??と発想が生まれました。……

「私の〝仏ものまね〟に同席し、変身後の私に向かって手を合わせてほしい」という依頼。ガワだけ寄せても何かが足りない気がするため一度本物の仏像として利用されてみてはどうかと思い立ったという。緊張して本調子ではなかったらしいが、人に拝まれることでそれっぽく見えるという発見があったそうです。

　ひらひらした帯はトイレットペーパー、手に持ってる小瓶はトイレ用洗剤に画用紙を貼ったものでした。普通に家にあるものを使うスタイルだそうです。普段は自宅でやってるが今回は出先のため忘れ物が多々あり、それもひとつ気付きだったようです（メイク中も「メイク落とし忘れた……」と呟いてました）。

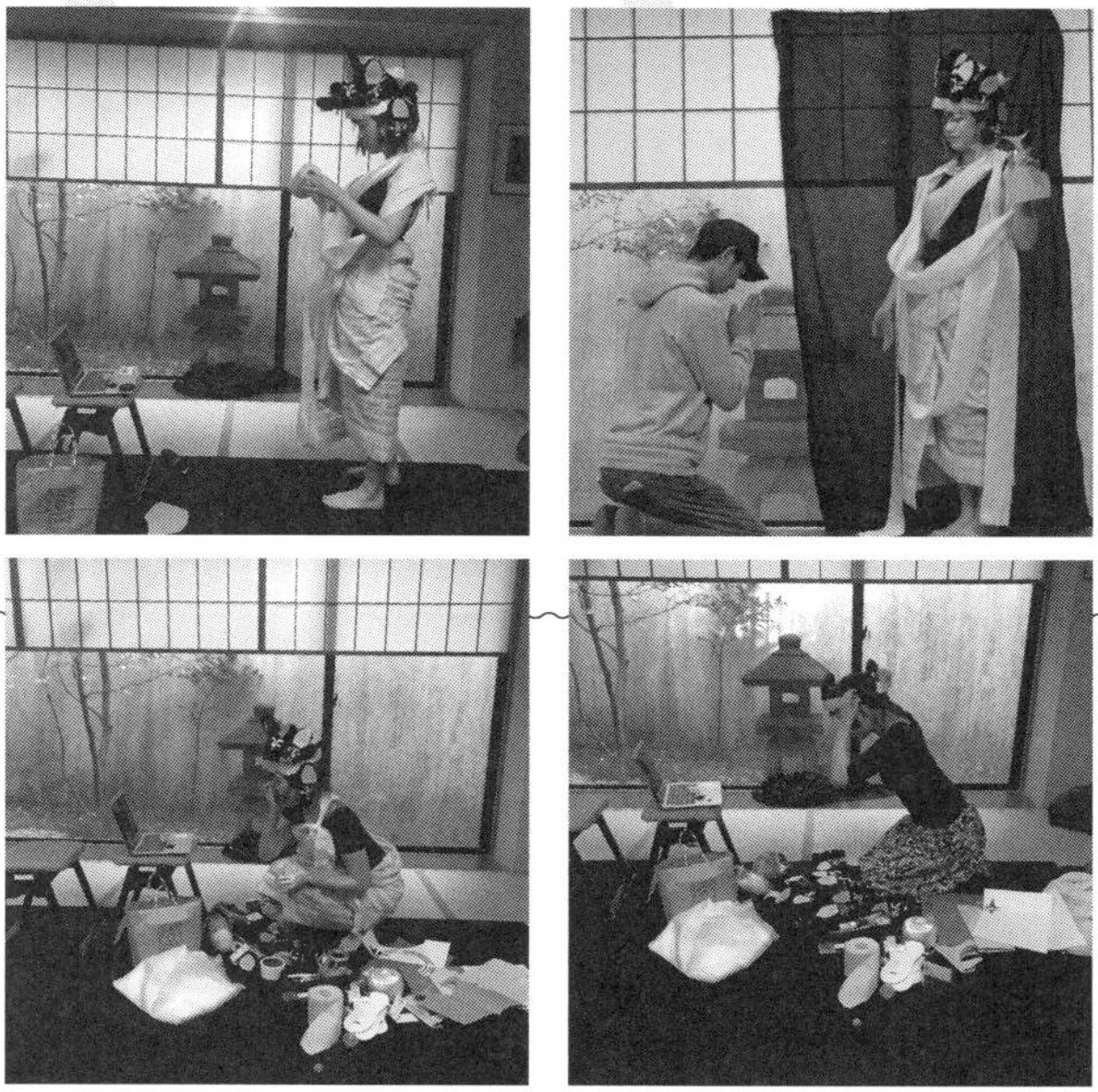

モデル：
みほとけ © 浅井企画

仏像から参拝者に拝観料が渡された歴史的瞬間みたいになった。

【12月9日】 #顔って裸だよな

朝の通勤時の車両内で、人の顔が自分の近くにあることが耐えられず、自分の方を向いて立っている人の顔を見たくないために、つい、自分の顔を覆ってしまいます。これは私の気にしすぎなのか、やはり、はたから見ていても他人の顔が近すぎて辛そうなことなのか、同じ車両から見える位置でレンタルさんに見ていただいて検証ご同席願いたく。……

今日はこのような検証のため通勤ラッシュに同行しました。満員電車で他人の顔が近すぎる件については、意識し始めるとたしかにきつい。今朝も依頼者はハンカチを顔に当てて我慢の時間を過ごしていた。「銭湯や温泉の苦痛と似てる」とのこと。その説明をうけて「たしかに顔って裸だよな」と再認識した。

㋹

料金設定を変えてから初めて通話での依頼を引き受けた。電話越しだと相槌をちゃんとした声ではっきり表現する必要があり難しそうだと思ってたけど、意外と大丈夫だっ

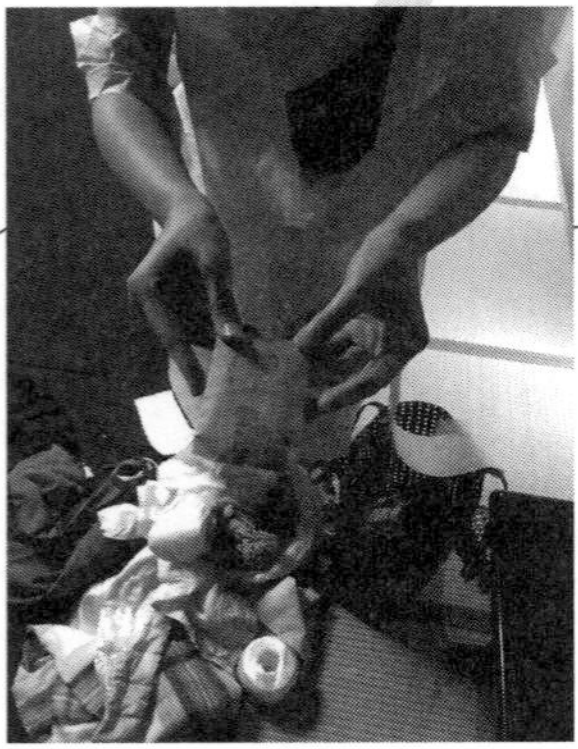

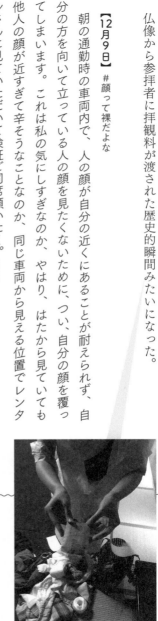

た。

（二一時四七分のツイート）集合時間二〇時目安と言われて待機中。連絡もつかないので勝手に〝目安〟の限界に挑んでる。

㋹

「レンタルなんもしない人は、ほかの人がやっても成立し得るような再現性のあるサービスだろうか」という疑問は、レンタルなんもしない人をやるほかの人として「平気で二番煎じをやっちゃうような精神性の人」しかサンプルが得られず、偏りが酷いので永遠に解決されないな。

㋹

【12月10日】 #エゴサーチの定義

僕がよくエゴサーチしてるという話の流れでたまに「自分も●●（他人の名前）でよくエゴサーチしてますよ」と言われることがあるけど、エゴサーチの定義を誤解してるのか、〝自己〟の概念が拡張してるのか判断がつかない。

こういうのを察知するスキル。

——怪しいポイントとして「あいさつがない」を挙げてる人いますが、あいさつはなくても全然大丈夫です。当日予約も大丈夫です。

今日ラーメン食べに行くのでついてきてほしいです。
1番近い駅はどこですか？
リクエストを許可しました
今日は空いてないです
明日は？
空いてないです
いつ空いてる？
サンドバックになって欲しいねんけど
一生お断りします
なんで？
殴るからなんもしやんでいいよ
ブロックしますね
さきにするわ

【12月11日】 #恥と怒がきた。後で嬉もきた

haruさん(メンタルなんにんもいる人)宅に来てます。昨夜は初めてツイキャスで配信。結衣さんが二宮和也の良さを熱弁したあと寝落ち↓悟くんが出てきてツイキャスの切り方わからない、の流れに「ならではだ」と思った。今は朝のPC作業を見守りつつ、嵐の「キャラメル・ソング」をリピートで聞かされてます。

手術前後の付き添い依頼。「手術前は飲食不可だが一人だと守れる気がしない」と戒めの意図もあったものの、集合後あっさり飲食店に入りお茶や抹茶ソフトを胃に入れてしまってた。手術は無事成功。早速誰かに感想を言いたかったそうで「家は誰もいない

ので……助かります」とレンタルしたことの効果を感じてた（手術に際しては医師の指示を守らないと命の危険があるのでご注意ください）。

手術は混み合っていたため一週間待ちで、一週間ずっと恐怖で頭がおかしくなりそうだったらしい。それもあり手術後は「もう手術のこと考えなくていい……」と喜びを噛み締め、「ものすごく嫌なことが一つなくなるだけでものすごく幸せ」という気付きを得ていた。

Ⓛ

タリーズで「アサイー&ヨーグルト」って注文したら「ヨーグルト&アサイーですね」って言い直されて恥と怒（どっちも同じじゃんという程度の）の感情が同時に来て受取口でぼーっとしてたら別の店員さんから「レンタルさんですか？　いつも見てます。頑張ってください」と言われ嬉も来て訳がわからなくなった。

Ⓛ

「女性が話をしているときは解決策を求めていない、ただ聞いてもらうこと、共感してもらうことを求めている」という説があり、たしかにそういう傾向はある気がするけど、話を聞く側についていえば、やたら解決策を言ってくる人の多さに男女差は感じられない。

——抽象的ネガティブなことをツイートすると、直前に会った人が「自分のことを言ってるんじゃないか」と心配するんじゃないかと心配になる。

【12月12日】 #小籠包がパンケーキに変わる

当日に事情が変わったり気が変わったりして依頼内容を変えるのも、引き受けられる範囲内なら大丈夫です。この日は小籠包がパンケーキに変わりました。

この前もらったポチ袋。この絵にはエゴサの悪いイメージを払拭する力があるな。

㋹

チップスター食べたいなーと思ってたらチップスターの自動販売機があった。嬉し〜。

【12月14日】 #失礼の化身かよ

妻は芸術家なのでニューヨークまで取材に行ってしまった。

㋹

以前は下手なりにいつも楽しく弾けていました。以前ピアノのある家に人と同居しており、そこでもよく弾いていました。私が弾いているとある同居人に言葉をかけられることが時々ありました。その同居人とうまくいかず、しばらくしてその家を出ました。

（略）別の場所で一人ピアノを弾いているとき、言われた言葉を思い出したりして手が止まってしまうのです。弾くのは大好きなはずなのに別のことに頭が支配されるのが悲しくなってしまいます。誰かに聞いてもらって、その人に聞いてもらったという思い出で塗り替えられたら変わるかもしれない……

「ピアノを弾くのが好きだが、ピアノに関してあまり楽しくない思い出があり、弾いてると思い出して手が止まってしまうので、その記憶の塗り替えのために誰かに聴いてほしい」という依頼。しかし当日を迎える前の練習で既に解決してた。後日ストリートピアノを弾きにいった際もあっけなく弾けたそうです。

――外出先で電話する用事があるときに便利なのがデパートの中途半端な階に置かれてるソファ。

こういう地味な依頼でもしっかり一万円請求してるけど、よくこうなる。残念というか、常識的な人を変なサービスに巻き込んだ感があり、申し訳ない気持ちになる。

㋹

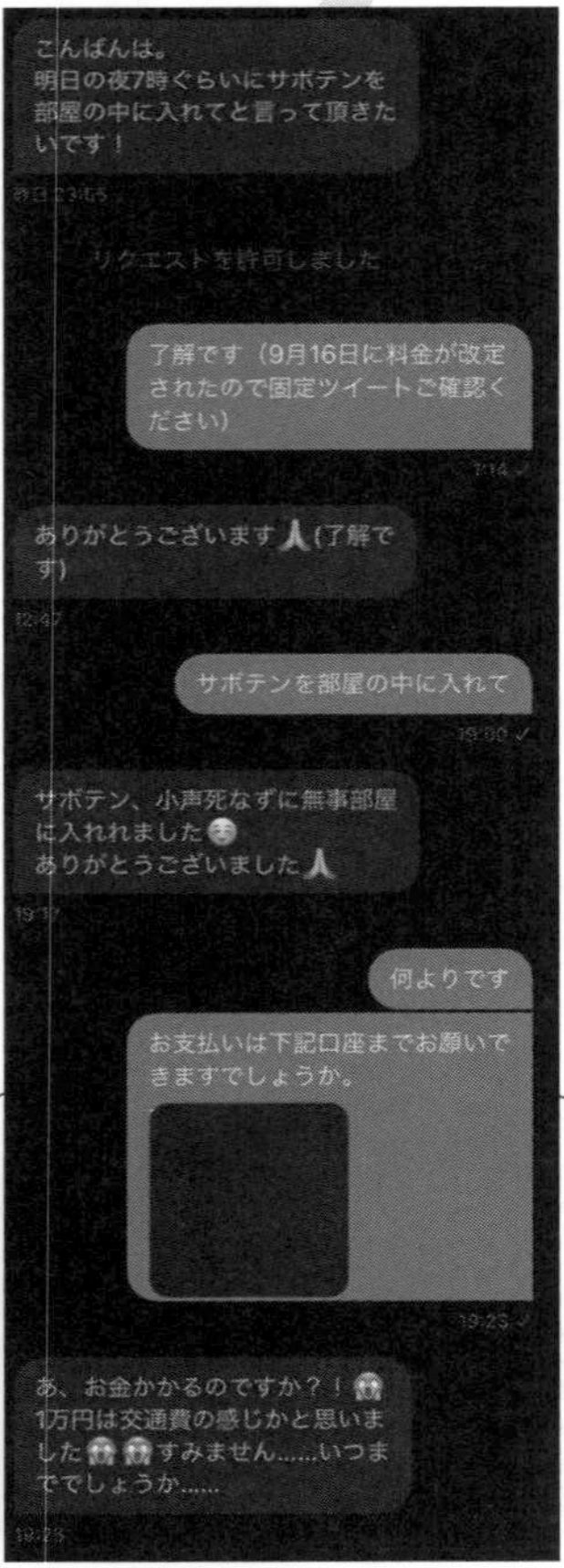
こんばんは。
明日の夜7時ぐらいにサボテンを部屋の中に入れてと言って頂きたいです！
リクエストを許可しました
了解です（9月16日に料金が改定されたので固定ツイートご確認ください）
ありがとうございます🙏(了解です)
サボテンを部屋の中に入れて
サボテン、小声死なずに無事部屋に入れれました😌
ありがとうございました🙏
何よりです
お支払いは下記口座までお願いできますでしょうか。
[redacted]
あ、お金かかるのですか？！😱
1万円は交通費の感じかと思いました😱😱すみません……いつまででしょうか……

「前払いにしたらいいのに」という声もありますが、前払いにすると依頼を遂行するにあたっての義務感が増して、しんどくなりそうなので基本的に後払いでお願いしてます。なのでこういうケースがあるのも仕方ないし、こうやってツイートのネタにもなるので大丈夫です（勘違いしてたとのことなので、今回は受け取らない旨をこちらから伝えました）。

㋹

失礼の化身かよ。

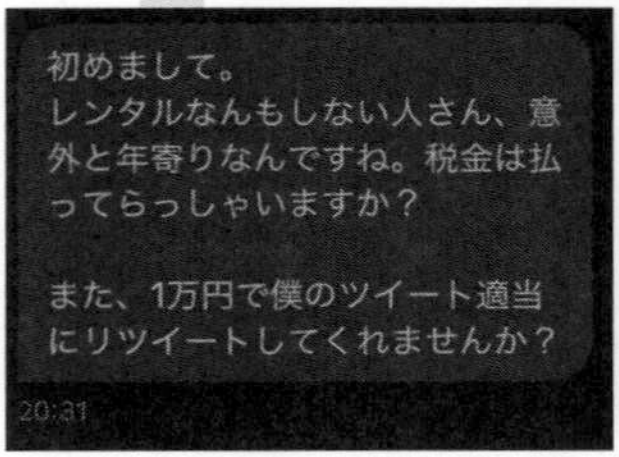
初めまして。
レンタルなんもしない人さん、意外と年寄りなんですね。税金は払ってらっしゃいますか？
また、1万円で僕のツイート適当にリツイートしてくれませんか？
20:31

今日はさっき書いたような件があったり、依頼現場の会場（そこの演者からの依頼）に行ったら「DMの最後のやりとりでこちらから返信しなかったってことは、流れたんだって分かりませんでしたか？」とよくわからないこと言われ帰らされたり、散々だったけどカレンダー見たら仏滅だったから仏滅すげーってなった。

㋹

【12月15日】 #良さで疲れた

ツイッターのフォロワー数は頭打ちし、現在はツイートすればするほどフォロワーが減っていくという状況。一方なにも投稿せず放置しているインスタグラムのフォロワー数はずっと右肩上がり。皮肉にも「なんもしない」ことの価値を裏付けている。

㋹

「年末ジャンボ宝くじの購入に同行してください」という依頼。よく当たる占いによるとレンタルなんもしない人は金運が強いらしく、その運を借りたいとのこと。購入用の万札を握りしめさせられながら、これまたよく当たると評判の一番窓口に一時間半並び、指示された通り連番で二〇枚購入。一〇

億円当たるか［結果は12月31日に］。

今日はスピッツのライブに同行しました。最高でした。スピッツに詳しい知人の受け売りで「スピッツは全員の演奏技術がめちゃ高いらしいですよ」「草野さんギターめちゃくちゃうまいんですって」とか言っちゃいました……。

グッズ購入から同行しました。グッズは自腹で買いました。こんなにお金を払うのが気持ちいいことあるんだと思いました。

良いって思いすぎて疲れた。良さで疲れた。

【12月16日】 #依頼者にとっての普通の会話

「仕事の関係で下ネタばかり話してて普通の会話から遠ざかっているので、喫茶店でたわいもない話をして普通の感覚を取り戻したい」という依頼。宇宙人の話や、毎日川に話しかけてた頃の話などこちらからすると普通じゃない話もあったが、依頼者にとっての普通の会話はできたようで満足してた。

【12月22日】　#食事したあと握手してほしい

私の夫は、女性向け風俗（出張ホスト）を仕事にしておりますが、私は夫とは真逆に、異性とのスキンシップに対して、幾分かの苦手意識を持っています。それは成人男性に問わず、ご高齢な方、お子様に対してもです。

　これまで、そのことで大きな苦労はしてきませんでしたが、先日、お腹のわが子が男の子である可能性が高いと知り、わずかな不安を覚えました。……

　一緒に食事したあと握手してほしいという依頼。異性とのスキンシップに苦手意識があり、小さな男児との接触でも消毒スプレーをシュシュっとするほどだが、先日お腹の子がおそらく男の子だと知り不安とのこと。旦那さんに対しては大丈夫だが、別の大丈夫そうな男性にも触れとくことで気持ちを備えたいらしい。

　結果、「実感として大丈夫な気が致しております」と手応えがあったようです。あと、レンタルなんもしない人という、依頼者の旦那さんと形態は似ていながらも全然違ったサービスを提供する職業の人間と会話したことにより、世の中のニーズの多様化と旦那さんの仕事への理解が深まったらしい。

――しばらくツイートしてなかったから何人かから心配されたけど、家族でディズニー行ってただけです。ソアリン楽しかったです。

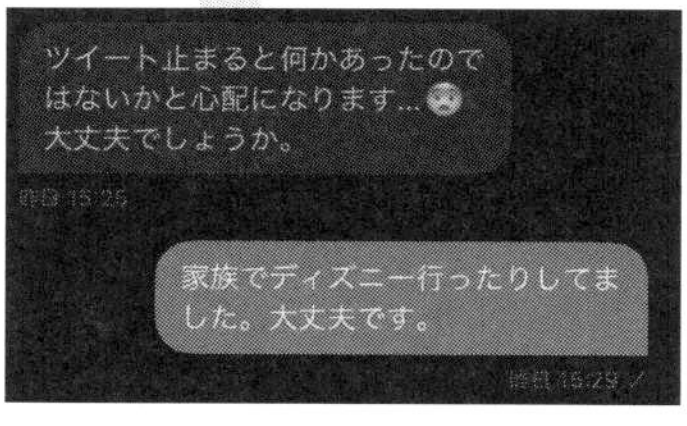

【12月23日】 #自分の忘年会

名前のせいかよく「話しかけてもいいんですか？」と聞かれますが話しかけて大丈夫です。プロフィールの通り受け答え（質問に答えたり相槌をうったり）はします。答えたくないことは「答えたくない」と言いますし、聞くぶんには何を聞いてもOKです。受け答えがつまらなかった場合は質問のせいにはします。

——わりとこのスタンスが板についてきたので、今ならどこかの会社に勤めて上司から怒られたとしても採用した人事のせいにできる自信ある。

㋹

「最近お酒で失敗して後悔することが多いので、〝失敗したらどうしよう……〟と心配することなくひたすら自由にお酒を飲む場を設けて自分の忘年会としたい」という依頼。失敗によるリスクを最小限に抑えるため依頼者宅近辺で開催された。

昨日は長々と付き合わせて本当にすみません!! 飲みすぎてどうやって家に帰ったのかも覚えてないですｗｗ 無事に帰れましたか？ おかげさまで何も気にせず楽しい忘年会ができました。

無事何も気にせず楽しい忘年会ができたらしい。僕も飲みました。

【12月24日】 #ヤンマガは三本締め

昨日は講談社モーニング編集部の忘年会に参加。作家がいっぱいいて凄かった。僕はネームプレートの字だけ褒められた。上の階でヤングマガジンの忘年会もやってたので漫画家のプクプクさんと一緒に少し覗きにいった。モーニングは一本締め、ヤンマガは三本締めという違いが見られた。

【12月25日】 #火を見ていました

キャンプの付き添い依頼。誰よりも長く火を見ていた。

【12月26日】 #テトリスにはまる

クリスマスにニンテンドースイッチを頂いたのを機にテトリスにハマってしまっているため諸々対応遅れます。

【12月27日】 #リマインドも一万円

マンション契約更新料支払のリマインド依頼。無事期日までの支払を済ませた模様。

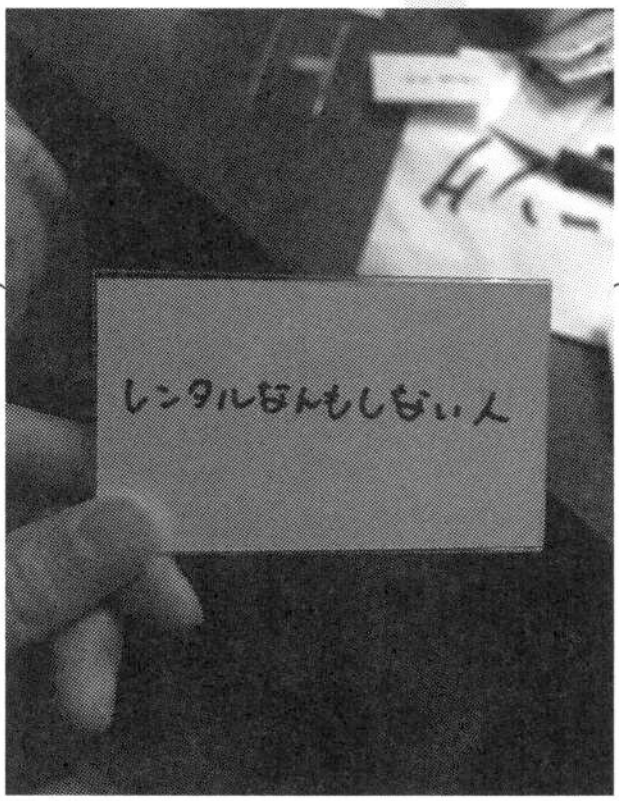

依頼料一万円もちゃんとお支払いいただいた。

【12月28日】 #犬、いました

♥惚気報告♥、続いてます。

・ウーバーイーツの配達員さんが女性だとわかった途端、寝癖を気にし出した彼女がかわいかったです。

・彼女が「耳かゆい……」と言いながら頭をかいていました。かわいいです。

㋹

「手作りの料理を一緒に食べてもらいたい」。久々に来ました。今回は梅こんぶ茶をオーダー［前回は8月6日］。

最初に依頼した時よりも手際よく負担が少なく料理が作れるようになり、料理のレパートリーも増えたのでいろいろ作ってみたい。失敗するかもしれない不安に苛まれることなくのびのびと料理を作ってただ食べてもらいたい。

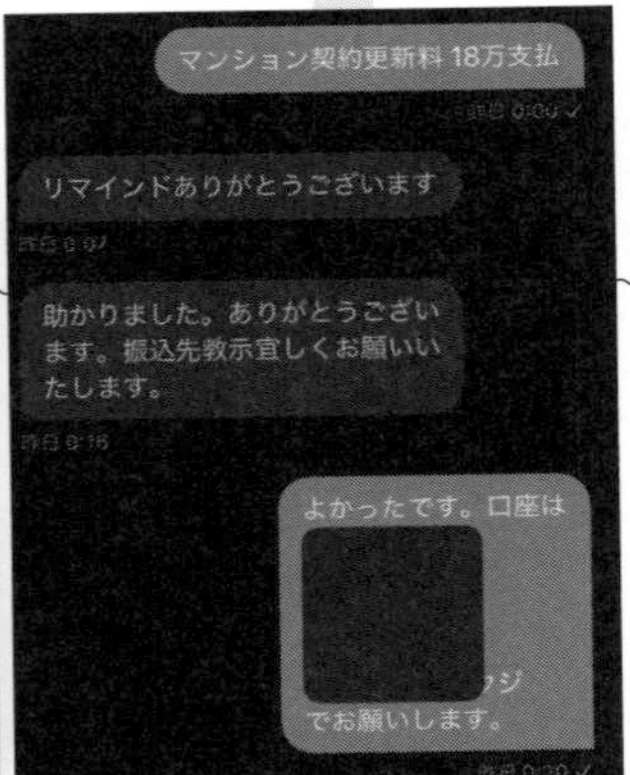
マンション契約更新料 18万支払
リマインドありがとうございます
助かりました。ありがとうございます。振込先教示宜しくお願いいたします。
よかったです。口座は [redacted] ジでお願いします。

おめっとさん
26
HAPPY
Birth day
「遅刻しちゃう～😠」と文句言いつつも、画像検索しながらすみっこぐらしのキャラクターをなるべく忠実にたくさん描いてくれて、いい子でした。

彼女、最近絵がうまくなってきた気がします。天才です。
買ったコート２着が届いた彼女が「わたしの冬がはじまる…！」と嬉しそうでした。

こういう依頼でした。どれもめちゃくちゃおいしかったし、自宅での手料理で田楽が出てくることあるんだと驚いて笑いました。デザートの〝苺のレアチーズケーキ〟は作るための工程が異常に多いそうで、誰かに食べてもらう約束でもしない限り、絶対に作らなかっただろうと言ってました。犬、いました。

㋹

長年の高所恐怖症から克服しつつあるが、スカイツリーには上ったことはなし。海遊館の観覧車は恐怖で血の気が引いた思い出。歩道橋は今は利用できるようになった。（略）アメリカにいたときに数学の先生の教えで、「ちまちまやっていてもupgradeしないので、思い切ってレベルの上をやったほうがいい」というのを思い出し、今回、レンタルさんにご同席いただこうと思いました。……

「長年の高所恐怖症からの克服具合を検証したいので、渋谷の高層階の展望フロア〝渋谷スカイ〟に同行してほしい」という依頼。とくに問題ないことを確認できた模様。めちゃくちゃ寒かった。

渋谷スカイは見晴らしの良さに加えて、渋谷の有名な高層ビルを余裕で見下ろせる優越感が味わえて良かった。このまえ〝私鉄を語るトークショー〟みたいなのに行ったとき、登壇者が話してた「梅田の阪急百貨店は、ＪＲ大阪駅を見下ろしながらカレーが食えるよう設計されている」という話も本当かもしれないと思った。

【12月29日】 #きゃりーぱみゅぱみゅに一喜一憂

『ドキュメント72時間』での密着取材が、年末スペシャル視聴者投票二位で再放送されました。放送当時は交通費とかだけでよかったけど、今はプラス一万円かかるのでご注意ください。

㋹

予定では年内あと一件の依頼を残すのみです。今年はいろいろあって楽しかった。嬉しかったのはきゃりーぱみゅぱみゅにフォローされたことで、悲しかったのはきゃりーぱみゅぱみゅにフォロー外されたことです。

【12月30日】 #ピンクでセンター

今日はアイドルライブのセンターに居させられています。

Q　「なんでもするんですね」

A　**待ち合わせ場所がここだったと思えば何もしてません。**

「デビューライブを控えてるがメンバーのダンスがかなり下手なので、カモフラージュのためステージに立っててほしい」という依頼。メンバーカラーがなぜか寒色ばかりになってしまったとのことで暖色（ピンク色）の担当もさせられた。無事ダンスの仕上がり具合に言及してる人は誰もいなかったようでよかった。

【12月31日】 #結果出た

結果出た［12月15日の依頼］。

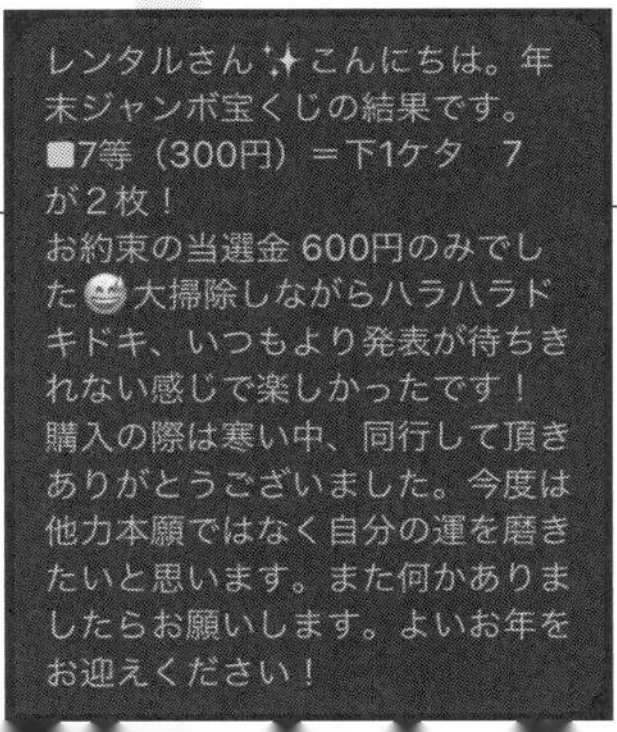
レンタルさん✨こんにちは。年末ジャンボ宝くじの結果です。
■7等（300円）＝下1ケタ　7が２枚！
お約束の当選金 600円のみでした😅大掃除しながらハラハラドキドキ、いつもより発表が待ちきれない感じで楽しかったです！
購入の際は寒い中、同行して頂きありがとうございました。今度は他力本願ではなく自分の運を磨きたいと思います。また何かありましたらお願いします。よいお年をお迎えください！

12 1月（2020年）：日記を読み返し、過去との別れを見届けてほしい

【1月1日】 #行って、来い

今日は新幹線での移動に付き添っています。

依頼が終わったので引き返してます。

新幹線に一緒に乗ってほしいという依頼。一人だと寂しい上、隣にニオイのきつい人が来たらどうしようとか、それで酔って吐いたら……とかいろいろ心配になるので、乗り物自体が苦手とのこと。付き添いがあると安心して乗れたそうです。僕は東京－新大阪間をただ往復しただけになり、地味ながら珍しい体験となった。

【1月2日】 #そんなあだ名で呼んだこと一度もない

「元彼の気持ち悪いＬＩＮＥを見て感想を言ってほしい。またそれを削除す

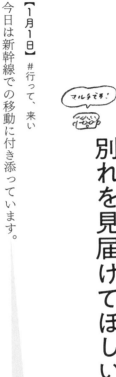

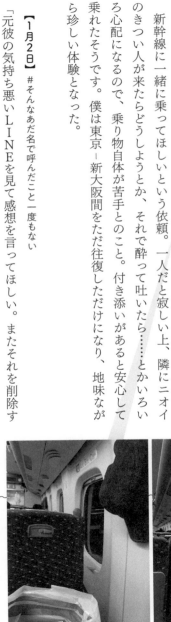

るのを見届けてほしい」という依頼。即刻削除したいのはやまやまだが第三者からみてもやはり気持ち悪いかどうか確認してからにしたいとのこと。LINEのスクショにて間違いなく気持ち悪いことを確認。ようやく削除できてスッキリしてた。

具体的な内容を伏せながらだと伝わりづらいニュアンスありますが、自分のあだ名を一人称に使ってる（自分のことを自分のあだ名で呼ぶ）ところの気持ち悪さが印象的でした。「しかも私、そんなあだ名で呼んだこと一度もないんです」と言っててさらにゾッとしたし、怪談のような話の運び方に笑いました。

【1月3日】 #フライパンのケーキ

息子がパンケーキのことを「フライパンのケーキ」と言ってるのを聞いて、フライパンで作るケーキだからパンケーキなのかと気付かされた。パンのケーキだからパンケーキだと思ってた。

㋹

Official髭男dismの「Pretender」や夏目漱石の『こころ』を同性愛の話として解説してる記事があり、またそんなと思いつつも読んでみたらめちゃくちゃしっくりきたし、もはやそうとしか思えなくなった。「先生が自殺した理由がよくわからないから『こころ』

は好きじゃない」と言ってた村上春樹さんにも教えたい。

【1月5日】#本来の理由

今月も友の会の会費が送られてきた。もう自分一人しか会員が残っていないことを知ってもまだ会員でいてくれるだろうか。

——「一年分を先払い」の人もいたからもう何人かいました。失礼しました。

——滞納してただけの人もいた。滞納費一〇パーセントものせてもらえて嬉しいが、友の会〝だった〟と過去形の使用によりすでに退会していることも匂わされた。

㋹

去年は本が出たり密着されたりでバタバタしてたのでツイートしてない依頼がいっぱいある。これは「野点同席」依頼。

㋹

「目指してるものがあり、それを目指す理由は人に言いづらい要素を含むため、聞かれたらそれっぽい理由を捏造して伝えてるが、そんなことをしてるうちにその捏造した理由のほうが本当のような気がしてきて、本来の理由を

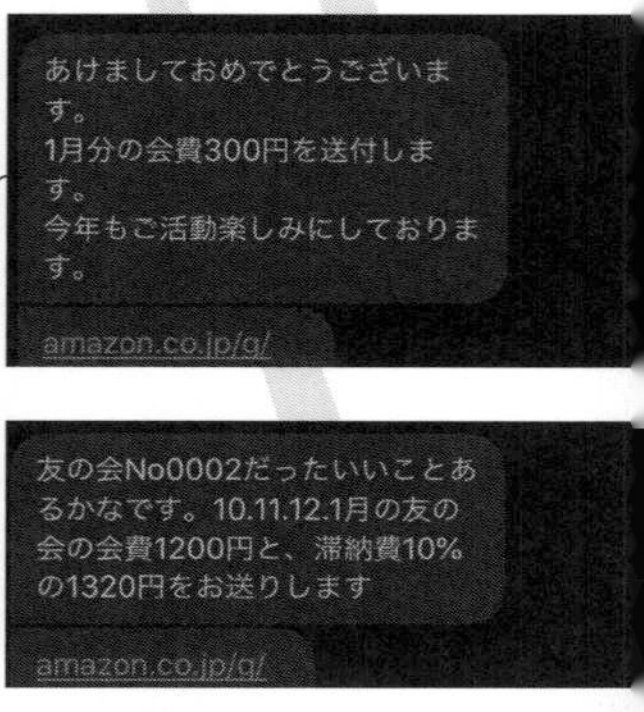
あけましておめでとうございます。
1月分の会費300円を送付します。
今年もご活動楽しみにしております。
amazon.co.jp/g/
友の会No0002だったいいことあるかなです。10.11.12.1月の友の会の会費1200円と、滞納費10%の1320円をお送りします
amazon.co.jp/g/

忘れそうになるので、本来の理由を話す相手になってほしい」という機微に満ちた依頼があった。

――「相手の会話ターン中に繰り出された自分への質問」にこたえるときは、相手の話の筋道を変えないよう手短に済ませることを優先するあまり、嘘ついてしまうことが多い。

㋹

今日は知らない界隈のオフ会に呼ばれ、他人が書いた梵字を持たされた状態で立たされてました。

【1月6日】　#アフタヌーンティーづくし

アフタヌーンティーでリピート［前回は10月3日］。

――夜の依頼も「アフタヌーンティー」（カフェの方）だった。

【1月8日】　#クムはペルシャ絨毯の産地

指定した時間に「クムはペルシャ絨毯の産地」とDMで送ってほしいという依頼。出演する朗読イベントの台本に出てくる国名表記を直前で変更することになり、本番で間違えないように言うためリマインドしてほしいとのこ

と。僕が忘れてしまっており指定された時間には送れず。本番には間に合ってよかった。

Q「一万円で依頼されているのに忘れてしまうのですね……」

A 世界一高コスト低スペックなリマインダーです。

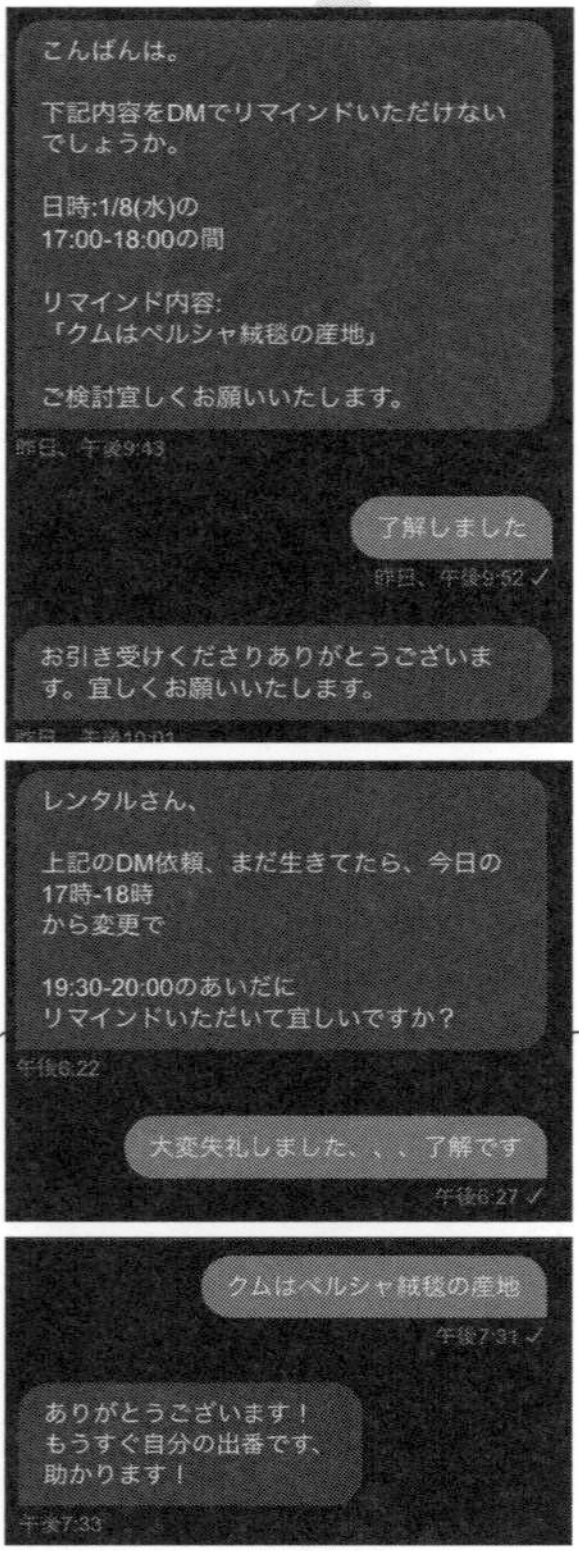
こんばんは。
下記内容をDMでリマインドいただけないでしょうか。
日時:1/8(水)の
17:00-18:00の間
リマインド内容:
「クムはペルシャ絨毯の産地」
ご検討宜しくお願いいたします。
昨日、午後9:43
了解しました
昨日、午後9:52 ✓
お引き受けくださりありがとうございます。宜しくお願いいたします。
レンタルさん、
上記のDM依頼、まだ生きてたら、今日の
17時-18時
から変更で
19:30-20:00のあいだに
リマインドいただいて宜しいですか？
午後6:22
大変失礼しました、、、了解です
午後6:27 ✓
クムはペルシャ絨毯の産地
午後7:31 ✓
ありがとうございます！
もうすぐ自分の出番です、
助かります！
午後7:33

今日は家で映画「ラ・ラ・ランド」をみてボロ泣きして依頼をすっぽかしてしまった。

——ツイートしてないだけで集合時間まちがえてたとかダブルブッキングとか全然ある。

㋹

【1月9日】 #胡散臭いのは誰か

ZOZOの前澤社長の一〇〇万円のやつ企画自体面白いし、参加してる人を否定する気は全然ないけど、胡散臭い依頼をしてくる人の一〇〇パーセントが前澤社長のリツイートをしている。

――「胡散臭い人は前澤社長をリツイートしている」を「前澤社長をリツイートしている人は胡散臭い」と読み取る人が多すぎてインターネットしんどくなる。

【1月10日】　#メンバーに空きがあるため

「旅行先で一人で食事するのは気が進まないので同席してほしい」という依頼。関ジャニ∞が好きとのことで鳥貴族をチョイス。一人だと声に出して言えない味の感想や推しへの愛を存分に語れて満足してた。

Q　「レンタルさん、アイドルになったんですか？」

A　「メンバーに空きがあります」の意味で立たされているだけで、メンバーではありません。

【1月12日】　#誰にも見せられない物

［2018年12月10日］

《一人暮らしが長すぎて自分の生活空間に自分以外の生物がいる感覚がわからなくなった人から依頼があり、人の部屋に半日滞在した。（略）ついでに、誰にも話せずにいる生い立ちを聞かされた。少年院にいたという話で、しばらくして「私、

劇場版ゴキゲン帝国Ω（撮影：つかもとげんた）

人を殺しちゃったんですよね」と経緯を話し始めた。一生誰にも話せないと思うとつらかったらしい。》

引っ越しの荷造りに居合わせてほしいとの依頼で再会。誰にも見せられない物があり、頼める人がいないという。見せられない物というのは、事件の調書や少年院を出るとき暗唱させられた誓いのような文書など。僕がそれらを読んでると「一人だとそれ自分が読み耽って作業にならないんで助かります」と笑ってた。

——依頼先でこれ出てきて「買う人いたんだ」って感動した。

【1月13日】 #はじめてのスタバ

はじめてのスターバックスに付き合って欲しいのと、私の生い立ち、今の状況を聞いて欲しいです。当日は、抗がん剤後二日目なので、あまり元気ではないですが、良かったら今までの私の波乱万丈な人生を聞いて欲しいです。……

「初めてのスターバックスコーヒーに付き合って私の人生について聞いてほしい」との依頼。持病の癌の話のほか公にしづらい話もあり興味深かった（テレビ取材の密着期間だったが内容の際どさもあってか放送では使用されなかった）。映

画「シン・ゴジラ」を数十回みたら全身の癌が一時的に消滅した話が面白かった。

㋹

♥惚気報告♥、続いてます。

・彼女は私が明日も仕事だと思っていたらしく、やっと今日で納まったよ〜とさっき言ったらめちゃくちゃ喜んでくれて普通に照れました。かわいぃ。

・おみくじも宝くじも全部「くじびき」と呼ぶ彼女、おばあさんみたいでかわいいです。

・何気なく「犬でも飼うか」と私が言ったら、彼女が「ワン…」となないたのがかわいかったです。しかし、自分で言っといてさすがに恥ずかしくなったらしく、なんとか誤魔化そうとストーブに話しかけはじめたのが愛おしかったです。

㋹

惚気報告（妄想）、続いてます。

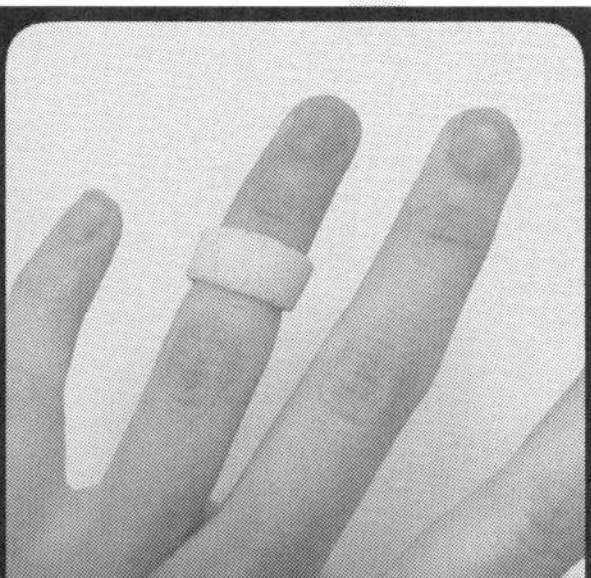

彼女がおやつの合間にかわいいことをしてきました。
直後に私が噛み砕いて食べたら、ちょっとショック受けててさらにかわいかったです。

昨日 12:24

「ど〜っちだ！」と言って手の中に飴を隠す恋人ちゃんが可愛いし、結局両手に入ってたところも好きすぎる。

2019/11/10 1:57

蒸しパンとか肉まんとかを手で割って半分こしたときに、必ず大きい方を渡してくる恋人ちゃんが愛おしいな……

2019/11/10 1:59

怖いものが苦手なくせに、世にも奇妙な物語は見たがるから一緒に見ていたけれど、恋人ちゃんはやっぱり怖いようで、私の腕につかまって肩に顔を埋めたりするから役得でした。

2019/11/10 2:03

惚気報告（妄想）が❤惚気報告❤（現実）に干渉しました。

【1月15日】 #楽しくママ活

「沈黙しても気にしなさそうな人を相手にママ活をしてみたい」という依頼。数か月前から楽しくママ活をしているが、よく知らない人と会話する煩わしさも感じるそうで、今回は趣向を変える狙いがあった模様。〝デートの形式〟とあったがいつもと何ら変わらずぼーっとついていき質問にうけこたえながら食事して解散。

今までのママ活の話を聞いたりもした。相手はお小遣い目当てというより単にデートを楽しむ目的の人が多いのが意外なところだったそうです。そうなると趣味の美術鑑賞に喜んで付き合ってくれる人もなかなか見つからず、好き勝手連れ回せること前提のレンタルなんもしない人に利用価値を感じたようでした。

今日はメンタルなんにんもいる人ことharuさんのお宅に呼ばれています。悟くんと

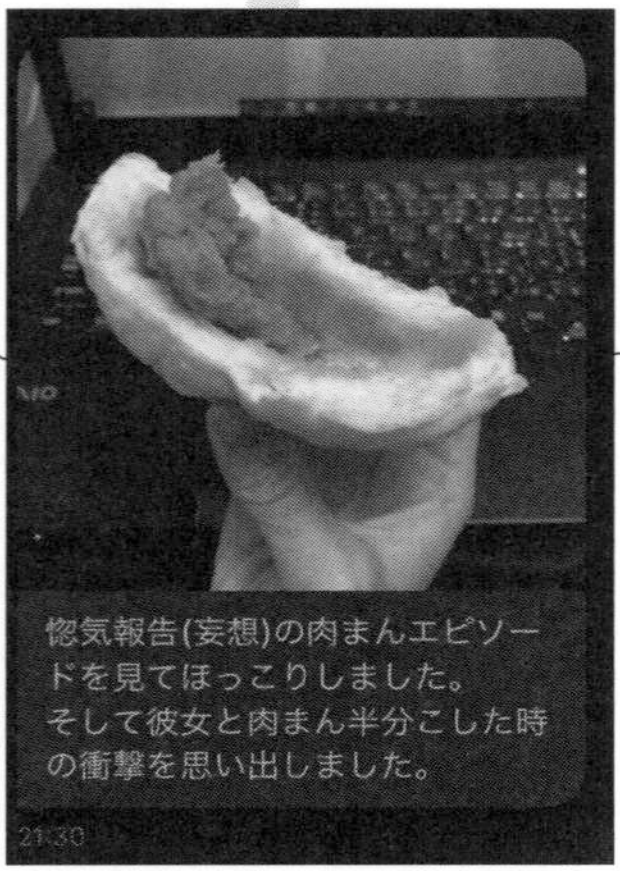
惚気報告(妄想)の肉まんエピソードを見てほっこりしました。
そして彼女と肉まん半分こした時の衝撃を思い出しました。
21:30

いう理数系に強い一三歳男子の人格の字で今日のテーマが書かれています。相変わらず字の綺麗さが凄いです。ご飯もいただいています。

その後は悟くんとの数学話と結衣さんとの世間話をツイキャスしてから就寝。今朝はいつも通りデスクワークを見守りながらおすすめの曲をリピートで聞かされています。今回はKing Gnuの『小さな惑星』と嵐の『Hey Hey Lovin' You』。

【1月17日】#死との向き合い方

はじめまして。去年の一月一六日に弟を自殺で亡くしました。その日は私の誕生日でもあります。来年の一月一六日木曜、もし予定が空いていたら一緒に過ごしてもらえませんか？（略）私には夫も子供も友達もいます。みんな、優しい人です。しかし、誕生日と命日ということもあり、皆、気を使ってくれます。今度の命日はただ、過ごしたいのです。でも一人で過ごす不安もあります。そんな時、隣に誰かただいてくれたらと思い、連絡させていただきました。……

自殺した弟の命日でもある自分の誕生日を一緒に過ごしてほしいとの依頼。気遣ってくれる身近な人はいるが、今度の命日はただ過ごしたいとのこと。「私の誕生日を狙っ

て死んだのでは」など考えてしまい、前向きにはなりづらいそうだが、この日は人に淡々と説明することで事実をそのまま受け止められたようです。

Q 「同じ車両にレンタルさんが乗っている気がするのですが」

A 一四〇字に収めるのに苦戦してるとこ見られてたな。

ツイッターでの僕の素行の悪さのせいか依頼者の中には「けなされるかもしれない」「ずっとスマホいじられるだけなんじゃないか」と最悪のケースを想定してから来る人もいて、そのおかげもあってか普通に応対するだけでプラスの印象をもってもらえることが多い。ツイッターでは引き続き素行悪くいきたい。

Ⓛ

母の葬儀から一か月以上が過ぎ、何人か友達ともその話をしましたので今日も冷静に話せるかと思いきや、やはりまだまだ感情をコントロールするのは難しい段階にあるとわかりました。……

母の死を他人に冷静に話す練習がしたいとの依頼。カナダでマッサージ師をしてる方で今は帰国して諸々の手続きを終えたところ。仕事に戻れば顧客からいろいろ聞かれそうだが、プロフェッショナリズムを保って話せるか不安なため練習したいという。涙を堪えられず、感情の制御はまだ難しい段階にあると悟ってた。

【1月18日】 #ヒマじゃなくなった

あめひま君（ヒマだからいろいろ付き合ってくれてアメもくれる人）が廃業した。ヒマじゃなくなったらしい。でも一年続いて「ヒマというだけで誰かの役に立てるんだ」との発見があったらしい。ヒマだと公言したうえでヒマであり続けるのは難しい、ということを示したのむしろポジティブな結果にも思える。

クリニックにパクられてる。

【1月19日】 #ボロ泣きしました

こないだ家でラ・ラ・ランドをみてボロ泣きしてたら依頼の約束の時間を過ぎてしまってたということがあったんですが、そのときの依頼者も「ラ・ラ・ランドそんなすごいの？」という感じでさっきみてボロ泣きしたそうです。

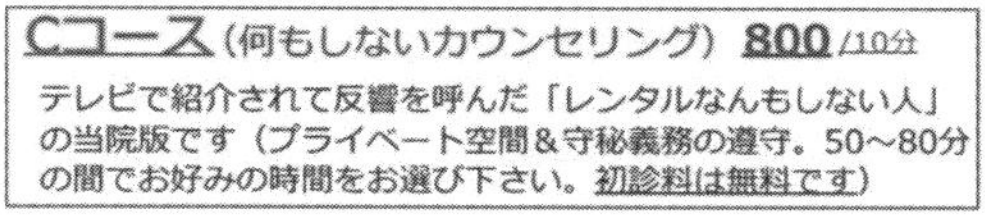

「前衛芸術を一緒にみてほしい」という依頼。クレイジージャーニーという番組で知った芸術家・篠原有司男の絵が展示されてるので行きたいが、前衛芸術に全然興味なさそうな人と行くのは気が引けるとのこと。篠原有司男はたしかに凄くて二人でかなり笑った。展示は今日までです。

㋹

【1月20日】 #やっぱりこれは残せない

私は小学生の頃からなぜか日記を書いています。先日引っ越しをした時、高校時代からの日記が掘り起こされました。読んでいて面白いし、元彼との思い出や、変な日記もあります。しかし古い日記を持っているということは、風水的にはあまり良くないらしいです。場所も取るし捨てたいと思っています。なので一緒に日記を読み返し、過去との別れを見届けて欲しいです。……

「引っ越しをしたとき過去の日記がたくさん出てきたが、古い日記を持ってると風水的に良くないらしいので、読み返して面白い記事だけ切り抜いたあと処分したい。でもそれを一人でやるのは寂しいので誰かと一緒にしたい。

家族や友達には見せられない内容もあるので無関係な人にお願いしたい」という依頼。

　これは高校生のときのバイト先の店長について書かれた記事（店長が今日はうざくなかったという内容）。店長の雑な似顔絵にうけながら切り抜いていたが、貼ったあと裏におばあちゃんとの大切な思い出が書いてあることに気づいて悔しがってた。店長今日はうざかった。

　これは友達(?)の葬式に行ったときの記事。「いろんな人にあって、よかった！　たくさんたべたし、いってよかったよ～（、ω .）♡」というめちゃくちゃ軽い感想に自分で笑いつつ引いてて、切り抜いたあと「やっぱりこれは残せない」と言って僕が持って帰らされた。

【1月21日】 #マルチです！

　このまえ依頼の待ち合わせ場所に現れた人が「マルチです！」って言ってきて、え、めちゃくちゃ開き直ったな、元気に明かすのが最近の手口なのかなと警戒したら「丸地」っていう苗字の人だった。

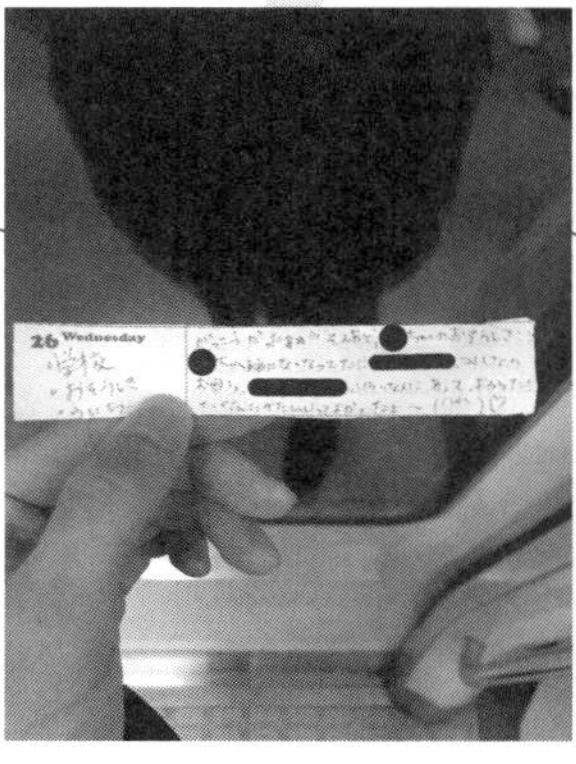
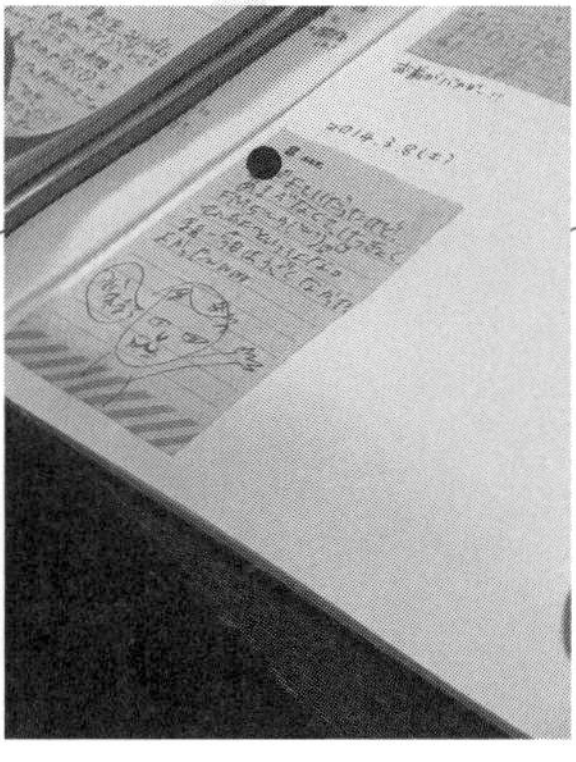

【1月22日】 #御祈禱

御祈禱を受けてほしいという依頼で神田明神へ。「レンタルなんもしない人きみは商売繁盛家内安全〜」と祈ってもらえました。

【1月23日】 #ビブリオマンシー

ヨーロッパで古くから伝わる「ビブリオマンシー」という書籍占いに同席しました。指された箇所にある文章が自分の知りたいことへの答えを暗示しているんだそうです。漫画でも自己啓発書でもなんでもいいそうです。この日は「官能小説縛り」でしたが、レンタルなんもしない人の本も入れてくれてました。

僕も占ってもらった。「今年の運勢は？」と尋ね、古事記のこのページがヒットした。よくわからなかったけど次のページから悲劇が始まりそうなのでその寸前で止まってよかった。

別の人の番で「いま長いほうと短いほうで迷っているものがある。どっちがいいですか？」という質問に対して選ばれた本がこの「文豪短篇傑作選BUNGO」だったんですが、指された箇所を読んでもいまいちピンときてな

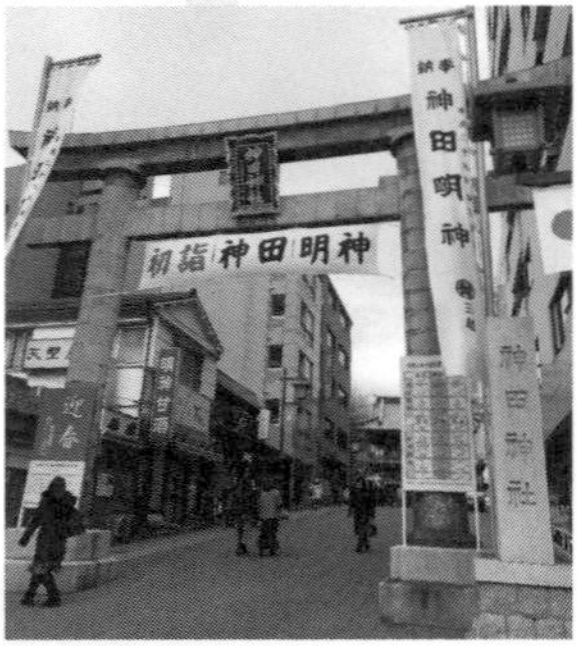

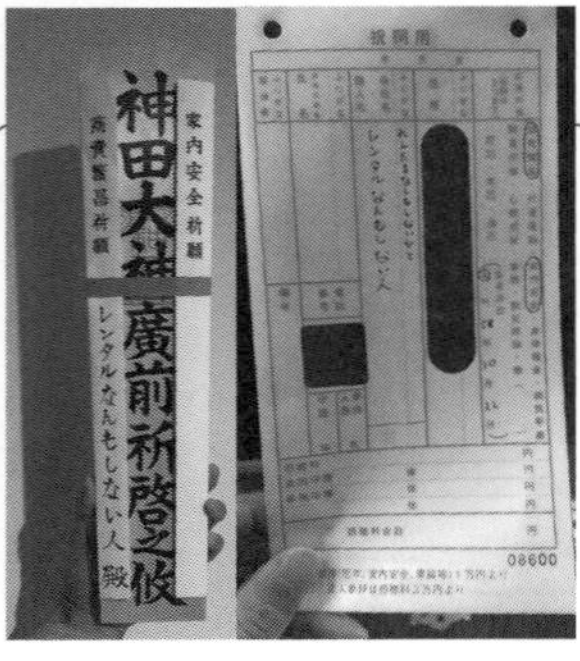

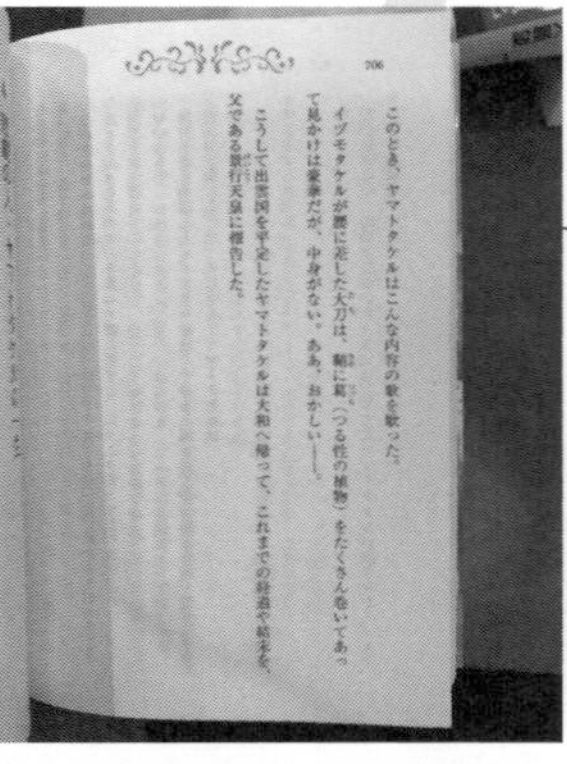

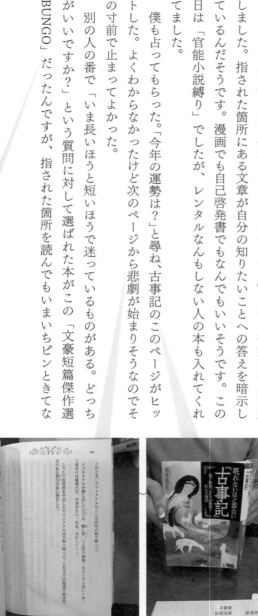

くて、ちなみに誰の作品だろう？　とみてみたら永井荷風だったときが一番盛り上がりました。

【1月24日】 #要注意人物が来てるんで

高級ホテルに宿泊したときの出来事や各ホテルの感想を話したいという依頼。依頼者自身は富裕層というわけではなく趣味で月一度くらい高級ホテルを利用してるそうだが、その話を気兼ねなくたっぷり時間かけてできる機会がなかなかないとのこと。国会議事堂近くの五つ星ホテルで三時間ひたすら話を聞いた。

高級ホテルが大好きということで基本的にはいつも満足な時間を過ごしてることを前提として、主に今まであったホテル側の不手際の数々について話していた。ホテルへの愛ゆえ、気になったことがあれば必ずスタッフに伝え、断固とした姿勢をとり、泣いたり泣かれたりしながらも妥協なく対応を求めるらしい。

一例。姉の誕生日に母、姉と訪れた某ホテルでのこと。依頼者は母と一度来たことがあったが、こんな良いホテルに姉を誘わなかったとなると気まずいためホテルには「来たことがあることは絶対に姉に言わないでほしい」と頼んでいた。チェックインなどは

問題なかったが食事のオーダーの際スタッフが「前回は〜〜をお召し上がりでしたよね？」といった提案をしてきて、咄嗟にごまかそうとしたがうまくいかず、初めて来たと嘘ついていたことが姉に知られてしまうことに。

その悲しみをスタッフに訴えたら〝レ・クレドール〟というコンシェルジュ界のトップ的存在、日本には三〇人くらいしかいないうちの一人が出てきて「今から私共に●●様のご機嫌を取り戻させて下さい」的なことを言い、各種オプションの無料提供に加え「お好きな所をいくつでも仰ってください」と高級車での東京観光までプレゼントされた。さすがはレ・クレドールと、この旅は気分よく帰路につけたが、破局的な出来事は次にホテルを訪れた時に起きた。

次にそのホテルを訪れたのは前回から数か月以上たった後。人員の入れ替わりもあり前回のことを知る人は一人二人のみ。あの最高の対応をしてくれたレ・クレドールも別のホテルに引き抜かれたのか居なくなっていた。

チェックインを済ませた依頼者がふと何かの用事でフロントへ戻るとちょうどスタッフが内線を掛け始めたところだった。人員の入れ替わり後もホテルに残った、前回の出来事を知るスタッフだ。依頼者が堂々と目の前にいることを認識して、目を合わせていたのにも関わらず、彼はほかのスタッフへ業務連絡の内線をかけた。「今日から〝要注意人物〟が来てるんで」それを聞いた依頼者は驚きと悲しみで混乱しながらフロントへ。

〝要注意人物〟が依頼者を指すのは明らかだった。前回あんな仕打ちを受け、しかし心からの謝罪と誠意ある対応をしてくれたのに、裏ではそんな扱いだったなんてと裏切られた思いの依頼者は前回以上の勢いでスタッフを問い質した。

ホテル側は失言を認めたが、対応として提案されたのは前回より遥かにケチくさいもので「お好きなだけいくらでもどうぞ」だった前回と違い「これかこれ、どっちかだけ」のような具合だった。納得いかない依頼者。しかし前回の対応を知るスタッフはごく少数で、あのレ・クレドールもいない。一向に要求は通らず埒《らち》が明かないとみた依頼者は、このパック旅行の販売元の航空会社に電話を掛けた。

結局販売元でも（当然ではあるが）ホテル内での事には対応できず、しかしなんやかんやあってホテル代については全額返金対応となり、そのお金で別の五つ星ホテルに泊まれてめっちゃ良かった……という話でした（件のホテルに二度と泊まれなくなったことは落ち込んでました）。こんな感じの話をあと五個くらいされました。

補足ですが、依頼者がこんなシビアに対応を求めるのは高級ホテルに限ったことで、一般的なホテルについては各々その価格でできる範囲のサービスだと受け入れ何も言わないそうです。高級ホテルは自ら〝最高のサービス〟みたいな最上級表現で謳ってる印象があるので僕は依頼者のスタンスも一理あるなと思った。

Q 「依頼者の方の一番のおすすめのホテルはどちらなのでしょうか？」

A 一番好きなホテルはザ・リッツ・カールトン東京だそうです。理由は「一個しかミスがなかったから」とのことです。

リッツ・カールトンについては、接客業で働いてる別の依頼者も「接客をする人間なら一度はリッツ・カールトンに泊まっておくべきだ」と言われたことがあると言っていた。本当にすごいんだろうな。

もしかすると僕の文章では依頼者のホテルへのこだわりや愛情が伝えられてないかもしれない。直接話を聞いた身としては、クレーマーというより、プロフェッショナリズムを持ったカスタマーという感じがしました。

【1月26日】 #じゃあいいです

花ちらし組というアイドルグループのピンク担当としてメンバーの生誕祭に同席します。こないだ別のメンバーの生誕祭にも参加したんですが、お客さんから写真撮影を求められ、その場では一応アイドルなので一枚一五〇〇円と料金を伝えたら「じゃあいいです」と言われたのが二回ありなかなか厳しい現場でした。

は・か・た・の、しお、続いてます。㋹

――依頼者も心配してましたが、料金改定以前からの継続依頼なので料金は発生してません。

【1月27日】　#本当のことが何もわからない

オウム真理教に入っていた依頼者［2018年12月31日］からのリピートで話を聞いた。「本当のことが何もわからないまま終わりにされてしまった」という思いはやはり拭えないようだった。具体的には書けないが、今もいろんな報道や接触で精神的ダメージを受けることがあるという。所属してた頃使ってた教本も見せてもらったが、思ったより重厚で読み応えあり面白かった。

Q　「重たい話を聞かされることが多いと思いますが、メンタルに影響はないのですか？」

A　大丈夫です。「重い話を聞くとそれに引きずられて精神的につらくならないですか？」とよく聞かれるけど、そういう感覚がないのでこの活動向いてるんだろうなと思います。本当によく聞かれるので「それ、なんなの!?」と逆に驚いています。

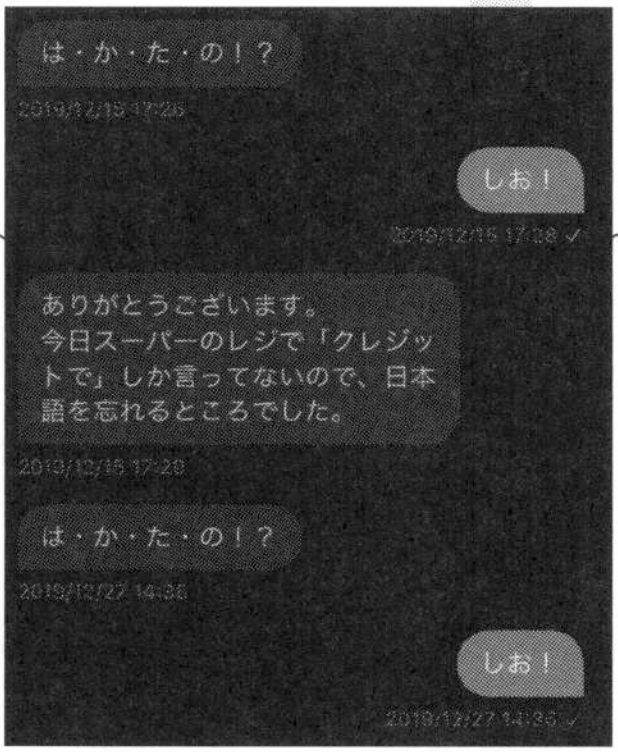

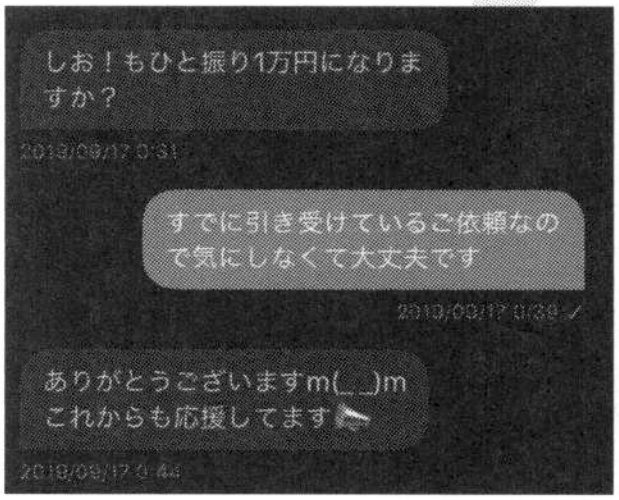

さっき紹介した話の依頼者、話を聞いてもらった段階ではまだモヤモヤは残っていたが、その話がツイートや書籍に掲載されてるのを見ると、完全な第三者として自分を俯瞰できた感覚になり心穏やかになったと言ってました。「なんもしない人をレンタルしたことによる効果」とは言い難いけど面白いなと思った。

だからというわけではないですが、依頼の顚末をぜひ書いてほしいと思った場合はそのように言ってもらえると助かります（もちろん「書いてほしくない」という要望も受け付けてますが）。話の内容的にこちらで勝手に遠慮して「ツイッターに書いていいですか？」とも聞けなかったことが何度もあるので……。

【1月28日】 #道や建物を「潰して」おきたい

「離婚する前に住んでた町に新しい相手と住むことになったので、その町を無関係の人と歩いて記憶を上書きしておきたい。当時を思い出させてくる道や建物を〝潰して〟おきたい」という依頼。「次はあの道を潰します」「スーパーも潰しておきたいです」と、どんどん制圧していく感じが見てて楽しそうだった。

【1月29日】　＃ドラマ化決定

レンタルなんもしない人がＮＥＷＳの増田貴久さん主演でドラマ化されるという信じがたい報道がありましたが本当です。めちゃくちゃ楽しみです。

ドラマホリック！　レンタルなんもしない人―出演：増田貴久―テレビ東京

(https://www.tv-tokyo.co.jp/rentalsan/)

増田さんの「なんもしないのに依頼が止まないのはレンタルさんの人柄や人間力だと思う」とのコメントから善良なキャラを期待されそうなので念のため書きますが、全然善良ではなくむしろクズと言われるほうが多いです。クズみたいな人でも状況次第で価値を生むという面白みと理解いただけると助かります。

㋹

♥惚気報告♥、続いてます。

・前に彼女に「食べカス落とさないよう気をつけてね」と服を貸したら、食べカスには気をつけていたけれど口の締まりにまでは気が回らなかった

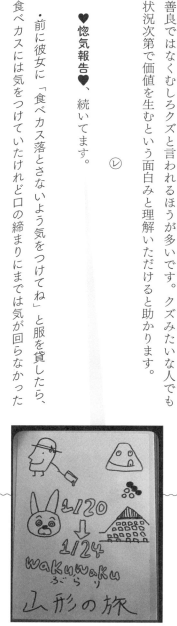

ようで、ヨダレが垂れてしまい結局私の服は汚れました。何才？？？？かわいいです。
・彼女に「そんなこと言ってると、どちくれるぞ！」と言われたので「……方言？」と聞いたら「……僕もどちくれるって、なにか知らないんだけどね……」とちょっと照れてました。できれば知ってる言葉で喋ってほしいです。
・彼女は動物が苦手で、以前道ですれ違ったチワワから私を盾にして逃げていてかわいかったです。（私はチワワと彼女に挟まれ幸せでした）。何気なく「どのくらいなら近づけるの？」と聞いてみたら「……どうぶつの……状態による」だそうで、本気で苦手なのが伝わってくる回答でした。
・彼女が私の部屋でくつろいでくれるようになったらかわいいだろうな〜と先日買った電気カーペットを今さっき敷いたのですが、一五分もしないうちに彼女がぽかぽか寝始めました。期待以上の効果です。

【1月31日】 #レンタルするとなんかしてくれる

「とくに何もないが否定も肯定もなく話を聞いてほしい」という依頼。最近風俗の仕事を始めたのもあって人との会話でストレスを感じることがよくあるらしく、なんもしない人が相手なら不要なアドバイスや、人類代表みたいな意見や舐めた口の利き方に遭遇することなく心穏やかに会話できると考えたそうです。

とくに何事もなく終わり、依頼の目的を果たせた模様。あとなぜか在籍店の自己アピール欄を「レンタルなんかする人」に変えてた。レンタルするとなんかしてくれるそうです。

㋹

実は昨年よりパニック障害という性質と生きることになりました。仕事で精神をぶっ壊してしまい、人混みや電車、仕事中等コンディションが悪いと所構わずパニックになってしまうものです。発作自体は五〜一〇分、決して命に関わるものではありませんが、毎回超弩級の不安と過呼吸で死を覚悟します。発作を抜けるには回りの手助けが重要で、でも通りすがりの方にいちいち説明することもできないため、ヘルプマークをつけるのが最善ではないかと思いました。……

ヘルプマークの取得に同行してほしいという依頼。自分が〝障害者〟だと認めるようで不安だったり、一人で役所に行くのが苦手だったりで一生行けない気がするが、誰かが隣にいれば行けるかもとのこと。当日は急にしんどくなってキャンセルとなったが後日（今日）ふと思い立ち一人で行ってあっさり貰えたそうです。

(https://twitter.com/morimotoshoji/status/1223165238725373953)

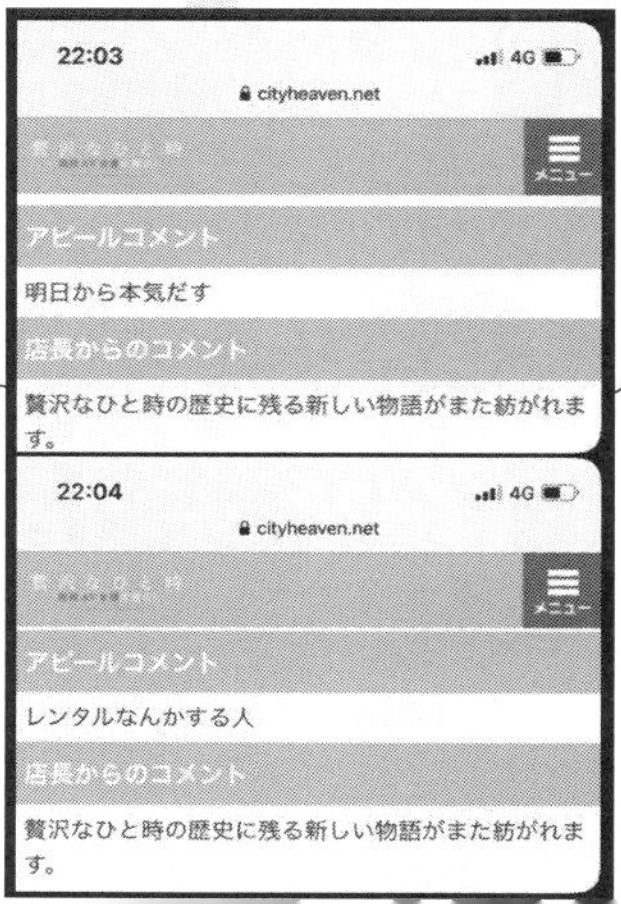
22:03
4G
cityheaven.net
メニュー
アピールコメント
明日から本気だす
店長からのコメント
贅沢なひと時の歴史に残る新しい物語がまた紡がれます。
22:04
4G
cityheaven.net
メニュー
アピールコメント
レンタルなんかする人
店長からのコメント
贅沢なひと時の歴史に残る新しい物語がまた紡がれます。

13 2月：見ることのできなかった兄の自殺場所を見たい

【2月1日】 #大人しく見えたのは

二年前の一月三一日に、理系の大学院生だった兄が飛び降りて自殺しました。二年経ち、兄と同じ立場になった私は、自殺を選ぶことはありませんでした。今でも、忘れたわけではありませんが、毎日泣いていたあの頃とちがって、思い出すのが時々になってしまった、自分がとても怖いんです。

一方で、やっと気持ちに踏ん切りがついてきているんだな、とも感じます。そこで、今なら怖くて見ることのできなかった兄の自殺場所を見たいと思います。何回も行こうと思ったのですが、怖くて怖くて、足を向けることができませんでした。……

兄が自殺した場所を見に行くのについてきてほしいという依頼。怖くて足が向かずにいたがようやく踏ん切りがついてきたとのこと。淡々と確認を終えた後、周囲から可哀想な目で見られたり、安易な同情の言葉をかけられたりしたときの複雑な思いや、兄を責め自己憐憫に浸る家族への怒りなどを吐き出していた。

ここ最近レンタルさん批判ツイートに噛み付いたり晒し上げたりすること減ってて大人しいように見えてましたけどドラマ化の話があったからですか？　って聞かれたけど、そうだよ。㋹

「東銀座　お弁当　六個」リマインド依頼。㋹

こういうリマインドはスマホのアラームやＬＩＮＥのなんかでもできるんだから一万円も払って人に依頼することではないという声もよくありますが、今回の依頼者曰く〝わざわざ人に頼んだ〟という意識（記憶？）自体に意味があるんだそうです。頼んだほうも忘れにくくなるとか。

【2月2日】＃せっかくなので二時間で帰る

今日は僕が所属させられてるアイドルグループ、花ちらし組のメンバー

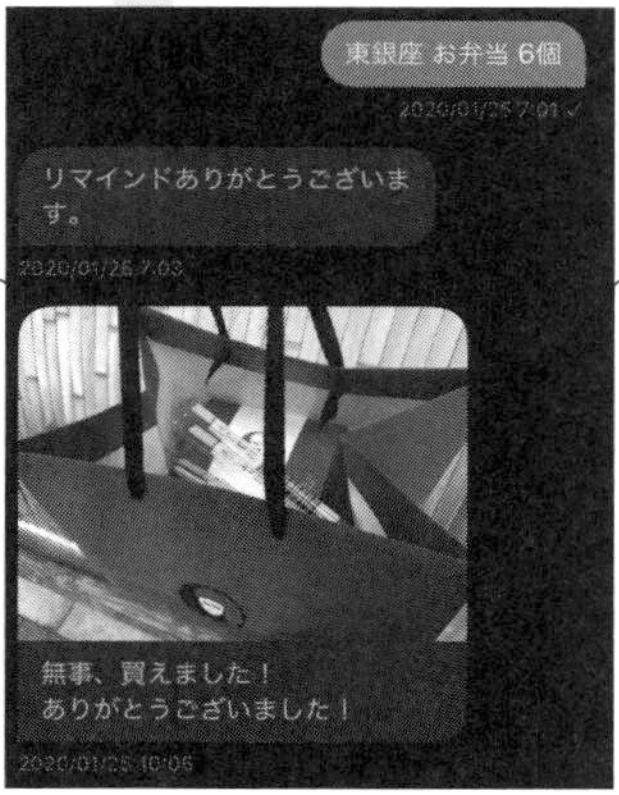

の生誕イベントに呼ばれています。２０２０年2月2日に二二歳になるというレアな感じだそうです。せっかくなので二時間で帰ろうと思います。

【2月3日】 #雪まつりで雪像に

アイドルとしてのレンタルなんもしない人を推してくれる唯一のオタク、かずくん。「レンちゃんとチェキ撮ったらすげーバズったよ！」と喜んでたが、「オタクがバズったって仕方ないいんだけどね……」と呟いてて切なかった（ツイートしたあと知らない人から「おまえ気持ち悪いんだよ」とＤＭが来たらしい）。

Ⓛ

〝人に言えない話〟はよく聞くが、こないだ「人に何でも話してしまい、そのせいで人付き合い（主に恋愛関係）がうまくいかない話」を聞き、いろいろあるなと思った。「人に迷惑かけたり傷つけたりしてはいけない」という倫理観と「嘘や隠し事はいけない」という倫理観のどちらを重視するかの違いがあった。

Ⓛ

さっぽろ雪まつりで雪像になってたみたいです。なぜか高齢化されてます。二体あるので帽子をかぶってないほうは依頼者かもしれません。おじいさんがおじいさんをレンタルしてる様子を通して老老介護問題を風刺してるのかもしれません。

【2月5日】 #とくに何もないけど

「動揺する出来事があったのでDMで話を聞いてほしい。リアクション要らないので」という依頼。自宅を兼ねた集合住宅の屋内で殺人事件があり、犯人はまだ捕まっていないとのこと。事件のしらせがあったときは詳細わかってなくてくらくらしたが、人に話すことでひとまずすっきりしたそうです。㋹

『レンタルなんもしない人のなんもしなかった話』という本の第二弾が出るそうです。第一弾では本当になんもしないでいったろと思って校了日の前日まで完全に放置してて、たまたま要修正箇所みつかったんで編集者に報告したらこういう返信が来て、そこから焦ってちゃんと校正しました。今回はどうなるか。㋹

雪まつりにレンタルさんのおじさんバージョンがいました！！

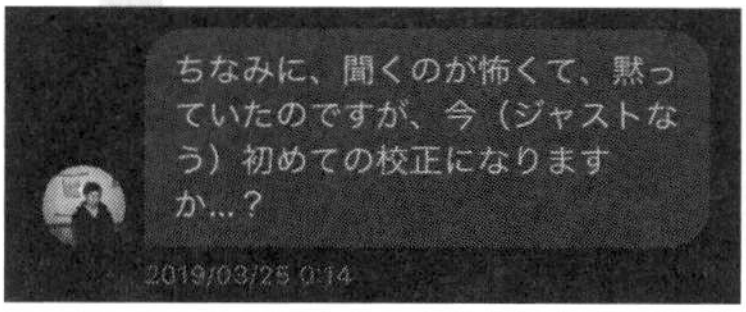
ちなみに、聞くのが怖くて、黙っていたのですが、今（ジャストなう）初めての校正になりますか…？
2019/03/25 0:14

たくさんいろんな人と会う活動をしてるのでたまに「人とコミュニケーションとるの得意な人」と思われることがあるけど、全然違ってむしろなるべく人とのコミュニケーションが発生しないように発生しないように生きてます。本当はクイックペイで払いたいのに声に出す文字数の少ないスイカで払っちゃうなど。

Ⓛ

「とくに何も依頼したいことはないけど散歩に付き合ってほしい」という依頼で新宿御苑の散歩に同行しました。「日本庭園っぽいのないですね」「日本庭園っぽいのありました」「あれは何かわからないですね」などの会話をしました。

Ⓛ

いろいろ面白い体験や珍しい話を伴う依頼もありがたいですが、そればかり続くと〝面白疲れ〟（造語）を起こすので、「とくに何もないけど」で始まる感じのものも歓迎です。

（つづく？）

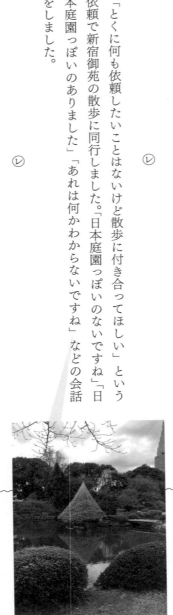

あとがきを語る

▼続編の執筆について

——もうこれで書籍の執筆は四冊目ですね。もう慣れましたか？

まぁなんもしないで本が出ることには慣れたと言っても良いと思います。最初の頃のような「自分の本が出版される」というソワソワした感じはないです。ツイッターに投稿した文章のままなので、読者から「金返せ」って言われないかな、そもそもこれは本として受け入れられるのかな……という心配も前回はありましたが、実際には良くないことは何も起こらなかったので今回はわりと平気でいられています。

——「なんもしない」こと、それ自体は誰でもできるもの。代替可能な、そのプラスでもマイナスでもない「行為」がはたして必要とされるのか、という実験が出発点だったのかなと思います。それをまとめたのが前作でした。今回は9月以降に依頼料金を設定したことで、また「なんもしない」のフェーズが変わったように思うのですが、

そのあたりはいかがでしょうか？　ゼロの行為を手に入れるために人は料金を支払うのか、そこに価値を見出すのか、という。

言われてみればそういう変化もあるのかもしれません。今のところは、一万円という金額を設定してしまったことによって依頼が来なくなりずっと閑散としてしまうということもなく、そこそこコンスタントに依頼が来ています。一万円の値段がついても、まだ需要はあり、価値は見出されているといえます。あくまで今のところはですが……

一万円と「なんもしない」が等価交換になっているかはよくわかりません。このサービスをはじめて、お金を払う行為には深いものがあるなと感じたことがあります。たとえば、同じ「なんもしない」を提供するサービスがあったとして、それが量産されているものか、それともほぼ一人しかやっていないかで「それにお金を払う」という行為に込められたものにかなりの違いがあると思うんです。真似しているひとはいるにしても、身の危険を感じずに依頼できるひとが他にいないという現状だと、レンタルなんもしない人の活動をできれば継続してほしい、今後また依頼するかもしれないし、自分と同じ状況のひとにも利用してみてほしいから、というような応援、支援的な意味もその支払われる金額の中に含まれているような気がします。なので一万円がレンタル中に受けるサービスそのものに見合う金額かどうかはあいまいなところがあると思います。

——たしかにそうですね。バナナの値段だったら比べられますが、なんもしないサー

ビスの場合だと他と比較ができません。

大量に流通しているものと、ほぼ一人しかやっている人間がいない固有のものとでは値段の設定の仕方、対価の払い方は違うなと思います。実際に自分にも好きな喫茶店があって、そのお店がなくなってほしくない。だから、ほかの喫茶店やカフェと比べて多少割高であっても、全然問題ないですし、むしろ多く払いたいという気持ちで通っています。

普段、スーパーでバナナを買うとか、リンゴを買うとかするときには、バナナ農園やリンゴ農家が立ちいかなくならないように、とは考えないでお金を払っていると思うんです。一方でこのサービスは、お金を払う対象の生活とか今後の人生とかの部分が透けて見えやすいというか。こちらが生活のこともツイッター等でオープンにしてるがゆえかもしれませんが。リピーターになっている依頼者の方々からそのように感じられることがあります。

――活動を開始されてからの依頼報告にすべて目を通しているのですが、前作のほうがバラエティ色が強くて、今作に収録されているほうが現代の悩みとか不安とか、つらさとクロスするものが多いように感じました。

特に料金設定を変えた9月以降はその傾向が強まったような気がしますが、その前からもなんとなくそういう感じはあったように思います。前作が出て以降、ＴＶに取り上げられたこともあって、めちゃくちゃ依頼がいっぱい来るようになりました。そうするとその中で、返信をする優先順位がやはりどうしてもついてしまう。ちょっとした依頼や僕じゃなくても成立する依頼などは優先度を落とすことになって、依頼に至った経緯などがきっちり書かれていて切実さを感じるものを先に返信しようと無意識の判断が発生します。だからそういう傾向が前の本より出てるのかもしれません。軽いやり取りやリマインドなどの依頼がボリュームとしては少し減ったかなと思います。

▼ツイッターには書けない話

——ツイッターに書いてないお話についてうかがいたいのですが、書こうと思ってタイミングがあわず書いてないものや、実際に書きづらいものなどあるかと思います。

書いていない話はめっちゃいっぱいあります。書いていない理由として、単純に「書かないでほしい」と要望があったもの以外では、話を聞いてほしいという依頼が多いのですが、話の内容に情報量が多い場合ツイッターに書くときに腰が重くなるというか……。話としては面白いのですが、まとめるのが難しいんです。その他にも、本当に重たい話で、書いても良いですか、と聞けなかったものもいくつかありました。

たとえば、急に来た依頼で、恋人が自殺してしまった、どうしても今ちょっとしんどすぎるから誰かに話せるかどうかわからないけれども、話せるなら話す相手が横にいる状況を作りたい、というので呼ばれたことがありました。

あとは、詳細は伏せますが、付き合っている人が妻子持ちである可能性があり、いろいろ調べたところ相手の住所っぽいものが手に入れたので、あとはその家の前を通って表札を見れば真実がわかるということで、それに同行してほしいとのこと。依頼としては「表札を確認するのに同行する」というものでした。依頼者の方は表札を確認して「あぁ、やっぱり不倫でした」と。かなり落ち込んでらっしゃったのが印象的でした。同じく「不倫」にまつわる依頼はいくつもあります。

ある女性の方からの依頼の話です。どうも「あなたの旦那さんが不倫している」と、そのことを知っているという人からメールで連絡がきた。その相手は一度直接お会いしてお話をさせていただきたいと言ってきている。彼は旦那さんの不倫相手とされる人の恋人（彼氏）だという。うちの彼女と不倫しているみたいなんです、お会いして証拠やいろいろ見せたいものがあります、ということだったのですが、その時点ではよく素性もわからない相手なので、依頼者の方も一人で会いに行くのは非常に怖かった。でも会いに行く必要性は感じていたので、会うことになっている喫茶店の隣りの隣りの席にこっそり座っていてほしいという依頼でした。もしも危ない目に会いそうだったら助けてほしいという。

――そうなったら、助けに行くんですか?

いや、行かないですけど……。でも依頼者の方としては、いるだけで安心できるということでした。依頼者の方もその会合の前には事態について半信半疑でよくわからなかったようなのですが、行ってみたら本当に不倫されていることがわかって、証拠も確かなものだったので、めちゃくちゃ落ち込まれていました。

――どれも結構重たい……。

あとは、都内のとある場所に出没するというか、たまに立っていて、その場で詩集を売っている人がいて、その人から詩集を買ってみたいけれども、一人では行きづらいからついてきてほしいという依頼。その人はランダムに出現されるので、行ってみてもいるかどうかわからなかったのですが……。

――RPGみたいですね。

はい。それでどうかな、と思って行ってみたところ、なんと会えました。それでかなり感動しました。依頼者の方が写真を撮ってもいいか尋ねたところ、「ずっと撮影を断ってきていて、これまで断ってきた方たちに申し訳ないから」と丁重にお断りをされていました。そういった振る舞いから、かなりストイックにひっそりと活動されていることがうかがえたので、僕がツイッターで発信してしまうとその方の活動を邪魔してしまいそうに感じました。それで、すごく面白い体験だったのですが、拡散力のある場では書くのを控えた、ということがあります。

――長くて載せられない話などもありますか？

とりとめのない話を聞いてもらいたいという依頼の場合、文字通り話の内容がいろいろなところに飛ぶので、ツイッターにどうやって書けばいいのかわからないということがありますね。面白さがツイッターで伝わりやすいかどうか、という判断基準で投稿を選んでいるところもあります。依頼そのものについては面白いかどうかで言ったら全部面白いですし、とりとめなくひたすら話されるのも全然ＯＫです。

そういえば、「インスタを見るのを見る」という依頼もありました。

――どういう状況なんですか？

仕事が終わった後に、カフェに入って、知らない人のインスタの写真を眺めるのを日課にしている人がいて。それを僕に横で見ていてほしいという依頼でした。一人でインスタをスクロールして見ているだけで、ご本人としてはとてもくつろげる時間ではあるもののどこか虚しいというか、何も生産的ではない気分になるのだけど、誰かに側で一緒に見ていてもらったらどうかと思い至ったそうです。「この写真好き」と声に出して呟いたり「これはよく見ている人の写真なんです」など解説したりする楽しみが増えたようでした。

これは依頼としては面白いのですが、依頼者がインスタを見ているのを僕が見ているところの写真が撮りづらかったり、面白さ自体が世の中のいろんな面白さの中でもめちゃくちゃ地味なほうで、自分の心に残ってはいるけど、ツイートの文字制限の中でどう書いても面白さがきちんと伝わらないような気がして投稿してません。

――お話で聞くと面白さや切なさが伝わってきますが、たしかに一四〇字という制約があると難しいかもしれないですね。

▼「レンタルなんもしない人」とは何か

最近プライベートで前に所属していた会社の先輩から麻雀に誘われることがありました。一人足りないからと言われて。それで出かけて行ったのですが、プライベートのお誘いだったので「なんもしない人」としては行かずに、普通に「先輩の後輩」として参加したんです。そこには先輩と、先輩の先輩のご夫婦がいらして、お二人は僕のことも知らないし、「なんもしない人」としての活動も知らない状態なので、失礼のないようにしようと。

そう考えてはいたのですが、実際に麻雀がはじまると点数を計算したり点棒を数えたりといった基本的なこともあまりできないので、そのあたりも任せてしまったりとか、普段僕が「なんもしない人」として当然やってもらっているようなことも、「なんもしない人」じゃない状態だとやってもらっていることでストレスを感じてしまって。結局むちゃくちゃ疲れてしまいました……。
「レンタルなんもしない人」としての活動をこれだけ続けていても、この「看板」を外した状態で普通に人と出会うと、「……こんなんやってられない」と思ってしまうんです。「なんもしないのやってられない」って。「なんもしないこと」の気の使い方がすごく大変でした。ここに皆から「なんもしないことって難しいですね」と言われるゆえんがあると思うんです。
これまで僕が「レンタルなんもしない人」を続けているのを見てくれている人たちが「なんもしないのを続けていくのも大変だと思いますよ」などと言ってくれていて、でも僕としてはレンタル業をしていても全然疲れないので、「いや、僕はこれが向いてるんだ」と思っていたのですが、一個人として麻雀に参加したことではっきりしたのが「それは看板のおかげだった」ということでした。

——プライベートで「なんもしないこと」をしてみて、看板のありがたみを知るという。

そうですね。レンタルをちゃんとされないと「無理」ですね。レンタルしてくれないと困る。

——その時は帽子はかぶっていかれたんですか？

いいえ、帽子もかぶらず。普通に「あ、どうも申し遅れました、Kさんの後輩の森本です」という挨拶から入って。その時点でけっこう疲れてます。

――それだけ「レンタル業」に慣れてしまった、ということもあるのかも。

仕事の手順としては、ＤＭの依頼をみて、返事をするかどうかを判断して、返事をしたら日時をセッティングして、待ち合わせ場所に行く。それだけです。でも、待ち合わせなどでも実は少しコツがあって。他の人が聞いたらしょうもないことだと思うんですけど、先に場所に到着した時にはあまりきょろきょろ辺りを見回して、依頼者の人が来るのを探したりしないようにしています。

――それはなぜですか？

依頼者を探して見つけたとして、もし遠くの方で目が合ってしまったら、そこからこちらにやって来るまでどういう顔をしていたら良いのかわからないからです。向こうも僕のことに気づいている。その状態から目を伏せたら失礼な気がしてしまう。だからずっとエゴサしてるふりして携帯を見るようにしています。できるだけ近い距離で気づくように。これは経験から得たコツです。

あとは、飲食店での依頼のとき、集合場所をこちらで決められる場合は、現地集合ではなく最寄り駅の改札集合にするようにしています。駅からお店に行く間に助走がつけやすいというか。何度か飲食店集合にして、その場で席についてすぐに話を始めようとするとなんだか難しいことがあったからです。

それから、僕の中の心構えとして、依頼者の方と会ったら最初はわりと無愛想めでいることを心がけてます。最初から愛想よく接してしまうと、そこが基準になってしまって、仮に後の方でテンションが落ちたとき、依頼者の方が「あ、ローテンションだな」「つまんないのかな」と思われることがあると思うんです。最初から無愛想ならそうはならないし、最後の方で緊張がほぐれて打ち解けたほうが、後味が良い気がします。

――今後「レンタル業」を志すひとには必読のお話ですね。それもやはり依頼を積み重ねてきたことがあるのかなと思います。

当初から数えるともう二〇〇〇件を超えているかもしれないです。一日平均で二～三人くらいですかね。体調管理なども慣れてきたので、朝晩には依頼を入れずに休めるようにしています。やはりこのサービスをはじめた最初の頃は体力的にどうしても無理してしまっていたと思います。「あ、これは面白い依頼だ」と思うと全部引き受けていたので。いまはある程度面白さは何周かした感じがあって（それでも飽きることはないし、それぞれ面白いのですが）、よほどのことがないとものすごく目新しい依頼というのはないので、「はじめてこんな依頼が来た」ということが少なくなってきていて、その分セーブは効きやすくなってきていると思います。

――最後に、ドラマ化について感想をうかがえれば。何か思わぬ発見などありましたか？

最初はあまり何も考えていなかったので、「ドラマ化か。へー」という感じだったのですが、いざ決定してみると思っていたよりも大きな話になっていました。僕でも知っているようないろいろ有名な方々も関わってくるし、夢みたいな、現実感のない状態でした。

SNS上などで「レンタルなんもしない人」の話をしている人たちが、僕のことはフォローしていなくて、なんなら知ってもいなくて、でもドラマの話をしているという状況が増えています。それは演者の方々のファンの人たちがとても盛り上がっているのですが、その動きを見ていると、僕がやっていた元々の「レンタルなんもしない人」というサービスにではなく、「この人がこんな役をします」というように俳優さんの方にスポットが当たっていくように感じました。そこに「レンタルなんもしない人」という名前が使われている感じというのが、いままでの書籍や漫画よりももっと僕と切り離されているようで、「あぁ、一人歩きというのはこういうことか」と感じました。

一人歩きしていくことについては寂しいという気持ちもあるのですが、でも、よく考えたら、僕も「レンタルなんもしない人」を演じているところがあるんです。それは先ほど麻雀の話で出たように、看板を下ろした瞬間になんもしないのが難しくなってくる。俳優さんも別の舞台で「それ」を演じていると思うと、あくまで同じ役を演じている同士の関係であって、俳優さんが僕を演じているわけではないことに気づかされます。「レ

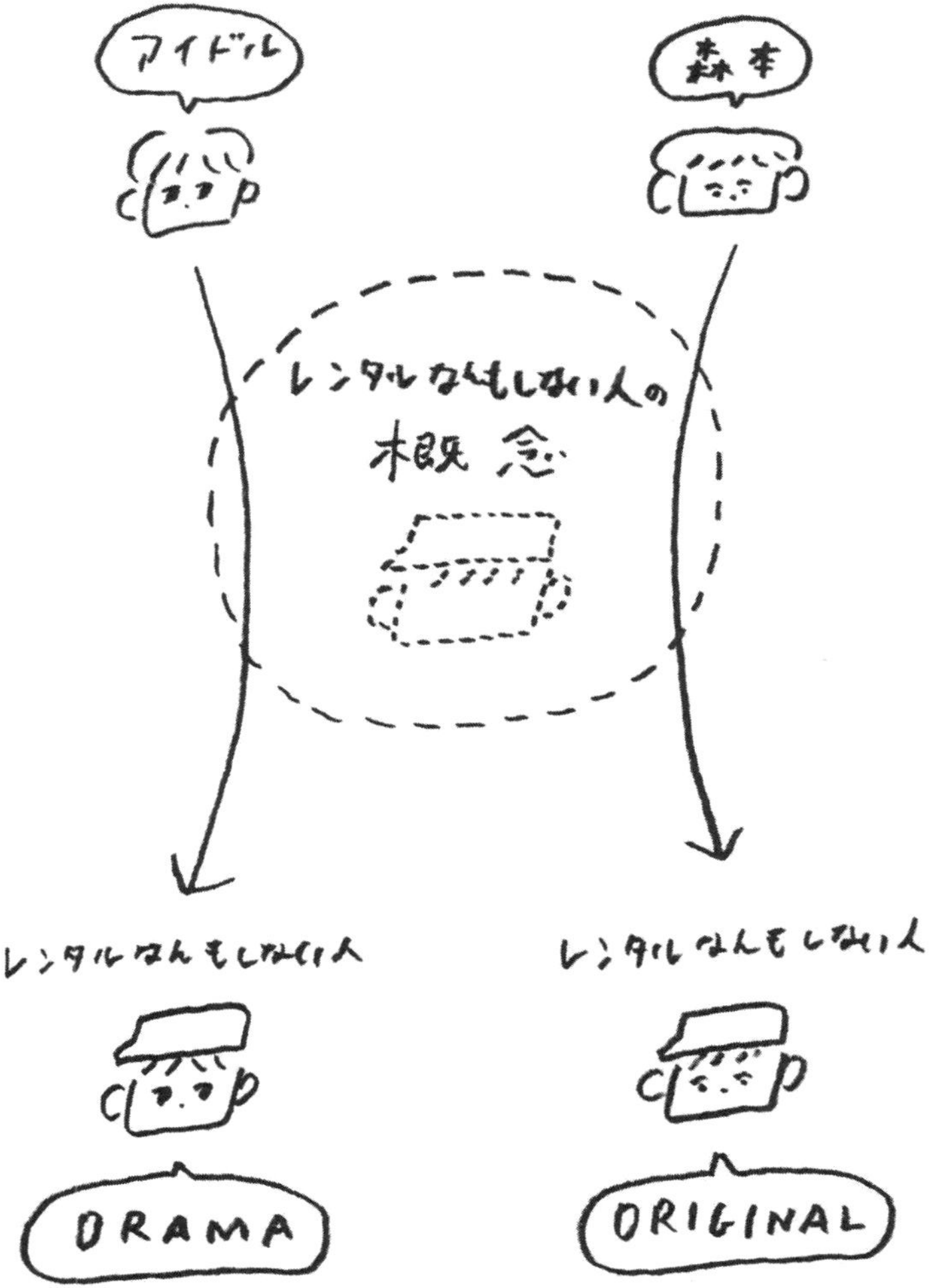
アイドル
森本
レンタルなんもしない人の
概念
レンタルなんもしない人
レンタルなんもしない人
DRAMA
ORIGINAL

ンタルなんもしない人」をいままでは僕しかやっていなかったから、「僕」の属人性のようなものが強かったと思いますが、やっとこれで概念として扱いやすくなったのかなと思います。

――概念であるということが相対化されるというか。

そうなんです。それがやっと思い出されたというか。もともとそうだったに違いないのですが、他の誰かに演じてもらうことによって、「レンタルなんもしない人」という概念が浮き彫りになったという気がします。

これも報告していない依頼の話なんですが、「フランケンシュタイン」の演劇鑑賞に同行したことがありました。「フランケンシュタイン」はフランケンシュタイン博士と怪物の関係を描いたものですよね。演劇を観たときに、あ、この関係は自分と「レンタルなんもしない人」という概念、というかモンスターの関係と同じなんだって感じたんです。その自らが生み出したモンスターが自我をもち、さらにはモンスターからの影響で自分自身も変わっていくというところがあって、それは面白かったのですが、俳優さんに演じてもらうことで改めて、自分が「レンタルなんもしない人」という別人格を生み出した、それが自分の中から出てきたものではあるけど、自分とは別の人格だったということを再確認・再認識できたような気がします。

――「レンタルなんもしない人」という幻想。

そう。そう思ったときに吉本隆明さんの「共同幻想」の概念を思い出して、読みたくなりました。皆が「レンタルなんもしない人」と呼んでいるものが一体どういうものなのか、というのは僕が一番知っているわけではない、という感じがしています。

――共同幻想というか、噂が生み出す現実的なイメージというか。たとえば口裂け女とかのリアリティに近いような印象もあります。

実はその辺の面白さのようなものは当初からすこし意識していた部分で、それもプロ奢ラレヤーがそういうように面白がられているんだろうなと推察したからです。ネット上で、存在は知られているが、遭遇率がかなり低い人に実際に会った人たちが「本当にプロ奢ラレヤーが存在した」「プロ奢ラレヤーはこんな人だった」という報告をしているのが面白かったんです。それら噂の束があいまいな実在を生み出しているというか。プロ奢さん自身も自分たちのことを「妖怪」と表現しています。ポイントを押さえることでそういう存在になれるなというのは意識していました。

――「レンタルさん◯◯駅にいましたよね」というリプライにも表れている気がします。

そうですね。そうした幻想というか、俳優さんが演じようとするものも、僕がやっているのとは違うでしょうし、でもそこに理想とされる、皆が求めている「レンタルなんもしない人」があるとしたら、それはなんだろうか、という。

――二人の「レンタルなんもしない人」が同一の空間にいたときにはじめて何か見えてくるものなのかもしれませんね。

そのときに歪みが起こって、そこから真の「レンタルなんもしない人」の像が見えるのかもしれません。

――今後は、ハリウッドでの映画化を目指していきたいと思いますので、ぜひよろしくお願いします。ありがとうございました。

ありがとうございました。

レンタルなんもしない人

1983年生まれ。既婚、一男あり。理系大学院卒業後、数学の教材執筆や編集などの仕事をしつつ、コピーライターを目指すも方向性の違いに気づき、いずれからも撤退。「働くことが向いていない」と判明した現在は「レンタルなんもしない人」のサービスに専従。著書に『レンタルなんもしない人のなんもしなかった話』(晶文社)、『〈レンタルなんもしない人〉というサービスをはじめます。:スペックゼロでお金と仕事と人間関係をめぐって考えたこと』(河出書房新社)、企画原案に『レンタルなんもしない人』(第1巻、講談社・モーニングコミックス、作画:プクプク)など多数。

レンタルなんもしない人《ひと》の“もっと”なんもしなかった話《はなし》

2020年4月10日　初版

著　者　レンタルなんもしない人

発行者　株式会社晶文社

東京都千代田区神田神保町1-11 〒101-0051

電話　03-3518-4940 (代表)・4942 (編集)

URL　http://www.shobunsha.co.jp

印刷・製本　中央精版印刷株式会社

ISBN978-4-7949-7175-3 Printed in Japan